84 femmes inspirantes

La vie d'héroïnes influentes qui se sont rebellées, ont fait la différence et inspirent (Livre pour féministes)

Par les lecteurs de History Activist

1

Introduction

Ce livre est un incontournable pour toutes les femmes, des collégiennes aux retraitées.

Les 84 histoires puissantes de ce livre féministe vous inspireront et rendront votre vie plus colorée. Il est parfait pour quiconque souhaite en savoir plus sur le féminisme et comprendre comment ces héroïnes ont façonné notre monde actuel.

Découvrez les courtes biographies de certaines des femmes les plus inspirantes de l'histoire et d'aujourd'hui. C'est un excellent moyen de s'inspirer et d'en apprendre davantage sur la grandeur des femmes.

Y compris :

- 19 femmes dans les sciences
- 15 artistes féminines
- 18 femmes combattantes de la liberté
- 16 femmes influentes
- 16 Femmes noires

Bien que de nombreux progrès aient été réalisés dans la lutte pour l'égalité des sexes, il reste encore un long chemin à parcourir. Ce livre inspirant raconte l'histoire de 84 femmes remarquables qui ont fait la différence dans le monde. Des premières suffragettes aux politiciennes d'aujourd'hui, ces femmes se sont rebellées contre le statu quo et ont lutté pour le changement. Ce faisant, elles ont ouvert la voie aux générations futures de femmes.

Ces héroïnes viennent de tous les horizons et leurs histoires ne manqueront pas de trouver un écho auprès des lecteurs de tous âges. Ce livre est une lecture essentielle pour tous ceux qui veulent en savoir plus sur les femmes puissantes qui ont façonné l'histoire. Il ne manquera pas d'inspirer les lecteurs à suivre leurs traces et à faire la différence dans le monde.

Vous serez étonné par le courage, la force et la résilience de ces héros. Elles sont une source d'inspiration pour nous tous et prouvent que tout est possible si l'on y met du sien. Ne manquez pas cette occasion exceptionnelle de vous laisser inspirer par certaines des femmes les plus puissantes de l'histoire et d'aujourd'hui.

Table des matières

19 Les femmes dans la science

1. Stephanie Kwolek (1923 - 2014)

Chimiste américaine surtout connue pour son rôle dans l'invention du Kevlar

"J'espère que je sauve des vies. Il y a très peu de personnes dans leur carrière qui ont l'opportunité de faire quelque chose au profit de l'humanité."

Stephanie Louise Kwolek (New Kensington, 31 juillet 1923 - Wilmington, 18 juin 2014) était une femme d'affaires américaine qui s'est spécialisée dans la polychimie. Ze est de ontdekker van poly-p-fenyleentereftaalamide of *para-aramide*, beter gekend onder de merknaam *Kevlar*.

Biografie

Kwolek était la fille de Jan Kwolek et Nellie Zajdel Kwolek, immigrés de Poolse, qui avaient été embauchés en 1923 à New Kensington. Leur père est mort à l'âge de dix ans. Kwolek a obtenu son baccalauréat en sciences en 1946 au Margaret Morrison Carnegie College de l'Université

Carnegie Mellon. Ses plans visaient à obtenir de l'argent pour pouvoir étudier en génétique.

En 1946, Kwolek a obtenu de Hale Charch un poste au sein de l'entreprise chimique DuPont. Ce travail lui plaît tellement qu'il doit s'en servir comme d'une arme à feu. En 1950, il se rend à Wilmington pour y travailler. C'est là que Kwolek a commencé à fabriquer du Kevlar en 1965. En 1986, Kwolek est entré en bourse, mais il n'était plus conseiller chez DuPont. Au cours de sa carrière, il a déposé deux brevets sur son nom, notamment pour la production de Kevlar.

Il est mort à l'âge de 90 ans dans une maison de campagne du Delaware.

Points forts

- DuPont avait introduit le nylon juste avant la Seconde Guerre mondiale et, dans les années d'après-guerre, l'entreprise a repris sa progression sur le marché hautement concurrentiel des fibres synthétiques.
- En 1950, DuPont a déménagé avec le Pioneering Research Laboratory de la société à Wilmington, dans le Delaware, et a pris sa retraite avec le grade d'associé de recherche en 1986.
- Mme Kwolek est surtout connue pour les travaux qu'elle a réalisés dans les années 1950 et 1960 sur les aramides, ou "polyamides aromatiques", un type de polymère qui peut être transformé en fibres solides, rigides et résistantes aux flammes.
- Ses travaux de laboratoire sur les aramides ont été menés sous la supervision d'un chercheur, Paul W. Morgan, qui a calculé que les aramides formeraient des fibres rigides en raison de la présence de cycles benzéniques (ou "aromatiques") volumineux dans leurs chaînes moléculaires, mais qu'ils devraient être préparés à partir d'une solution car ils ne fondent qu'à des températures très élevées.

2. Rachel Carson (1907 - 1964)

Biologiste marin et écrivain américain spécialiste de la nature

"Une façon d'ouvrir les yeux est de se demander : "Et si je n'avais jamais vu ça avant ? Et si je savais que je ne le verrais plus jamais ?"

Rachel Louise Carson (Springdale (Pennsylvanie), 27 mai 1907 - Silver Spring (Maryland), 14 avril 1964) était une biologiste qui vivait à Springdale, en Pennsylvanie. Il était connu pour ses ouvrages et son engagement en faveur de la protection de l'environnement.

Levensloop

La passion de Rachel pour la nature est née de la volonté de son père.
Elle a fait des études au Pennsylvania College for Women (aujourd'hui
Chatham College). En 1929, elle a poursuivi ses études et en 1932, elle a
obtenu son doctorat en zoologie à l'Université Johns Hopkins. Plus tard,
elle a fait ses études à cette université et à l'Université du Maryland.

Il a rédigé des textes radiophoniques pour le Bureau des pêches des
États-Unis pendant la crise et plusieurs articles sur la science de la nature
pour le Baltimore Sun. C'est ainsi qu'il a commencé une carrière de
plusieurs années en tant qu'expert en sciences de la vie et de
l'environnement dans les services fédéraux. Il a ensuite été nommé
rédacteur en chef de toutes les publications du Service des poissons et de
la faune sauvage des États-Unis.

Le fil conducteur de tous ses travaux est l'idée que le ras-du-cul n'est
qu'un élément de la nature, alors qu'il s'agit d'un élément plus important
de l'environnement, dans certaines régions. Rachel Carson était tellement
préoccupée par l'utilisation abusive d'insecticides chimiques synthétiques
dans le Tweede Wereldoorlog qu'elle s'en est désintéressée. Ze wilde de
bevolking waarschuwen voor de effecten van het misbruik van pesticiden.
Elle est devenue célèbre grâce à son livre *Printemps silencieux* (1962),
dans lequel la problématique environnementale occupe une place
centrale. Le titre est un rappel de la lenteur de l'époque apocalyptique, qui
fait que les hommes ne se sentent pas plus à l'aise lorsqu'ils sont
confrontés à l'utilisation d'instruments de protection. En dehors de l'exposé
et de la critique, son ouvrage présente une analyse approfondie des
produits non gratuits. En 1963, il a obtenu un poste au Congrès américain
où il a exprimé une nouvelle vision des hommes et de l'environnement.

Rachel Louise Carson stierf en 1964 na een lang gevecht tegen
borstkanker. Ses idées sur l'égalité et la protection de l'environnement
inspirent de nouvelles générations qui veulent protéger le monde et les
générations futures.

Printemps silencieux

Le premier ouvrage de Rachel Carson est son œuvre majeure sur les
problèmes environnementaux, *Printemps silencieux*. Ce livre, qui n'est pas
un livre d'action, est basé sur une étude approfondie, systématique et
littéraire de l'utilisation de divers pesticides. Il a été adopté par des
spécialistes en la matière et notamment par John F. Kennedy, qui l'a
recommandé. Au départ, il s'agissait d'une critique de l'industrie chimique.
Depuis l'an 2000, de nombreux groupes de pression libertaires ont

présenté le livre, en soulignant que les restrictions agricoles imposées au DDT ont permis de réduire les risques de paludisme.

Points forts

- Rachel Carson a développé très tôt un intérêt profond pour le monde naturel.
- Elle entre au Pennsylvania College for Women avec l'intention de devenir écrivain, mais change rapidement de domaine d'étude, passant de l'anglais à la biologie.
- Un article paru dans The Atlantic Monthly en 1937 a servi de base à son premier livre, Under the Sea-Wind, publié en 1941. The Sea Around Us (1951) est devenu un best-seller national, a remporté un National Book Award et a finalement été traduit en 30 langues.
- Les perspectives du mouvement environnemental des années 1960 et du début des années 1970 étaient généralement pessimistes, reflétant un sentiment omniprésent de "malaise de la civilisation" et la conviction que les perspectives à long terme de la Terre étaient sombres.

3. Maria Goeppert Mayer (1906 - 1972)

Physicien théoricien américain d'origine allemande et lauréat du prix Nobel 1963

"Gagner le prix n'était pas aussi excitant que de faire le travail lui-même."

Maria Gertrud Goeppert-Mayer (Katowice, 28 juin 1906 - San Diego, 20 février 1972) était une Américaine née au Danemark et spécialiste de la naturologie théorique. En 1963, il reçoit le prix Nobel de la naturologie en compagnie d'Eugène Wigner et de Hans Jensen "pour leurs travaux sur la structure des atomes". Ze était le deuxième lauréat vrouwelijke du prix Nobel de la naturologie, après Marie Curie en 1903.

Biografie

Maria Gertrud Göppert est née à Katowice, dans l'Oder-Silésie, en tant que fille aînée de Friedrich Göppert et Maria Wolff. Son père a quitté Göttingen en 1910, où son père a obtenu une bourse d'études en tant qu'étudiant en médecine à l'université de Göttingen. Son père était, à cette époque, une personne très active qui s'est investie dans des activités pour enfants et adolescents.

Göppert a fréquenté une école privée et une école publique à Göttingen et a obtenu un poste de haut niveau. Il a rencontré des étudiants et des professeurs de son université d'origine, parmi lesquels les derniers lauréats du prix Nobel de la paix Enrico Fermi, Werner Heisenberg, Paul Dirac et Wolfgang Pauli, ainsi que le scientifique David Hilbert, qui était son plus ancien professeur. Sa mère l'a placé dans une *école* privée *d'étudiantes* suffragettes, où ses enfants ont obtenu l'*Abitur*, l'examen d'entrée à l'université. En dépit du fait que cette école, au cours des deux premières années de son existence, a été victime de l'hyperinflation de la république de Weimar, les professeurs ont dû faire face à des difficultés.

En 1924, Göppert a été condamné pour son homosexualité et a été admis à l'université avec le souhait de devenir un scientifique. Mais après avoir assisté à un séminaire de Max Born, elle s'est tournée vers la naturopathie. En plus de ses collègues, il y a eu plusieurs lauréats du prix Nobel de la paix : Born, James Franck et Adolf Windaus. Un an plus tard, il se rend à Cambridge, au Ginton College, pour apprendre Engels, mais il rencontre aussi Ernest Rutherford. En 1930, Mayer a reçu sa promotion scientifique (sur la twee-fotonexitatie). Ce n'est qu'un an plus tard que Mayer se retrouve en compagnie du chimiste Joseph Edward Mayer (1904-1983), assistant de James Franck. Cette année-là, il s'est rendu aux Pays-Bas, le pays d'origine de Mayer.

Au cours de cette année, Goeppert-Mayer a travaillé en tant qu'employé ou en tant qu'assistant dans les universités où il a travaillé. D'abord à l'université Johns Hopkins de Baltimore (1931-39), puis à l'université Columbia (1940-46) et enfin à l'université de Chicago. C'était l'époque de la grande dépression et aucune université n'a pu, en raison de la politique anti-népotisme, se soustraire à l'influence d'un homme d'affaires. Ses deux enfants sont nés en Amérique, en 1933, sa fille Maria-Ann est née et, quelques années plus tard, son fils Peter Conrad.

Il s'est ensuite penché sur la question de la maîtrise de l'énergie dans de vastes domaines, en collaboration avec le naturopathe Karl Herzfeld, qui a écrit de nombreux articles avec son homme. À Columbia, il a travaillé avec des chimistes et des physiciens tels que Harold Urey, Willard Libby et Enrico Fermi. Au cours de l'année, il s'est lié d'amitié avec Edward Teller, une personnalité hongroise qui a joué un rôle important dans le développement de la réserve d'eau, et qui a participé au projet Mantattan.

Chicago était la seule université où il n'était pas considéré comme un ancien employé (à cause de la discrimination envers les femmes) mais où il était armé, et où il n'avait pas de poste important à pourvoir. Il a été nommé professeur à titre bénévole à la faculté de naturologie et à l'*Institut d'études nucléaires*. Il a ensuite obtenu un poste à l'*Argonne National Laboratory*, grâce à sa connaissance approfondie de la physique nucléaire. C'est au cours de son séjour à Chicago et à Argonne qu'il a élaboré le modèle de la science de la structure des atomes, un travail pour lequel il a reçu, avec Jensen, le prix Nobel.

En 1960, Goeppert-Mayer a été nommée professeur de naturologie à l'université de Californie à San Diego, et son salaire était très inférieur à celui de son mari. Alors qu'elle avait été victime d'un malaise à la suite d'un accident, elle a décidé, pendant plusieurs mois, de se soumettre à un examen et de faire appel à un médecin. Il est décédé en février 1972 à la suite d'une attaque d'hirondelle.

Magische getallen

C'est Teller qui a poussé Mayer à revoir sa théorie sur l'expansion des éléments naturels. Ils ont découvert que les éléments de base, tels que l'étain et le bois, étaient beaucoup plus stables qu'ils ne l'étaient selon la théorie traditionnelle. C'est également le cas pour d'autres éléments. Lorsque Mayer a constaté que le nombre de neutrons et de protons dans le noyau de ces éléments était insuffisant, il a décidé que les sources d'énergie alternatives étaient plus difficiles à atteindre. Ze noemde deze getallen "magische getallen" en identificeerde er zeven : 2, 8, 20, 28, 50, 82 en 126. Tout élément dont l'un de ces gisements est lié à des protons ou des neutrons est très stable. Les noyaux dont le nombre de protons ou de neutrons est supérieur à celui des éléments magiques sont considérés comme des éléments magiques et sont extrêmement stables. Il s'agit, entre autres, de ^{4}He$_2$, ^{16}O$_8$, ^{40}Ca$_{20}$, ^{48}Ca$_{20}$, ^{48}Ni$_{28}$ et ^{208}Pb$_{82}$.

Sur la base de cette théorie, il a élaboré le modèle de l'atome, dans lequel le noyau est opéré par des mouvements schilvormes dans lesquels les nucléons se déplacent. Il a publié son hypothèse dans la revue *Physical Review*. Le professeur hollandais Hans Jensen a été très mécontent de cette conclusion, mais a publié son article deux ans plus tard, dans la même revue. Het tijdschrift publiceerde zijn werk echter een aflevering voor dat van Mayer. Après une brève dissertation sur le sujet, il est temps de rédiger un ouvrage : *Elementary Theory of Nuclear Shell Structure* (1955).

Points forts

- Maria Goeppert a étudié la physique à l'université de Göttingen (doctorat, 1930) sous la direction d'un comité composé de trois lauréats du prix Nobel.
- En 1930, elle épouse le physicien chimiste américain Joseph E. Mayer, qu'elle accompagne peu après à l'université Johns Hopkins de Baltimore, dans le Maryland.
- En 1939, elle et son mari ont tous deux été nommés en chimie à l'université de Columbia, où Maria Mayer a travaillé sur la séparation des isotopes d'uranium pour le projet de bombe atomique.
- Maria Goeppert a reçu une nomination régulière en tant que professeur titulaire en 1959.

4. Rosalind Franklin (1920 - 1958)

Chimiste et cristallographe à rayons X anglais

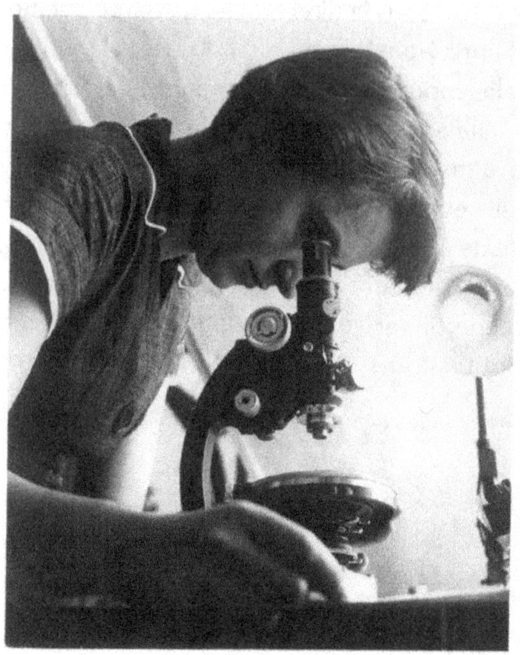

---

*"La science et la vie quotidienne ne peuvent et ne doivent
pas être séparées."*

Rosalind Elsie Franklin (Londres, 25 juillet 1920 - Aldaar, 16 avril 1958)
était une chimiste britannique dont la réputation n'est plus à faire, grâce à
ses travaux sur la structure de l'ADN sous l'influence de la
röntgendiffraction.

Jeugd

Franklin était la fille du banquier Ellis Franklin et de sa femme Muriel
Frances Waley (1894-1976). Paul's Girls School, l'une des plus petites
écoles de filles avec des cours de naturopathie et de sciences de la vie. À
sa retraite, elle a appris qu'elle était une chercheuse en herbe. Son père
était plus préoccupé par le fait qu'il n'avait pas la possibilité d'aider les
femmes et qu'il voulait qu'elles travaillent dans le domaine social. Il

préférait donc payer les frais de sa formation universitaire, alors qu'il avait réussi à se faire embaucher par l'Université de Cambridge. Il n'a pas eu le temps d'attendre qu'une femme fasse ses études et que sa fille soit libérée de son emprise.

Carrière humide

En 1938, Franklin est envoyé au Newnham College de l'université de Cambridge, où il suit en 1941 une formation en sciences de la nature avec une spécialisation en chimie fysique. Après avoir travaillé pendant près d'un an à l'université, il devient en 1942, dans le cadre du Tweede Wereldoorlog, onderzoeker auprès de la British Coal Utilisation Research Association. Il étudie alors la relation entre le charbon et l'hélium pour que le charbon, qui est le plus répandu pendant la période d'exploitation, soit aussi facile à utiliser et que de bons masques à gaz soient fabriqués avec du charbon. Ce travail a servi de base à sa promotion dans le domaine de la chimie fysique dans le cadre de la revue *The physical chemistry of solid organic colloids with special reference to coal* à l'Université de Cambridge en 1945.

Parijs

Après sa période à Cambridge, il a étudié pendant dix ans à Parijs au Laboratoire central des services chimiques de l'État. Il a appris à connaître les techniques de différenciation de la kristallographie qui pourraient être utilisées pour déterminer la structure de l'ADN.

Londen

En 1948, il a été nommé au Conseil de l'Europe en tant que chercheur dans le domaine de la röntgendiffraction moléculaire au King's College de Londres, sous la direction de Sir John Randall.

L'évolution des résultats de l'étude de l'ADN a conduit à la rédaction d'une lettre entre Franklin et Maurice Wilkins, un chercheur qui a travaillé plus longtemps pour Randall. Franklin a été très impressionné par ses résultats et s'est également distingué : malgré le fait que son étude ait montré que l'ADN avait une structure hélicoïdale, il a fait savoir à un tiers que ce n'était pas le cas et, à la fin de 1952, il a publié dans son institut un rapport sur le sujet : "C'est avec un grand regret que nous devons annoncer le décès, le vendredi 18 juillet 1952, de D.N.A. helix .... Nous espérons que le Dr. M. H. F. Wilkins prendra la parole en mémoire du défunt helix". Wilkins fait part à James Watson, le concurrent de

17

Cambridge, de l'idée que la structure de l'ADN peut être considérée comme une hélice double, alors que Linus Pauling, avec un modèle simple mais fiable, en avait fait l'expérience (il avait choisi une hélice double au lieu d'une hélice double). Cette découverte a donné lieu à un article de Watson et Francis Crick dans l'hebdomadaire Nature. Onmiddellijk voorafgaand in hetzelfde nummer van Nature verscheen ook een artikel van Franklin ter ondersteuning van zijn conclusies.

Of Franklin zelf de structuur van DNA zou hebben gevonden en in hoeverre haar naam genoemd dient te worden in verband met de ontdekking van de structuur van DNA blijft tot op heden reden tot discussie. Feit blijft wel dat zonder haar röntgendiffractiefoto's van hoge kwaliteit van DNA het langer geduurd zou hebben alvorens de structuur daarvan gevonden zou zijn.

Collège Birbeck

En ce qui concerne les publications sur l'ADN, il se rend au Birkbeck College, où il crée son propre groupe d'experts et où il se concentre sur les virus - il ne peut se rendre qu'au King's College car il ne connaît pas mieux l'ADN -, notamment le tabaksmozaïekvirus et le poliovirus.

En 1956, lors d'une visite dans les États fédérés, il a été condamné à une peine de prison et à une amende. Deux ans plus tard, elle a été condamnée à 37 ans de prison en raison de sa condamnation, qui a été confirmée par le fait que, lors de son procès, elle a fait preuve de nonchalance à l'égard de la justice : elle s'est débarrassée d'une partie de son corps et s'est réfugiée dans un endroit où il n'y avait pas de place pour elle.

En 1962, Watson, Crick et Wilkins ont reçu le prix Nobel. Il n'est pas rare que Rosalind Franklin, qui n'avait pas encore été récompensée, soit à son tour nommée. Le prix n'a pas été décerné à titre exceptionnel et n'a pas été attribué à plus de dix personnes.

Points forts

- Rosalind Franklin a fréquenté la St. Paul's Girls' School avant d'étudier la chimie physique au Newnham College de l'université de Cambridge.
- Après avoir obtenu son diplôme en 1941, elle a reçu une bourse pour mener des recherches en chimie physique à Cambridge.

- Lorsqu'elle a commencé ses recherches au King's College, on savait très peu de choses sur la composition chimique ou la structure de l'ADN.
- Ses travaux visant à rendre plus clairs les clichés radiographiques des molécules d'ADN ont permis à James Watson et Francis Crick de suggérer en 1953 que la structure de l'ADN est un polymère à double hélice, une spirale constituée de deux brins d'ADN enroulés l'un autour de l'autre.

5. Rosalyn S. Yalow (1921 - 2011)

Physicienne médicale américaine, deuxième femme à avoir reçu le prix Nobel de médecine.

"Nous devons croire en nous-mêmes car personne d'autre ne croira en nous, nous devons faire correspondre nos attentes avec la compétence, le courage et la détermination à réussir."

Rosalyn Sussman Yalow, née sous le nom de *Rosalyn Sussman*, (New York, 19 juillet 1921 - Aldaar, 30 mai 2011) est une Américaine, médecin-naturologue et lauréate du prix Nobel. En 1977, il a reçu le prix Nobel de médecine génétique pour avoir appliqué la méthode Yalow-Berson. Il s'est associé à Roger Guillemin et Andrew Schally, qui ont reçu le prix pour un autre type de recherche.

Biografie

Yalow est né en tant que fille de Simon Sussman et Clara Zipper, des immigrants juifs. Il commence ses études à la Walton High School de New York. Après quelques années, il entreprend des études au Hunter College, un établissement de la City University of New York destiné aux étudiants vrouillés. C'est là que son intérêt pour la naturologie et les sciences de la vie s'est manifesté.

Yalow a commencé sa carrière en tant que secrétaire du Dr Rudolf Schoenheimer, un professeur d'université et biochimiste rattaché au College van Artsen en Chirurgen de l'université de Columbia. Il a pris part à une séance de sténographie et s'est fait passer pour le secret de Michael Heidelberger. Lorsque, dans le cadre du Tweede Wereldoorlog, plusieurs hommes ont été condamnés pour avoir commis des actes de vandalisme, une demande d'assistance a été déposée auprès de l'école de naturologie de l'Université de l'Illinois à Urbana-Champaign. Il est le premier employé de bureau vrouwelien depuis 1917. En 1943, il a rencontré Aaron Yalow. En 1945, il a obtenu un doctorat en sciences de l'ingénieur en tant que première femme de l'université.

Dans le cadre de son étude, il s'est rendu à l'hôpital du Bronx Veterans Administration Ziekenhuis pour assister à la réalisation d'un diagnostic radio-isotopique. C'est là qu'apparaît Solomon Berson, un médecin new-yorkais qui s'est lancé dans une recherche sur les maladies cardiovasculaires, et qui a travaillé avec lui en 1972, alors qu'il était mort. Les chercheurs ont utilisé le test radio-immunologique (RIA), une technique qui permet, à l'aide de traceurs radioactifs, de mesurer de minuscules parties d'une substance biologique dans le sang. Cette méthode a notamment été utilisée pour mesurer les taux d'insuline chez les patients atteints de diabète sucré. Par la suite, cette technique a également été utilisée pour de nombreuses autres substances, telles que les hormones, les substances minérales, les vitamines et les enzymes, ainsi que pour la mesure des concentrations de substances intermédiaires vertes dans le sang. Malgré le grand potentiel commercial de la méthode, Yalow et Berson ont déposé un brevet pour que la population puisse profiter de cette technique.

En 1968, M. Yallow a été nommé professeur titulaire d'un doctorat à la Mount Sinai Ziekenhuis, à New York. Il a ensuite été nommé professeur émérite Solomon Berson.

En 1975, Yalow et Berson ont reçu le Scientific Achievement Award de l'AMA. Un an plus tard, Yalow est devenu le premier lauréat vrouwelijke du prix Albert Lasker pour la recherche médicale fondamentale et en 1988, il a reçu la National Medal of Science.

Points forts

- Rosalyn S. Yalow est diplômée avec mention du Hunter College de la City University of New York en 1941 et quatre ans plus tard, elle obtient son doctorat en physique à l'université de l'Illinois.
- De 1946 à 1950, elle donne des cours de physique à Hunter et, en 1947, elle devient consultante en physique nucléaire au Bronx Veterans Administration Hospital, où, de 1950 à 1970, elle est physicienne et chef adjoint du service des radio-isotopes.
- Avec un collègue, le médecin américain Solomon A. Berson, Yalow commence à utiliser des isotopes radioactifs pour examiner et diagnostiquer diverses maladies.
- Les recherches de Yalow et Berson sur le mécanisme sous-jacent au diabète de type II ont conduit à la mise au point de l'IRA.
- En 1976, elle a été la première femme à recevoir le prix Albert Lasker pour la recherche médicale fondamentale.

6. Rita Levi-Montalcini (1909 - 2012)
Lauréate italienne du prix Nobel, honorée pour ses travaux en neurobiologie

"Avant tout, n'ayez pas peur des moments difficiles. C'est d'eux que vient le meilleur"

Rita Levi-Montalcini (Turin, 22 avril 1909 - Rome, 30 décembre 2012) est une neurologue italienne qui, en 1986, a reçu, avec son collègue Stanley Cohen, le prix Nobel de physiologie et de médecine génétique pour ses travaux sur les matériaux de construction. En 2001, il a été nommé sénateur pour sa carrière au Sénat italien et est devenu, à son décès, le plus ancien lauréat du prix Nobel, ainsi que le premier à avoir été nommé il y a moins de 100 ans. Il est également le plus ancien politicien actif du monde. En Italie, il a été nommé *"Cavaliere di Gran Croce Ordine al Merito della Repubblica Italiana"* (Ridder van het grootkruis van verdienste van de Republiek Italië).

Levensloop

Rita Levi-Montalcini est née en 1909 à Turin, au sein d'une famille sépharade et juive, tout comme son épouse Paola. Les enfants de la famille sont les plus jeunes de quatre enfants. Son père, Adamo Levi, était électricien et un travailleur indépendant. Sa mère, Adele Montalcini, était une artiste talentueuse et, selon Levi-Montalcini, "un homme courageux".

Lorsque l'un de ses amis de la famille a été victime d'une crise, Levi-Montalcini a eu besoin d'un traitement médical. En dépit des conseils de son père, qui a demandé à ce que sa carrière professionnelle en tant que femme et époux soit interrompue, il a étudié la médecine à Turin à partir de 1930. Après avoir terminé ses études en 1936 *avec la mention "summa cum laude"*, il est devenu assistant de Giuseppe Levi, avec qui il a travaillé pendant ses études. En 1938, Benito Mussolini a fait entrer un grand nombre de textes antisémites, qui ont notamment montré que le Joden n'était pas plus âgé que lui et que les fonctions académiques lui revenaient. Dans le cadre du Tweede Wereldoorlog, Ze a réalisé ses expériences dans un thuislaboratorium où il s'est intéressé à la croissance des axones (zenuwen) dans les embryons de kippen. En outre, les chercheurs ont pu observer des axones de grande taille et très résistants, qui ont été placés sur les fioles des animaux de compagnie dans les régions rurales. Ces expériences constituent la base de ses recherches ultérieures. Son premier laboratoire génétique se trouve dans sa chambre à coucher et, lorsque sa famille s'installe à Florence, elle y installe un laboratoire d'analyse génétique. En 1945, son fils a quitté la Turquie.

En septembre 1946, Levi-Montalcini a reçu une autorisation pour que son projet de recherche se poursuive pendant un semestre à l'université de Washington à Saint Louis, sous la supervision du professeur Viktor Hamburger. C'est à l'université qu'il a commencé à travailler quelques années plus tard, et c'est là qu'il a découvert, en 1952, son plus grand défi en matière d'application des connaissances, à savoir l'isolement du facteur de croissance des cellules nerveuses, le NGF, dans les tissus de l'embryon.

En 1958, il est promu professeur. En 1962, il obtient une bourse d'études à Rome et, à partir de ce moment-là, il se rend à Saint-Louis et à Rome. De 1961 à 1969, il a travaillé au Onderzoekscentrum voor Neurobiologie

(*Consiglio Nazionale delle Ricerche*) à Rome, et de 1969 à 1978, il a travaillé au Laboratorium voor Cellulaire Biologie.

Rita Levi-Montalcini et son groupe de travail ont étudié, entre 1993 et 1996, le mécanisme de fonctionnement de la palmitoyléthanolamide, une substance endogène et persistante. Ils ont découvert que cette substance endogène était un modulateur naturel des cellules hyperactives, dont l'action pro-inflammatoire du NGF est responsable. Depuis sa première publication, l'intérêt de la communauté scientifique pour la palmitoyléthanolamide s'est considérablement accru.

Le 1er août 2001, il a été nommé sénateur pour le mandat du président italien Carlo Azeglio Ciampi. Alors qu'il n'était pas encore en poste, ses activités académiques dans le monde entier l'ont amené à participer activement aux débats du Sénat.

Points forts

- Levi-Montalcini a étudié la médecine à l'université de Turin et y a effectué des recherches sur les effets des tissus périphériques sur la croissance des cellules nerveuses.
- En 1947, elle accepte un poste à la Washington University, à St. Louis, dans le Missouri, auprès du zoologiste Viktor Hamburger, qui étudie la croissance du tissu nerveux chez les embryons de poussins.
- En 1948, le laboratoire de Hamburger a découvert qu'une variété de tumeur de souris stimulait la croissance nerveuse lorsqu'elle était implantée dans des embryons de poussins.
- Levi-Montalcini et Hamburger ont attribué cet effet à une substance présente dans la tumeur qu'ils ont nommée facteur de croissance des nerfs (NGF).

7. Chien-Shiung Wu (1912 - 1997)

Physicien des particules et physicien expérimental sino-américain

"Il n'y a qu'une seule chose de pire que de rentrer du labo
et de retrouver un évier plein de vaisselle sale, c'est de ne
pas aller au labo du tout !".

Chien-Shiung Wu (Shanghai, 31 mai 1912 - New York, 16 février 1997) est un scientifique chinois-américain spécialisé dans la recherche sur la parité. Il a travaillé notamment sur le projet Manhattan (pour la production d'uranium) et a reçu le Wolfprijs en 1978.

Chine

Bien que sa famille soit originaire de Taicang, dans la province du Jiangsu, Wu est né à Shanghai. Son père, Wu Zhongyi, était un défenseur des droits des femmes, et était le directeur de l'école professionnelle continue pour femmes de Mingde, où Chien-Shiung est allé à l'école et où

il est allé à l'école de Suzhou Lerarenopleiding voor Vrouwen nummer
Twee. Le père de Wu était Fan Fuhua.

En 1929, il a été transféré à la Nationale Centrale Universiteit de Nanjing.
C'est à ce moment-là que les étudiants de l'école normale qui se rendaient
à l'université ont pu bénéficier d'une bourse d'études d'au moins un an.
C'est ce que font les étudiants de l'école *ouverte de Chine de* Hu Shi, à
Shanghai. De 1930 à 1934, il étudie à l'école de naturopathie de
l'Université centrale (en 1949, l'Université de Nanjing est devenue une
université). Pendant deux ans, il a travaillé avec une autre chercheuse
vénérable, Jing Weijing, à cette université.

États fédérés

En 1936, Wu Chien-Shiung Wu, accompagné d'un ami, Dong Ruofen, un
scientifique de Taicang, se rend au VS. Wu a étudié à l'Université de
Californie à Berkeley, où il a obtenu son doctorat en 1940. Deux ans plus
tard, il rencontre Luke Chia-Liu Yuan, un autre naturologue. Ils ont un fils,
Vincent, qui deviendra plus tard également naturologue. La famille s'est
installée dans le quartier du VS, où Wu a fait ses études au Smith College,
à l'université de Princeton et à l'université de Columbia (1957). C'est à
l'institut NIST du VS que l'expérience de Wu est réalisée. Il a obtenu en
1975 la National Medal of Science et en 1978 le premier Wolfprijs pour la
natuurkunde.

Verder was Wu de eerste vrouw die :

- Doceerde aan de natuurkunde-afdeling van de Universiteit van
  Princeton.
- Een eredoctoraat kreeg van Princeton.
- President werd van The American Physical Society (en 1975).

Ontdekking pariteischending zwakke kernkracht

Wu ontdekte de pariteitsschending in de zwakke kernkracht in 1956. C'est
à cette époque qu'il a été reconnu que la parité était un élément essentiel.
Chen Ning Yang et Tsung-Dao Lee ont découvert, sur des bases
théoriques, que la parité ne devait pas être respectée dans le cadre des
connaissances traditionnelles (qui jouent un rôle dans l'évaluation), et Wu
a proposé à Lee une méthode permettant de réaliser cette expérience,
l'expérience de Wu. Cette expérience a permis à Wu d'établir que le taux
de parité était supérieur à la valeur du kobalt 60 et que la parité n'était pas
un facteur naturel. C'est ainsi que Yang et Lee ont obtenu le prix Nobel de

la nature en 1957. Wu deelde niet mee in de prijs, volgens velen onterecht. Son livre *Beta Decay* (1965) est un ouvrage de référence pour les kernfysiciens.

Herdenking

L'Académie chinoise des sciences a créé en 1990 un planétoïde en l'honneur de Wu Chien-Shiung : le Wu Jianxiong Xing. En 1995, quatre lauréats du prix Nobel chinois (Tsung-Dao Lee, Chen Ning Yang, Samuel Ting et Yuan Lee) ont créé la Wu Chien-Shiung Education Foundation à Taïwan, afin d'aider les jeunes étudiants.

Wu overleed en 1997 à Manhattan aan een beroerte. Son père a été admis à l'école secondaire Mingde Senior High School (l'école secondaire pour femmes de Mingde). Son homme, qui a été licencié en 2003, n'est plus là. Le dessin est réalisé avec les photos de Tsung-Dao Lee et Chen Ning Yang (pour Wu), et Samuel Ting et Yuan T. Lee (pour Yuan).

Naam

Chien-Shiungs Wu generatienaam, Chien, est hetzelfde als die van haar broers, en geen typische vrouwennaam. En outre, Shiung, son nom personnel, signifie "détenu, surhumain". Vandaar dat veel Chinezen die haar naam voor het eerst horen in eerste instantie aannemen dat Wu een man was.

Points forts

- Chien-Shiung Wu a obtenu son diplôme de l'Université centrale nationale de Nankin, en Chine, en 1936, puis s'est rendu aux États-Unis pour poursuivre des études supérieures en physique à l'Université de Californie à Berkeley, sous la direction d'Ernest O. Lawrence.
- Après avoir obtenu un doctorat en 1940, Wu a enseigné au Smith College et à l'université de Princeton.
- En 1944, elle entreprend des travaux sur la détection des radiations à la Division of War Research de l'Université de Columbia.
- Elle a observé qu'il existe une direction d'émission privilégiée et que, par conséquent, la parité n'est pas conservée pour cette interaction faible.

- Wu, qui a reçu la médaille nationale de la science en 1975 et a été président de l'American Physical Society cette même année, était considéré comme l'un des meilleurs physiciens expérimentaux du monde.

8. Katherine Johnson (1918 - 2020)

Mathématicien américain pour la NASA

"Aimez ce que vous faites, et alors vous ferez de votre mieux."

Katherine Johnson (White Sulphur Springs (Virginie-Occidentale), 26 août 1918 - Newport News (Virginie), 24 février 2020) était une scientifique américaine qui a participé aux programmes d'éclairage et de simulation des états-Unis en utilisant les ordinateurs numériques de la NASA. Grâce à sa précision dans le domaine de l'hémi-mécanique assistée par ordinateur, il a pu effectuer des analyses pour le programme Mercure et le vol d'Apollo 11 sur l'océan en 1969.

Biografie

Katherine Coleman est née en 1918, fille de Joshua et Joylette Coleman, à White Sulphur Springs, dans le comté de Greenbrier, en Virginie occidentale, et a eu dix frères et sœurs. Son père travaillait comme ouvrier agricole, cuisinier et peintre en bâtiment. Sa mère était lerares. Depuis sa plus tendre enfance, Katherine avait un grand talent pour la médecine. Ses enfants ont appris à connaître le sens de la vie. Omdat in Greenbrier

County zwarte studenten niet naar school konden na het einde van de basisschool ("*huitième année*") gingen Katherine en haar broer(s) en zus(sen) naar de middelbare school in Institute, Kanawha County, West Virginia. La famille s'est installée à Institute pendant l'année scolaire et à White Sulphur Springs pendant l'année scolaire.

Johnson a rejoint le West Virginia State College au milieu de l'année scolaire et a suivi des cours de sciences auprès de plusieurs professeurs, notamment la scientifique et infirmière Angie Turner King (qui était également son mentor au milieu de l'année scolaire) et W.W. Schiefflin Claytor (le dernier Afro-Américain à avoir été promu en sciences). En 1937, Johnson a fait des études de médecine et de français, avec mention très bien, à l'âge d'un an. Il s'est ensuite rendu à Marion (Virgine) pour se perfectionner en médecine, en français et en musique.

En 1938, Johnson était la première femme afro-américaine à être nommée à l'université de Virginie occidentale à Morgantown (Virginie occidentale), à la tête de la Cour suprême des États-Unis dans la zone Missouri ex rel. Gaines contre le Canada.

Une carrière bien remplie

Johnson a fait en sorte que le National Advisory Committee for Aeronautics (NACA), la dernière version de la NASA, recherche de nouveaux hommes, en particulier des Afro-Américains pour le *Guidance and Navigation Department*. Johnson trad en 1953 in dienst.

De 1958 à sa prise de fonction en 1983, il a travaillé comme technicien de maintenance. Plus tard, il a travaillé au sein de la Direction des contrôles d'engins spatiaux. C'est à ce moment-là qu'il a pris la relève d'Alan Shepard, le premier Américain à avoir participé à une mission de sauvetage en 1959. Il a également été chargé de lancer le programme Mercury en 1961. Par la suite, il a mis au point des appareils de navigation pour les astronautes en réponse à des problèmes d'électronique.

En 1962, alors que la NASA utilisait pour la première fois des ordinateurs électroniques afin de permettre à John Glenn de s'asseoir sur son siège, Johnson s'est vu confier la responsabilité de ces ordinateurs. Plus tard, Johnson travaillera également avec des ordinateurs numériques. Il est également responsable de l'atterrissage d'Apollo 11 sur la Lune en 1969. Après sa disparition, Johnson a participé à un festival de musique dans les montagnes de Pocono. Lui et quelques autres ont été les premiers à se rendre sur le lieu de l'accident grâce à la télévision.

En 1970, Johnson a participé à la mission d'Apollo 13 sur le continent. Lorsque cette mission a été brisée, Johnson a eu recours à des procédures et à des tableaux alternatifs, ce qui a permis à l'équipage de se cacher quatre jours plus tard. Plus tard dans sa carrière, Johnson a travaillé sur le programme de la navette spatiale, sur le satellite de ressources terrestres et sur la planification d'une mission vers Mars.

Nalatenschap

Johnson a été l'auteur principal de plusieurs articles de science-fiction à plusieurs reprises. La NASA propose une liste des principaux articles de Johnson.

L'implication sociale de Johnsons en tant que pionnier dans les applications de gestion des déchets et des ordinateurs peut être considérablement améliorée par l'ampleur de la tâche qu'il a accomplie et par les nombreux avantages qu'il en retire. C'est pourquoi il peut être considéré comme un mannequin de poche.

Sinds 1979 (voordat ze met pensioen ging) had Johnsons biografie al een ereplaats in overzichten van Afro-Amerikanen in wetenschap en technologie.

Le 16 novembre 2015, le président américain Barack Obama a nommé Johnson comme l'un des 17 Américains qui ont reçu la médaille présidentielle de la liberté en 2015. Il a reçu le prix le 24 novembre 2015 et a été désigné comme l'un des acteurs de la promotion des valeurs afro-américaines (STEM).

En 2017, le film *Hidden Figures* est sorti, un film sur Johnson et ses collègues afro-américains de la NASA.

Privéleven

En 1939, Johnson rencontre James Francis Goble ; ils ont tous deux trois des enfants. Après la mort de Goble, en 1956, il rencontre en 1959 le lieutenant-colonel James A. Johnson, dont la carrière à la NASA s'achève.

Points forts

- L'intelligence et l'habileté de Katherine Johnson avec les chiffres sont apparues dès son enfance ; à l'âge de 10 ans, elle avait commencé à fréquenter le lycée.
- En 1937, à l'âge de 18 ans, Coleman est diplômé avec les plus grands honneurs du West Virginia State College (aujourd'hui West Virginia State University), obtenant des licences en mathématiques et en français.
- Johnson a reçu de nombreux prix et distinctions pour son travail, notamment la médaille présidentielle de la liberté (2015).
- Margot Lee Shetterly publie Hidden Figures : The American Dream and the Untold Story of the Black Women Mathematicians Who Helped Win the Space Race, sur les ordinateurs de l'Ouest, notamment Johnson, Dorothy Vaughan et Mary Jackson.
- Un film basé sur le livre est également sorti en 2016.

9. Florence Rena Sabin (1871-1953)
Anatomiste américain et chercheur sur le système lymphatique

"Il est malhonnête de simplifier quelque chose qui n'est pas simple".

Florence Rena Sabin (Central City (Colorado), 9 novembre 1871 - Denver, 3 octobre 1953) était un médecin américain. Elle a été un pionnier pour les femmes dans le domaine de la médecine ; elle a été la première femme à avoir obtenu un poste de médecin à la Johns Hopkins School of Medicine, la première femme à avoir été nommée à la National Academy of Sciences et la première femme à avoir été nommée à l'Institut Rockefeller pour la recherche médicale.

Biografie

34

Florence Sabin est née à Central City, dans le territoire du Colorado, en tant que fille cadette de Serena Miner et George Kimball Sabin. Son père était infirmier et la famille Sabin a passé plusieurs années dans différentes institutions. Lorsque Florence, âgée de sept ans, est devenue adulte, son mari a été condamné à une peine de prison. Elle se rendit avec sa fille Mary chez son père Albert Sabin à Chicago, puis chez ses parents dans le Vermont.

En 1893, il obtient son diplôme de bachelier au Smith College, où il étudie la médecine générale. Comme sa famille n'a pas les moyens financiers nécessaires pour faire des études universitaires, il fait deux ans d'études au lycée de Denver et un an de zoologie au Smith College, ce qui lui permet de bénéficier d'une aide financière importante de la part d'Elkaar pour poursuivre ses études. Sabin est entré à l'école de médecine Johns Hopkins en tant que l'un des plus anciens étudiants vrouwelijke dans une classe de vijfenveertig. L'école a été créée en 1893 et était, dès le début, réservée aux hommes et aux femmes.

En 1900, Sabin et sa klasgenote Dorothy Reed Mendenhall ont gagné un prestigieux stageplaats pour étudier aux côtés de William Osler. Entre Sabin et Mendenhall, le programme d'études est devenu très important pour les jeunes. Il lui a même demandé de faire une bonne carrière pour lui dans le cadre d'une formation médicale. Un an plus tard, en 1901, il décide d'entreprendre des études pour travailler avec le professeur Franklin P. Mall à la faculté d'anatomie de Johns Hopkins. En 1905, il a été nommé docteur en médecine universitaire et, en 1917, il a été nommé docteur en embryologie et en histologie - il était alors la première femme à devenir docteur dans une université génétique. En 1921, il a été nommé premier membre du conseil d'administration de l'*Association américaine des anatomistes*.

En 1925, Sabin s'est rendu à l'Institut Rockefeller où il a reçu une formation sur l'immunologie cellulaire ; il était alors la première femme à avoir été nommée à la faculté. En 1926, elle a été nommée à l'Académie nationale des sciences en tant que première femme.

Après avoir obtenu le statut d'émérite à 67 ans en 1938, il est devenu un acteur actif dans le domaine de la science et de la technologie par le biais de sa correspondance, de ses publications et de divers conseils. En 1944, il a été nommé par le gouverneur John Vivian comme conseiller en matière d'environnement au sein d'un comité d'urbanisme national dans le Colorado. Le but était d'atténuer les problèmes de santé publique les plus graves et de renforcer les capacités en matière de santé publique. Sabin

overleed op 81-jarige leeftijd in Denver aan de gevolgen van een
hartaanval.

Onderzoek

Au cours de sa longue carrière dans le domaine de la science et de la
technologie, Sabin a acquis une réputation indiscutable pour ses travaux
en embryologie et en histologie. En 1900, il publie son premier ouvrage
intitulé "*An Atlas of the Medulla and Midbrain*", qui traite de l'évolution de
l'expression du cerveau chez le bébé. Il s'est également écarté de
l'interprétation traditionnelle de l'étiquetage du lymfevatenstelsel en
indiquant qu'il s'agit d'un échantillon de cellules de l'embryon et d'un
échantillon de cellules de l'embryon, ni plus ni moins.

C'est à l'Institut Rockefeller qu'il a concentré ses efforts sur le rôle des
petites cellules sanguines (monocytes) qui produisent des bactéries
infectieuses, notamment *Mycobacterium tuberculosis*, l'organisme à
l'origine de la tuberculose la plus grave. Si la bactérie tuberculose a été
reconnue par Robert Koch au début de l'ère moderne, elle est devenue un
problème majeur de santé publique au cours de la deuxième moitié de
l'ère moderne. En 1924, à la suite de l'ouverture de son centre
d'oncologie, elle devient une filiale de la National Turbeculosis
Association.

Tevens leidde ze een groot team van modern wetenschappers op in het
oplossen van medische problemen, alsmede het opleiden van de
volgende generatie van wetenschappers.

Points forts

- Après avoir enseigné à Denver et à Smith pour gagner de l'argent
  pour ses études, Florence Rena Sabin entre à la faculté de médecine
  de l'université Johns Hopkins à Baltimore, dans le Maryland, en 1896.
- Après avoir obtenu son diplôme en 1900, elle a fait un stage d'un an
  à l'hôpital Johns Hopkins, puis est retournée à l'école de médecine
  pour mener des recherches dans le cadre d'une bourse accordée par
  l'Association de Baltimore pour l'avancement de l'éducation
  universitaire des femmes.
- En 1901, elle a publié An Atlas of the Medulla and Midbrain, qui est
  devenu un texte médical populaire.

- En 1902, lorsque Johns Hopkins abandonne enfin sa politique de non-nomination de femmes à la faculté de médecine, Sabin est nommée assistante en anatomie et devient en 1917 la première femme professeur titulaire de l'école.
- Elle s'est ensuite tournée vers l'étude du sang, des vaisseaux sanguins et des cellules sanguines et a fait de nombreuses découvertes concernant leur origine et leur développement.

10.   Françoise Barré-Sinoussi (née en 1947)

Virologue français qui a reçu le prix Nobel de physiologie ou de médecine 2008

" Quand on travaille sur le VIH, ce n'est pas seulement travailler sur le VIH, c'est travailler bien, bien au-delà. "

Françoise Barré-Sinoussi (Parijs, 30 juillet 1947) est une virologue française. Elle a remporté avec Luc Montagnier le prix Nobel de la physiologie et de la génétique 2008 pour sa contribution à la découverte du virus de l'immunodéficience humaine (vih). Les prix Nobel sont décernés à Harald zur Hausen pour son engagement dans la lutte contre le virus du papillome humain (VPH) que les banques de sang peuvent combattre.

Biografie

Barré-Sinoussi est née à Paris, fille de Roger Sinoussi et Jeanine Fau. Il a obtenu son diplôme au Lycée Bergson. Il étudie les sciences biomédicales, mais il abandonne ses études pour se consacrer à la théorie de l'université. Début 1970, elle est engagée par Jean-Claude Chermann, un virologue français à l'Institut Pasteur de Marnes-la-

Coquette. En 1975, il obtient son doctorat en virologie à la faculté des sciences de l'eau. En 1978, elle a épousé le chercheur français Jean Claude Barré.

Werkzaam op het Pasteur Instituut deed ze onderzoek naar retrovirussen. Avec Montagnier, il a isolé des cellules de Barré-Sinoussi de patients chez qui le système de défense complet a été mis en place - un système qui, plus tard, peut donner lieu à des aides. Ces cellules contiennent l'enzyme *transcriptase inverse* - un enzyme qui permet aux rétrovirus de se reproduire dans les cellules d'un malade. Plus tard, le nom du virus de l'immunodéficience humaine (VIH) sera attribué à l'apparition de ces premiers rétrovirus mensuels. Après cette découverte, il participe activement à la recherche d'un moyen de défense génétique et d'un vaccin contre le VIH.

En 1986, Barré-Sinoussi a été nommé laborantin, en 1992, directeur du département et en 1996, directeur du groupe de recherche sur la biologie des rétrovirus à l'Institut Pasteur. En 2009, il a rédigé une lettre ouverte à l'intention du pape Benoît XVI au sujet de la déclaration selon laquelle les préservatifs sont inefficaces dans la crise du sida. En juillet 2012, il a été nommé président de l'International AIDS Society (IAS), l'organisation des professionnels du VIH et des malades du VIH.

Erkenning

En 2006, Barré-Sinoussi a été nommé officier dans l'armée de la Légion d'honneur et a été nommé Commandeur en 2009 et Grand Officier en 2013. Il a obtenu un doctorat de l'université de Tulane en 2009 et de l'université de New South Wales en 2014.

M. Barré-Sinoussi a participé activement à plusieurs projets et comités de recherche dans l'Institut Pasteur et dans d'autres organismes de lutte contre le sida, notamment l'Agence nationale de lutte contre le sida à Frankrijk. Il a également été actif au niveau international, notamment au sein de l'Organisation mondiale de la santé (OMS) et de l'organisation nationale ONUSIDA/VIH.

Points forts

- Françoise Barré-Sinoussi a obtenu un doctorat (1975) à l'Institut Pasteur de Garches, en France, et a effectué un travail postdoctoral aux États-Unis, au National Cancer Institute de Bethesda, dans le Maryland.

- En 1975, elle a rejoint l'Institut Pasteur à Paris, et en 1996, elle y a pris la tête de l'unité de biologie des rétrovirus (appelée ensuite unité de régulation des infections rétrovirales).
- De 2012 à 2014, Barré-Sinoussi a été président de la Société internationale du sida.
- Lorsque Montagnier a dirigé les efforts de l'Institut Pasteur en 1982 pour déterminer la cause du SIDA, Barré-Sinoussi était membre de son équipe.

11.   Margaret Hamilton (née en 1936)

Informaticien américain, principal ingénieur logiciel du vol Apollo

Margaret Heafield Hamilton (Paoli (Indiana), 17 août 1936) est une informaticienne et une spécialiste des systèmes américaine. Elle a été directrice de l'atelier de génie logiciel du MIT qui a conçu Colossus, le logiciel de base du programme Apollo. En 1986, il a fondé Hamilton Technologies. Le 22 novembre 2016, le président américain Barack Obama a remis à Hamilton la médaille présidentielle de la liberté pour le logiciel de commande Apollo.

Biografie

Margaret Heafield est née à Paoli (Indiana). En 1954, elle devient étudiante en sciences sociales à l'Université du Michigan et obtient sa licence en 1958 avec une spécialisation en philosophie. En 1958, il obtient un diplôme de licence avec une spécialisation en filosofie. Au début de l'année, il fait ses études de sciences et de français dans une école moyenne, puis à Harvard. Hamilton se rendit à Boston (Massachusetts) afin de poursuivre ses études en sciences sociales à l'université de Brandeis.

En 1960, il a travaillé au MIT pour que le météorologiste Edward Lorenz utilise les ordinateurs de Marvin Minsky pour développer des logiciels destinés à l'orthographe. Hamilton estime que l'informatique et son approche de l'ingénierie logicielle ne sont pas des disciplines indépendantes et que les programmeurs doivent s'impliquer dans la pratique.

De 1961 à 1963, Hamilton a programmé le logiciel du premier ordinateur AN/FSQ-7 (le XD-1) afin d'effectuer des vols de précision dans le cadre du projet Semi-Automatic Ground Environment du Lincoln Lab (MIT). Le projet SAGE a été mis en œuvre dans le cadre du projet Whirlwind du MIT afin de créer un système informatique permettant d'analyser et de simuler des systèmes de navigation. SAGE a été utilisé pour la lutte contre les attaques soviétiques à l'époque du Koude Oorlog.

NASA

Après le projet SAGE, Hamilton a été engagé par le laboratoire Charles Stark Draper du MIT, qui a travaillé sur le programme Apollo. C'est également à Hamilton que l'on doit le groupe qui a conçu les logiciels pour Apollo et Skylab. L'équipe d'Hamilton était responsable du logiciel de *vol*, avec les algorithmes des programmeurs principaux pour le module de toit d'Apollo, le vaisseau spatial et Skylab. Un autre membre de l'équipe a créé et développé le logiciel pour la détection et la gestion des anomalies, notamment avec les *affichages prioritaires d'*Hamilton.

Zakenleven

De 1976 à 1984, Hamilton a été directeur de Higher Order Software (HOS), une entreprise qui avait été créée par ses soins. Avec HOS, Hamilton a mis à profit ses échanges avec le MIT pour trouver des idées sur la tolérance à la douleur et sur l'utilisation de la douleur dans le monde entier. Hamilton quitte l'entreprise en 1985. En mars 1986, Hamilton Technologies a décidé de faire passer son langage universel des systèmes (USL) dans la suite 001 Tool.

Invloed

Lorsque Hamilton a invoqué le terme "génie logiciel", ce domaine n'était pas considéré comme une discipline et n'était même pas considéré comme une discipline à part entière. Hamilton a utilisé le terme "software engineering" lors des premiers missiles Apollo pour que la programmation ait le même statut que d'autres disciplines comme l'ingénierie matérielle.

Points forts

- Margaret Hamilton a participé à l'écriture du code informatique des modules de commande et lunaires utilisés lors des missions Apollo vers la Lune à la fin des années 1960 et au début des années 1970.
- Bien que Margaret ait prévu d'étudier les mathématiques abstraites à l'université Brandeis, elle accepte un poste au Massachusetts Institute of Technology (MIT) pendant que son mari fréquente la Harvard Law School.
- Au MIT, elle a commencé à programmer des logiciels pour prédire le temps et a fait des études supérieures en météorologie.
- Au début des années 1960, Hamilton rejoint le Lincoln Laboratory du MIT, où elle participe au projet SAGE (Semi-Automatic Ground Environment), le premier système de défense aérienne américain.

12. Emmy Noether (1882 - 1935)

Mathématicienne allemande connue pour ses contributions marquantes à l'algèbre abstraite et à la physique théorique.

"Mes méthodes [algébriques] sont en réalité des méthodes de travail et de réflexion ; c'est pourquoi elles se sont glissées partout de manière anonyme."

Amalie Emmy Noether (Erlangen (Duitsland), 23 mars 1882 - Bryn Mawr (Verenigde Staten), 14 avril 1935) était une scientifique du Danemark de confession juive. Son travail dans le domaine de l'algèbre abstraite a donné une nouvelle dimension à l'algèbre générale. Il a été présenté aux meilleurs scientifiques vrouwelijke et Albert Einstein a également été surpris par son travail.

Inleiding

Noether est connu pour ses travaux fondamentaux sur l'algèbre abstraite et la naturologie théorique. Il a été reconnu par David Hilbert, Albert Einstein et d'autres comme la personne la plus importante dans le domaine de la science de la nature. Noether est à l'origine d'une révolution dans la théorie des anneaux, des lacs, des vallées et des algèbres, et a été reconnu comme le fondateur de l'algèbre abstraite.

44

Dans la natuurkunde théorique verklaart de stelling van Noether de fundamentele verbinding tussen symmetrie en behoudswetten.

Noether est né dans une jeune famille. Son père est Max Noether, un homme d'affaires de grande envergure. Emmy avait un plan pour devenir professeur de français et d'anglais. Elle a également passé ses examens sur la façon dont les enfants ont été formés à l'école secondaire de Beierse. Il a ensuite décidé d'aller étudier à l'Université d'Erlangen, l'établissement où se trouvait également son père en tant que professeur. Après avoir obtenu sa dissertation en 1907 sous la direction de Paul Gordan, il a travaillé pendant sept ans à l'Institut de mathématiques d'Erlangen. L'une des principales difficultés était que, au début du 20e siècle, il n'y avait plus de postes académiques à pourvoir. En 1915, Noether, par l'intermédiaire de David Hilbert et de Felix Klein, a été chargé de la création d'un centre de recherche en sciences sociales à l'université de Göttingen, qui est devenu un centre mondial de recherche en sciences sociales. La faculté de sciences philosophiques n'est pas la même. Au bout de quatre ans, les collèges de Noether sont passés sous la tutelle de Hilber. Son habilitation a été supprimée en 1919. C'est à ce moment-là qu'il reçoit le titre de *Privatdozent*.

Après la défaite d'Hitler en 1933, Noether est devenu un membre important de la communauté scientifique de Göttingen ; ses étudiants sont devenus des "Noether-jongens". En 1924, le chercheur néerlandais B.L. van der Waerden fait partie de son *cercle restreint*. Il était aussi le plus grand défenseur de l'idée de Noé : son œuvre était la base du deuxième chapitre de son ouvrage prestigieux de 1931, *Moderne Algebra*. Au moment de la conférence de Noethers à l'International Wiskundecongres à Zürich en 1932, sa vision de l'algèbre sur le monde entier est devenue célèbre. L'année suivante, le gouvernement nazi a décidé d'interdire à toutes les universités du Danemark d'utiliser la méthode Joden. Noether se rendit alors dans les états-Unis, où il fut nommé au Bryn Mawr College en Pennsylvanie. Deux ans plus tard, il a été victime d'une opération risquée sur un système électronique. Après une période de quatre ans, il est opéré le 14 avril 1935 à 53 ans.

L'œuvre de Noethers Wiskundige a été divisée en deux périodes. Au cours de la première période (1908-1919), ses principaux travaux ont porté sur les théories relatives aux invariants algébriques et aux mécanismes de répartition. Son travail sur les invariants différentiels dans le domaine de la variabilité, le "stelling de Noether", est considéré comme "l'un des plus importants stelling de l'histoire de l'humanité, dont la richesse est reconnue dans le domaine de la natuurkunde moderne". Au cours de la deuxième période (1920-1926), il a commencé à travailler sur "l'évolution de l'algèbre [abstraite]". Dans son dernier article *Idealtheorie in Ringbereichen* (*Theorie van idealen in ringdomeinen*, 1921), Noether transforme la théorie des idéaux dans les anneaux commutatifs en un instrument complexe avec de nombreuses variantes. Il en résulte une utilisation élégante de l'oplopende ketenvoorwaarde. Les objets qui se trouvent sur cette carte peuvent être utilisés par les autres utilisateurs. Au cours de la dernière période (1927-1935), il a publié des travaux importants sur les algèbres non-commutatives et les algues hypercomplexes. Il associe la théorie de la représentation des groupes à la théorie des modules et des idéaux. En dehors de ses propres publications, il s'est consacré à l'étude de ses idées. Il s'est distingué par de nombreux ouvrages publiés par d'autres chercheurs, ainsi que dans des domaines qui font partie de son œuvre principale, comme la topologie algébrique.

Biografie

Max Noether, le père d'Emmy, est né en 1844 à Mannheim. Au début de sa vie, il a fait du bénévolat et a décidé de passer le reste de sa vie dans une entreprise artisanale. Il a fait des études de médecine à l'université de Heidelberg. Il a travaillé pendant dix ans comme professeur privé à Heidelberg, avant de se rendre en 1875 à l'université d'Erlangen, près de Neurenberg à Beieren, pour y travailler comme professeur adjoint. En 1888, il a été nommé professeur titulaire à dix reprises. Il était l'une des figures les plus marquantes de la communauté algébrique de son époque ; il a beaucoup travaillé sur les invariants des variables algébriques et sur le fonctionnement des transformations birationales, en s'appuyant sur les travaux de Bernhard Riemann et Luigi Cremona.

Jeugd

Emmy est née le 23 mars 1882 à Erlangen. Elle est la première fille de Max et de sa femme Ida Kaufman, tous deux d'origine juive. Emmy a donné naissance à trois frères : Alfred, Fritz et Gustav Robert. De 1889 à 1897, Emmy est entrée à l'école Höhere Töchter d'Erlangen, où elle a appris à lire et à écrire aussi bien en anglais qu'en français. Elle apprend le piano à cette époque, mais elle n'y entre pas du tout, contrairement à sa mère. Il lui a donné des danses et l'a encouragé à faire des fêtes avec les enfants de ses camarades de classe. À l'école, elle a commencé à donner des cours à ses meilleurs talents. Il étudie l'anglais et le français pendant près de dix ans et, en avril 1900, il réussit à obtenir une bourse d'études de l'État de Beyrouth pour ses deux talents, ce qu'il fait de plus en plus dans le cadre de l'école secondaire de Beyrouth.

Wiskundestudie

Pour qu'ils puissent travailler en tant que larbins dans les mines de
charbon, il faut qu'Emmy étudie une autre forme de vie. Pour une jeune
fille du Duitsland en 1900, c'est un problème de taille : dans les autres
pays européens, les jeunes peuvent étudier pendant dix ans dans une
université, mais au Duitsland, il faut qu'une jeune fille par université
participe au programme de bourses d'études pour pouvoir se
perfectionner, et ce programme n'est pas toujours appliqué. Emmy mocht
echter, wellicht dankzij de invloed van haar vader, colleges in Erlangen
volgen. Elle doit passer ses examens au Realgymnasium de Neurenberg.

En 1903, il se rend à Göttingen, où il fréquente les collèges de grands
savants comme Hermann Minkowski, Felix Klein et David Hilbert. L'année
suivante, Noether a été renvoyé à Erlangen, parce qu'il n'y avait plus
d'examens à faire pour les étudiants vrouillés. Quelques années plus tard,
en 1907, il est promu par Paul Gordan.

Periode 1907-1915

Après avoir été promu, Noether travaille à l'université d'Erlangen. Il se
rend compte que son père, qui a commencé à s'intéresser de plus près à
ses travaux, est devenu membre d'un collège. Au cours de cette période,
à Erlangen, il s'est intéressé de près à la théorie de l'invariant. Hiernaast
begeleidde ze twee promovendi bij hun proefschrift.

Periode à Göttingen

En 1915, alors que son père est décédé, Noether se rend à Göttingen. À
Erlangen, il avait déjà fait tout ce qu'il fallait, mais à Göttingen, Klein et
Hilbert, les deux plus grands chercheurs de Göttingen, se sont mis
d'accord pour que Noether puisse les régénérer. En outre, il faut qu'ils
fassent preuve d'un esprit d'initiative, afin qu'ils puissent être considérés
comme des avocats privés. C'est là que l'université a posé un problème :
à la suite d'une enquête menée en 1908, les jeunes n'étaient plus
considérés comme des délinquants sexuels. Het waren vooral de
filosofische en de historische faculteit die tegen Noethers aanstelling
waren. Hilbert s'est retiré de la discussion en disant : "Je ne suis pas du
tout d'accord avec l'idée que je me fais de la théorie : " Ik zie niet in
waarom het geslacht van iemand een argument is tegen haar aanstelling.
We zijn hier tenslotte een universiteit en geen badhuis." Toch bleef
Noether in Göttingen werken en lesgeven. Les nombres qu'il a créés ont
été inventés sous le nom de Hilbert. Ce n'était pas non plus une question

de volonté : Noether et Hilbert ont travaillé à cette époque en grande partie ensemble, et il n'y a pas longtemps que Noether n'a pas réussi à convaincre les grands savants qu'il devait être.

Depuis le milieu des années 2000, il y a à Göttingen un groupe de wiskundigen qui, tout comme le wiskunde, se ressemblent beaucoup, comme les muziekavonden ou les bootexcursies. De longues discussions ont eu lieu à l'hôtel de Fritz Klie sur des produits aussi bien féminins que masculins. Outre Noether, Richard Courant, directeur de la faculté de mathématiques, était la personne la plus importante du groupe. D'autres personnes, telles que le topologue Alexandrov, Heinz Hopf et, plus tard, Hermann Weyl, font également partie de ce groupe.

Noether était dans ce groupe une personne exceptionnelle et pas seulement parce qu'il était la seule femme, à l'exception de celle de Courant. Il n'était pas malheureux et avait une tige très lâche. Il était aussi une personne très sociable et voulait stimuler de nombreuses autres personnes. Plusieurs de ses travaux ont été publiés sous le nom de ses collègues et étudiants.

Bezoek aan Moskou

Au cours de l'hiver 1928-1929, Noether accepte une bourse de l'Université nationale de Moscou, où il réalise son travail avec Pavel Aleksandrov. En dehors de son travail, il s'intéresse également à l'algèbre abstraite et à la théorie algébrique. Il a notamment travaillé avec les topologistes Lev Pontryagin et Nikolai Chebotaryov, dont les travaux sur la *théorie de la galaxie ont* été précisés plus tard.

Bien que la politique ne soit pas centrale à son époque, Noether a joué un rôle important dans les questions politiques. Par l'intermédiaire d'Alexandrov, Noether a démontré qu'il avait une influence considérable sur la révolution russe (1917). Il a été très impliqué dans son travail sur les questions de naturopathie et de médecine vétérinaire. Il le considérait comme une indication des nouveaux objectifs que le projet bolchévique avait fait naître. Deze houding bezorgde haar in Duitsland echter problemen, met als hoogtepunt haar uitzetting uit een pension, nadat studentenleiders hadden geklaagd niet in eenzelfde gebouw te willen wonen als "een marxistisch georiënteerde jodin".

Noether n'avait pas l'intention de se rendre à Moscou pour y faire un voyage d'étude, ce qui lui a valu d'être rejeté par Alexandrov. En 1933, alors que le Duitsland est en guerre, Alexandrov se rend à l'Université nationale de Moscou pour y suivre une formation. Il a été nommé au ministère soviétique de l'Intérieur. Bien que ce travail n'ait pas été couronné de succès, il correspondait à ce qu'il était en 1930. En 1935, Noether planifie un voyage en Union soviétique. Après le départ de sa famille en Allemagne, son frère Fritz Noether accepte une place à l'Institut de science et de mécanique de Tomsk, dans la région sibérienne de la Russie.

Laatste jaren in Bryn Mawr

En janvier 1933, Adolf Hitler s'est rendu sur le champ de bataille dans le Duitsland. Cela a eu des conséquences très importantes pour les universitaires juifs. Certains, comme Courant, ont été accusés, tandis que d'autres ont été accusés par des étudiants pro-nazis. Parmi ces étudiants, il y avait Werner Weber, que Noether a fait venir. Il déclare que "les étudiants aryens ont des connaissances aryennes et pas de connaissances juives". Noether a étudié la situation et s'est tourné vers la science, mais à la fin de l'année 1933, sa réaction, tout comme celle de tous les autres medewerkers jordaniens, a été confirmée.

Il a obtenu des bourses du Somerville College, d'Oxford et de l'université de Moscou, mais il s'est aussi rendu au Bryn Mawr College, une université réservée aux hommes, en Pennsylvanie, dans les états-Unis. C'est une situation tout à fait nouvelle pour Noether : ses collègues et ses étudiants n'étaient pas tous des hommes, mais pour la première fois, ils avaient une vaste expérience officielle. Il s'est rendu à Göttingen, où il a été nommé "professeur adjoint". Cette nouvelle situation a permis à Noether de se lier d'amitié avec plusieurs de ses collègues de Bryn Mawr.

Au début de l'année 1934, il est retourné en Angleterre, où il a compris que la situation à Göttingen, notamment en raison de l'attitude raciste des nazis, était totalement différente de ce qu'il avait connu dix ans plus tôt. Bijna al haar vroegere vrienden en collega's hier waren inmiddels vertrokken met als grote uitzondering David Hilbert die met de nieuwe situatie ook niet gelukkig was. De même, elle a fait appel à Artin à Berlijn. Avec Artin, il fait de longues promenades, au cours desquelles Noether Artin se rend compte de ses inquiétudes. Si Noether n'est pas encore prêt, il faut qu'il ait de plus en plus de chances d'obtenir un emploi et qu'Artin le fasse. Niet lang nadat ze naar Amerika was teruggekeerd, werd ze lid van de American Mathematical Society en lector aan het later wereldberoemd geworden Institute for Advanced Study in Princeton.

Consultez le site

En avril 1935, les artsen ontdekten een tumor in Noethers bekken. Il ne faut pas que le patient soit opéré avant la fin de l'opération. En raison des nombreuses complications d'une opération, les patients doivent attendre deux jours avant d'être opérés. Lors de l'opération du 10 avril, le chirurgien a découvert une tumeur à l'intérieur du corps "en forme de grotte". Deux petites tumeurs dans l'utérus de Noether sont restées intactes et n'ont pas été traitées, ce qui signifie que l'opération ne durera pas longtemps. Après la fin de l'opération, Noether n'a plus rien à se reprocher. Vier dagen later, op 14 april, raakte zij echter bewusteloos, haar temperatuur steeg snel tot bijna 43 °C. C'est à ce moment-là que Emmy Noether a déclaré . "Het is niet gemakkelijk om te zeggen wat er precies gebeurde in Dr. Noether", schreef een van de artsen. "Het is mogelijk dat er sprake was van een gewone en virulente infectie die de basis van de hersenen, waar zich de warmtecentra bevinden, aantastte."

Le monde de la science et de la technologie est en train de changer, et c'est à peine si Noether a trouvé quelques amis de sa famille. Quelques années après la mort de Noether, ses amis et ses collègues de Bryn Mawr ont organisé un petit séminaire de formation dans la maison du président du collège Park. Hermann Weyl et Richard Brauer ont travaillé à Princeton et se sont entretenus avec Wheeler et Taussky au sujet de leurs collègues surdoués. Dans les maanden die volgden verschenen op verschillende plaatsen in de wereld een aantal necrologieën. Entre autres, Albert Einstein, Bartel van der Waerden, Hermann Weyl et Pavel Aleksandrov ont témoigné de leur respect pour Emmy Noether. Son corps a été mis à l'abri et son visage a été gravé sur le bloc-notes qui se trouvait dans le hall d'entrée de la bibliothèque M. Carey Thomas à Bryn Mawr.

Bijdragen aan de wis- en natuurkunde

Les chercheurs en sciences naturelles considèrent Noether comme un algébriste abstrait et reconnaissent son travail dans le domaine de la topologie. Les spécialistes de la naturologie considèrent qu'il est le meilleur dans son domaine de base ; cela montre les avantages de ce domaine pour la naturologie théorique et les systèmes dynamiques. Noether avait un grand talent pour l'abstraction, qui lui permettait de résoudre des problèmes complexes sur des bases nouvelles et originales. Son ami et collègue Hermann Weyl a développé sa production intellectuelle en trois ans :

"Emmy Noethers wetenschappelijke productie valt op te delen in drie duidelijk verschillende periodes :

1. de periode van relatieve afhankelijkheid (1907-1919) ;
2. onderzoek gegroepeerd rond de algemene theorie van idealen (1920-1926) ;
3. de studie van de niet-commutatieve algebra's, hun representaties door lineaire transformaties en de toepassing daarvan op de studie van commutatieve getallenlichamen en hun rekenkundige bewerkingen (1927-1935)".

Au cours de la dernière période (1907-1919), Noether s'est intéressé de près aux invariants différentiels et algébriques. Ces travaux ont débuté par la rédaction de son manuscrit sous la direction de Paul Gordan. En raison de sa collaboration avec l'associé de Gordan, Ernst Sigismund Fischer, il s'est familiarisé avec les travaux de David Hilbert. L'horizon de l'homme de la rue a été transformé en un horizon plus abstrait et plus abstrait. Après sa formation à Göttingen en 1915, il produit son œuvre la plus importante dans le domaine de la naturologie théorique, les deux étapes de Noether.

Au cours de la deuxième période (1920-1926), Noether s'est consacré à l'élaboration de la théorie des anneaux liquides.

Au cours de la dernière période (1927-1935), Noether s'est concentré sur l'algèbre niet-commutative, les transformations linéaires et les mécanismes commutatifs.

Contexte historique

Au cours de l'année 1832 et jusqu'à la mort de Noether en 1935, la science - et plus particulièrement l'algèbre - a connu une véritable révolution, dans laquelle la question de l'âge n'est pas la plus importante. L'étude de l'algèbre se concentre depuis plusieurs années sur les méthodes pratiques permettant de résoudre certains types de problèmes, tels que les problèmes de gradation, de vingtième gradation et de vijf gradation, ainsi qu'au problème de la construction de vecteurs réguliers sous l'angle du passeur et du liniaque, en commençant par la constatation faite par Carl Friedrich Gauss en 1829, selon laquelle les vecteurs primaires, c'est-à-dire les vecteurs vijf in Gaussiaanse gehele getallen, peuvent être liés, L'introduction par Evariste Galois des algorithmes de permutation en 1832, la découverte des quaternions par William Rowan Hamilton en 1843 et la définition moderne des groupes par Arthur Cayleys en 1854 ont permis d'approfondir la recherche sur les applications des systèmes très abstraits, qui sont définis par des règles très universelles. Les progrès les plus importants dans le domaine de la science ont été réalisés dans le cadre de la mise en œuvre de cette nouvelle terre, l'algèbre abstraite.

L'algèbre abstraite et la médecine conceptuelle

Deux des objets les plus importants de l'algèbre abstraite sont les groupes et les anneaux.

Les structures des groupes et des anneaux sont très variées et peuvent être adaptées à des situations très diverses et abstraites. Un tel traitement comporte au moins une ou deux opérations définies qui permettent d'appliquer tous les critères relatifs à un groupe ou à un anneau, ainsi que tous les critères relatifs aux groupes ou aux anneaux. Certains éléments, ainsi que les opérations d'activation et de désactivation, ne sont pas couverts par le présent document. Les éléments peuvent être définis par des mots de données informatiques, la première opération combinée étant une disjonction exclusive et la seconde une conjonction logique. Les étapes de l'algèbre abstraite sont complexes, car elles sont très complexes ; elles sont à l'origine d'un grand nombre de systèmes. On peut se rendre compte que les hommes n'ont pas beaucoup de choses à apprendre sur les objets qui sont définis par de très petites applications, mais ce n'est pas le cas de Noether : *om het maximum te ontdekken dat uit een gegeven verzameling van eigenschappen kan worden geconcludeerd, of omgekeerd, de minimale verzameling te identificeren, de essentiële eigenschappen, die verantwoordelijk zijn voor een bepaalde waarneming.* Dans sa nécrologie, Van der Waerden rappelle que Noether, en s'adressant aux plus grands scientifiques, qui ont recours à l'abstraction pour la réalisation de leurs travaux, s'est encore plus engagé dans la voie de l'abstraction.

De stelregel waardoor Emmy Noether in haar werk werd geleid, kan als volgt worden geformuleerd : "Alle relaties tussen getallen, functies en operaties worden pas nadat ze zijn geïsoleerd van hun specifieke objecten en als universeel geldende concepten zijn geformuleerd, transparant, algemeen toepasbaar en volledig productief.

Il s'agit de la science conceptuelle, qui était très importante pour Noether. Ce domaine de la science a été dépassé plus tard par d'autres scientifiques et s'est transformé en de nouvelles formes, comme la théorie des catégories, pour devenir une réalité.

Eerste tijdvak - periode 1908-19

En 1907, Noether a été promu par Paul Gordan dans son ouvrage intitulé "Sur la *construction des systèmes de forme de la forme biquadratique ternaire"*. Gordan était un ami de Max Noether et l'un des fondateurs de la théorie de l'invariant, un domaine dans lequel Emmy Noether jouait un rôle primordial. Emmy était sa première doctorante. Les deux premiers numéros de son livre sont ses deux premières publications. C'est à sa demande que Noether travaille à l'université d'Erlangen. Au cours de cette période à Erlangen, il s'est beaucoup intéressé à la théorie des invariants, en s'inspirant notamment de Gordan, Hilbert et Fischer.

Galoistheorie

La théorie galoïste s'appuie sur les transformations des mécanismes qui permutent les mots d'une même phrase.

En 1918, Noether publia un article très important sur le problème inverse de Galois. En plaçant le raisonnement de Galois sur les transformées d'un champ géométrique et ses interprétations, Noether s'interroge sur le fait que le champ géométrique et le groupe géométrique sont deux choses bien distinctes, mais qu'une interprétation du champ géométrique est nécessaire pour que le groupe géométrique soit considéré comme un raisonnement de Galois. Ce problème a été réduit au "problème de Noether". On constate alors que le grand domaine d'un groupe G du groupe de permutations S_n, dont le domaine k (x_1, ..., x_n) est le résultat d'un traitement transcendantal du domaine k, est très important. (Zij maakte voor het eerst van dit probleem melding in haar artikel uit 1913, waar zij het probleem toeschreef aan haar collega Ernst Fischer). En 1969, R.G. Swan a donné un aperçu du problème de Noether, avec $n=47$ et G, un groupe cyclique d'ordre 47, qui peut être réalisé de différentes manières, comme un groupe de Galois sur les raisonnements. Le problème inverse de Galois a été résolu par Heden (2012).

Stelling van Noether

Noether fut envoyé en 1915 par David Hilbert et Felix Klein à Göttingen. Son expertise dans la théorie de l'invariant était nécessaire pour l'aider à élaborer la théorie de la relativité générale, une théorie commune de la relativité, qui a été élaborée par Albert Einstein. Hilbert avait opgemerkt dat in de algemene relativiteitstheorie de wet van behoud van energie leek te worden geschonden. Il s'agit d'une idée selon laquelle l'énergie gravitationnelle sur le corps de l'homme est également soumise à l'usure du temps. Noether s'est attaqué à la résolution de ce paradoxe. En 1915, Noether a donné sa dernière explication. Bien qu'elle n'ait pas été publiée en 1918, elle est devenue un instrument fondamental de la théorie moderne de la naturologie. Noether a perdu le problème niet alleen op voor de algemene relativiteitstheorie, maar bepaalde dat "behouden" hoeveelheden voor *alle* systemen van natuurkundige wetten, die enige continue symmetrie bezitten.

Au sujet de son travail, Einstein a écrit à Hilbert : "J'ai reçu du grand mathématicien Noether un article très intéressant sur les invariants. Je me souviens de l'idée que certains phénomènes peuvent être résolus sur une base d'algèbre différente. De oude garde in Göttingen zou een paar lessen van mejuffrouw Noether moeten nemen. Zij lijkt te weten waar zij het over heeft."

En guise d'illustration : Si un système natuurkundig se trouve dans une ruine et qu'il s'y trouve lui-même, on peut en déduire que les liquides natuurkundige, que cette ruine contient, ne sont pas symétriques en rotation ; la théorie de Noether permet de déduire que l'impulsion du système doit être maintenue. Le système naturel n'est pas symétrique en soi, un astéroïde de forme ondulée, qui tolère la ruine, génère un mouvement d'impulsion grâce à son asymétrie. La symétrie des milieux naturels que ce système met en évidence n'est pas suffisante pour le comportement. Autre constatation : lorsqu'une expérience de naturologie fait apparaître un seul objet sur un même plan et dans un même temps, les eaux naturelles sont symétriques par rapport à leurs translations continues dans le plan et dans le temps ; ces symétries dans ce système sont, d'après Noether, valables pour le comportement de l'impulsion et de l'énergie.

L'histoire de Noether est devenue un instrument fondamental de la naturologie théorique moderne, aussi bien en raison de l'influence qu'elle exerce sur les eaux souterraines qu'en raison de son application pratique. Haar stelling stelt onderzoekers in staat om de te behouden grootheden te bepalen via de waargenomen symmetrieën van een natuurkundig systemem. Omgekeerd facilite de stelling de beschrijving van een natuurkundig systeem, gebaseerd op klassen van de hypothetische natuurwetten. Stel ter illustratie dat er een nieuw natuurkundig verschijnsel is ontdekt. L'affirmation de Noether constitue un test pour les modèles théoriques de cette nouvelle fenêtre : si la théorie présente une symétrie continue, l'affirmation de Noether garantit que la théorie présente également un grand écart, et si la théorie est correcte, elle peut être modifiée par des expériences.

Tweede tijdvak - periode 1920-26

Le dernier travail de Noeth s'est concentré sur l'algèbre, que l'on peut qualifier d'abstraite et d'algébrique, et qui est devenue par la suite le "créateur de l'algèbre abstraite moderne". Dans un article datant de 1921, il présente une gamme complète d'idéaux, qui aboutit à la définition des anneaux de Noeth.

Même si le Eerste Wereldoorlog de 1918 n'a pas été publié, il y a eu une forte augmentation de la population du pays sur les plans politique et administratif, ce qui a entraîné une forte verbalisation de la position des femmes, avec pour conséquence que les femmes ont été privées de leur droit de vote. Ook Emmy Noether kreeg een aanstelling als privaatdocent.

Au cours des deux dernières années, Noether a acquis une grande notoriété dans le domaine de la science, et plusieurs scientifiques néerlandais sont venus à Göttingen pour lui donner des conseils. L'un d'entre eux était Bartel van der Waerden, un Néerlandais de 21 ans, qui avait fait ses classes à Amsterdam sous la direction de Brouwer et qui, en 1924, s'est rendu à Göttingen pour travailler avec Noether. En 1931, Van der Waerden rédigea son deuxième ouvrage, *Moderne Algebra*, qui était largement basé sur le travail de Noether et de plusieurs de ses collègues, notamment Hilbert et Artin. Il rejoint alors Brouwer et se consacre à la topologie abstraite. Il a créé, par le biais d'une ruine topologique, un groupe d'Abelse, dont les homologies ne sont plus à démontrer. Grâce au topologue russe Pavel Aleksandrov, qui, un an plus tard, devint le collègue de Noethers à Göttingen, le monde occidental devint très sceptique, mais il s'aperçut que les homologiegroepen avaient des aspects très intéressants.

Des services d'alimentation en eau potable de qualité et de grande qualité

Dans cette période, Noether a été impressionné par l'utilisation importante que l'on fait de l'eau courante et de l'eau résiduelle, qui peuvent être utilisées pour tous les objets de la vie courante qui peuvent être commandés en partie. Hoewel oppervlakkig bezien niet heel erg krachtig, liet Noether zien hoe zulke condities met maximaal effect kunnen worden ingezet om bijvoorbeeld aan te tonen dat elke verzameling van deelobjecten een maximaal/ minima element kent of dat een complex object uit een kleiner aantal elementen kan worden gegenereerd. Les conclusions dergelijke sont des éléments cruciaux dans une étude.

Anneaux commutatifs, idéaux et modules

L'article de Noethers, *Idealtheorie in Ringbereichen* (*Theorie van idealen in ringdomeinen*, 1921), est le fondement de la théorie algèmique des anneaux commutatifs et présente l'une des plus anciennes définitions algèmatiques d'un anneau commutatif. Dans l'article de Noether, les résultats les plus importants de l'algèbre commutative sont appliqués à des domaines particuliers des anneaux commutatifs, tels que les anneaux sur les veaux, les anneaux ou les anneaux géométriques algébriques. Noether estime que dans un anneau, qui a été conçu sur la base d'un idéal, chaque idée est indépendante. C'est pour rendre compte de cette réalité que le physicien français Claude Chevalley a formulé en 1943 le terme d'*anneau de Noetherse*. Un résultat important de l'article de Noeth datant de 1921 est la création de l'anneau Lasker-Noether. Cette étape met fin à l'étape de Lasker sur la décomposition primaire des idéaux de l'anneau de veine jusqu'à tous les anneaux de Noeth. L'énoncé de Lasker-Noether peut être considéré comme une interprétation de l'énoncé de l'histoire de l'humanité, dans laquelle il est indiqué qu'une personne positive peut être considérée comme un produit de ses propres ressources et que cette décomposition est unique.

L'ouvrage de Noethers *Abstrakter Aufbau der Idealtheorie in algebraischen Zahl- und Funktionenkörpern* (*Abstracte structuur van de theorie van idealen in algebraïsche getallenlichamen en functievelden*, 1927) karakteriseert ringen, waarin de idealen op unieke wijze in priemidealen ontbonden kunnen worden, als Dedekind-domeinen : Les produits intégraux qui sont sans dimension, à dimension 0 ou 1, et qui sont intégrés dans leurs quotients. Cet article présente également les résultats de l'analyse des isomorphismes. Nous présentons un certain nombre d'isomorphismes naturels fondamentaux et un certain nombre d'autres résultats fondamentaux obtenus à l'aide des modules de Noeth et d'Artinia.

Bijdragen aan topologie

Zoals zowel door Pavel Aleksandrov als Hermann Weyl in hun necrologieën werd opgemerkt, illustrer Noethers bijdragen aan de topologie haar edelmoedigheid met ideeën en ook hoar inzichten in staat bleken gehele deelgebieden binnen de wiskunde te transformeren. Dans la topologie, les chercheurs étudient les caractéristiques des objets de la nature qui sont invariants après avoir été transformés, notamment leurs caractéristiques physiques.

Noether est reconnu pour ses idées fondamentales sur l'intégration de la topologie algébrique à la topologie combinatoire, notamment l'idée de l'homologie. En raison de la description d'Aleksandrov, Noether, dans les

réunions de 1926 et 1927, a été confronté à Heinz Hopf et à Aleksandrov.
Daar maakte "zij voortdurend opmerkingen, die vaak diep en subtiel
waren". Aleksandrov vervolte avec la méditation :

Lorsque ... zij voor het ekend raakte met een systematische constructie
van de combinatorische topologie, merkte zij meteen op dat het de moeite
waard zou zijn om groepen van algebraïsche complexen en cycles van
een gegeven veelvlak en de ondergroep van de cyclusgroep, die bestaat
uit cycles homoloog aan nul, direct te bestuderen ; in plaats van de
gebruikelijke definitie van Betti-getallen. Le groupe de Betti est un groupe
complémentaire (quotient) du groupe de tous les cycles, ce qui permet de
définir le groupe de cycles dont le nombre d'atomes est nul. Cette
observation n'est pas évidente. Mais dans les années 1925-1928, il
s'agissait d'un nouveau point de vue.

Derde tijdvak - periode 1927-35

Au cours des deux dernières années, de nombreux travaux ont été
consacrés à des projets hypercomplexes et à des représentations de
grande envergure. Mais les résultats sont restés très limités. Noether s'est
penché sur ces résultats et a créé la première théorie algèmique de la
représentation des groupes et de l'algèbre. Dans ce court article, il classe
la théorie de la structure des algèbres associatives et la théorie de la
représentation des groupes dans une théorie unique et approfondie des
modules et des idéaux dans les anneaux, qui s'applique à toutes les
catégories d'objets. Cet ouvrage de Noether était d'une importance
fondamentale pour le développement de l'algèbre moderne.

Algèbre non-commutative

Noether était également responsable d'un certain nombre d'autres travaux
dans le domaine de l'algèbre abstraite. Avec Emil Artin, Richard Brauer et
Helmut Hasse, il est à la base de la théorie des algèbres centrales
abstraites.

Een baanbrekend artikel van Noether, Helmut Hasse en Richard Brauer
had betrekking op delingsalgebra's. Il s'agit de systèmes algébriques dans
lesquels le calcul est essentiel. Les deux principaux types de systèmes
sont les suivants : un système local-global, dans lequel il est indiqué que,
lorsqu'une algèbre centrale à dimension unique est utilisée sur un arbre
d'entraînement sur une zone locale, elle peut également être utilisée sur
une zone globale (et donc être triviale). Hieruit deduceerden zij hun
hoofdstelling : elke eindig dimensionale centrale delingsalgebra over een

algebraïsch getallenlichaam F splitst over een cyclische cyclotomische uitbreiding.

Deze stellingen stellen ons in staat om alle eindig-dimensionale centrale delingsalgebra's te classificeren in een gegeven getallenlichaam. Een volgend artikel van Noether liet, als een speciaal geval van een meer algemene stelling, zien dat alle deelgebieden van een delingsalgebra D splijtlichamen zijn. Cet article présente également le modèle de Skolem-Noether, dans lequel il est indiqué que les deux composantes d'une transformation d'un monde k dans une algèbre centrale enkelvoudige de dimension infinie sur k sont conjuguées. De stelling van Brauer-Noether geeft een karakterisering van de splijtlichamen van een centrale delingsalgebra over een veld.

Postume erkenning

Dans la boucle de l'année, Noether a accumulé beaucoup d'expérience dans son travail en tant que médecin, et plusieurs biographies scientifiques ont été rédigées sur son parcours. Si le fait que cette personne soit une femme est un signe distinctif, il en va de même pour le poste qu'elle occupe.

Points forts

- Emmy Noether a été certifiée pour enseigner l'anglais et le français dans les écoles pour filles en 1900, mais elle a préféré étudier les mathématiques à l'université d'Erlangen (aujourd'hui université d'Erlangen-Nürnberg). À cette époque, les femmes n'étaient autorisées à assister aux cours qu'avec la permission de l'instructeur.
- Noether a obtenu un doctorat à Erlangen en 1907, avec une dissertation sur les invariants algébriques.
- À partir de 1927, Emmy Noether s'est concentré sur les algèbres non commutatives (algèbres dans lesquelles l'ordre dans lequel les nombres sont multipliés affecte la réponse), leurs transformations linéaires et leur application aux champs de nombres commutatifs.
- En collaboration avec Helmut Hasse et Richard Brauer, Noether a étudié la structure des algèbres non commutatives et leur application aux champs commutatifs au moyen du produit en croix (une forme de multiplication utilisée entre deux vecteurs).

13. Valentina Tereshkova (née en 1937)

Cosmonaute soviétique, ingénieur et première femme dans l'espace

"Hé ciel, enlève ton chapeau, j'arrive !"

Valentina Vladimirovna Teresjkova (en russe : Валентина Владимировна Терешкова) (Maslennikovo, Oblast de Jaroslavl, 6 mars 1937) est un membre de la Doema russe et un kosmonaute russe atypique. Il s'est embarqué sur le Vostok 6 en tant que pilote d'avion russe et est devenu la première femme de l'équipage.

Mise en œuvre et gestion

Au cours de sa scolarité, Teresjkova a travaillé dans une usine de fabrication de bandes et est devenue étudiante en technique. Elle a appris à utiliser les ressorts de parachute dans le club de vol local.

Sur plus de 400 personnes, elle a été sélectionnée, avec quatre autres personnes, pour faire partie du groupe des vétérans de l'aviation civile. C'est dans ce groupe que Teresjkova a été choisie. Le 16 juin 1963, à la demande de Vostok 6, Teresjkova a reçu son permis de conduire et est devenue la première femme et le premier hamburger de l'équipage. Deux jours plus tard, le Vostok 5 était en panne. Tijdens de vlucht naderden de Vostok 5 en 6 elkaar tot op minder dan vijf kilometer en hadden ze onderling radiocontact. Teresjkova atterrit à l'écart, dans une zone où il n'y a que quelques jours. Les plans pour une nouvelle blessure avec des femmes sont en cours d'élaboration. Il y a 19 ans, Teresjkova était la seule femme à avoir été victime d'une agression, après que la Russe Svetlana Savitskaja eut pris la fuite le 19 août 1982 dans le Sojoez T-7.

Ander werk

Après sa retraite, Teresjkova a étudié à l'académie Sjoekowski-Luchtmacht, où elle a suivi en 1969 une formation de kosmonaute-ingénieur. En 1977, elle s'est orientée vers les sciences techniques. Teresjkova a exercé diverses fonctions politiques. De 1966 à 1974, elle a été membre de l'Union soviétique, de 1974 à 1989, elle a été membre de la présidence de l'Union soviétique, de 1969 à 1991, elle a fait partie du Comité central du Parti communiste. En 2011, le nom du parti Verenigd Rusland a été inscrit à l'ordre du jour de l'Assemblée nationale ; en 2016, il a été inscrit à l'ordre du jour. Le 10 mars 2020, il sera mis sur le devant de la scène lors de l'élection des conseillers municipaux du président Poetin. Il s'efforce de faire en sorte que le changement de régime commence par l'annonce des mandats présidentiels, car le président Poetin n'aura que deux mandats par an. Il s'agit là d'une véritable révolution dans le domaine de la gestion des ressources humaines. Haar voorstel werd goedgekeurd met unanimiteit van stemmen.

Privé

Le 3 novembre 1963, Teresjkova a rencontré le garde forestier Andrian Nikolajev. Ils ont eu une fille et se sont séparés en 1982. Teresjkova a changé d'avis plus tard et s'est mariée en 1999.

Points forts

- Bien que Valentina Tereshkova n'ait pas reçu de formation de pilote, elle était une parachutiste amateur accomplie et, sur cette base, elle a été acceptée dans le programme des cosmonautes lorsqu'elle s'est portée volontaire en 1961.

- De 1966 à 1991, Tereshkova a été un membre actif du Soviet suprême de l'URSS. Elle a dirigé le Comité des femmes soviétiques en 1968, et de 1974 à 1991, Tereshkova a été membre du Présidium du Soviet suprême.
- En 2008, Tereshkova est devenue vice-présidente du parlement de la province de Yaroslavl en tant que membre du parti Russie Unie.
- Tereshkova a été nommée Héros de l'Union soviétique et a reçu deux fois l'Ordre de Lénine.

14. Lynn Margulis (1938 - 2011)

Théoricien de l'évolution, biologiste, auteur scientifique, éducateur et vulgarisateur scientifique américain.

"Malgré tous les accomplissements de la biologie moléculaire, on ne peut toujours pas distinguer un chat vivant d'un chat mort."

Lynn Margulis (Chicago, 5 mars 1938 - Amherst (Massachusetts), 22 novembre 2011) est un biologiste américain qui s'est fait connaître par sa "théorie symbiogénétique" de la *théorie de l'endosymbiose sérielle* (SET) pour le développement des cellules eucaryotes. Margulis était, avec le chimiste britannique James Lovelock, le médiateur de l'hypothèse Gaia, selon laquelle le biosfeer de l'environnement anorganique de l'Aarde se met en marche pour qu'un système autonome se mette en place.

Biografie

Lynn Margulis est née sous le nom de Lynn Alexander, fille aînée de Morris Alexander (juriste et avocat) et de Leone Wise (journaliste). Elle a fréquenté la Hyde Park High School et, après plusieurs années,

62

l'université de Chicago, où elle a obtenu son diplôme en 1957. Cette année-là, il a rencontré l'astronaute Carl Sagan, qui a été nommé par la suite. Il étudie ensuite la génétique et la zoologie à l'université du Wisconsin, où il devient étudiant en 1960. En 1963, elle a rejoint Sagan. Il s'est promu en 1965 et, le même jour, il a rencontré le chimiste Thomas Margulis, qu'il a quitté en 1978, mais son travail est resté sans suite. Il est décédé le 22 novembre 2011, dix jours après avoir été victime d'une infection au mercure.

Avec Tony Swain, Margulis est devenu en 1979 l'organisateur du *stage de biologie planétaire*, qui a permis aux étudiants de participer à un projet biologique de la NASA.

En 1998, l'*American Institute of Biological Sciences* lui a *décerné le prix du scientifique émérite de l'AIBS*. En 2008, il a reçu la *médaille Darwin-Wallace* de la *Linnean Society of London*.

Le travail humide

Dans son essai publié en 1965, elle a indiqué, il y a presque un an, après que le botaniste russe Konstantin Merezjkovski ait publié une étude, que les chloroplastes étaient en train de perdre la tête à cause de l'algues symbiotiques, et qu'il s'agissait d'une "endosymbiontenhypothèse" : les cellules eucaryotes pouvaient être remplacées par des symbioses avec diverses sortes de bactéries. Margulis affirme que des cellules complexes évolutives peuvent être créées. En 1967, sa publication *Origins of Mitosing Cells* (De oorsprong van cellen met mitose) dans le *Journal of Theoretical Biology* a été publiée.

En 1983, il a été nommé membre de la Nationale Academie van Wetenschappen. Sa *théorie SET* est considérée comme la théorie de l'endosymbionisme dans le domaine de la science et de la technologie.

Gaia-hypothèse

Lorsque Margulis a fait une déclaration sur la décomposition anorganique des gaz dans l'atmosphère, en raison de la présence de nombreuses bactéries dans les gaz, son assistant est allé voir Lovelock. À partir de ce moment, une intense collaboration s'instaure entre Margulis et Lovelock. Pour cela, il faut que les bactéries se nourrissent de l'homéostase. L'idée selon laquelle l'Arctique ne doit pas être considéré comme un organisme, mais comme un système, est un autre aspect important de son travail.

Cette idée a été reprise dans l'article : *"Aucun organisme ne mange ses propres déchets"*

Points forts

- En plus de ses publications scientifiques, Lynn Margulis a écrit de nombreux livres interprétant des concepts et des énigmes scientifiques pour un public populaire.
- Parmi ces ouvrages, citons Mystery Dance : Sur l'évolution de la sexualité humaine (1991), What Is Life ? (1995), What Is Sex ? (1997), et Dazzle Gradually : Reflections on Nature in Nature (2007), tous coécrits avec son fils.
- Margulis a également écrit un livre de contes, Luminous Fish (2007).
- Elle a été élue à l'Académie nationale des sciences en 1983 et était l'un des trois membres américains de l'Académie russe des sciences naturelles.

15. Cecilia Payne-Gaposchkin (1900 - 1979)
Astronome et astrophysicien américain d'origine britannique

---

*"Votre récompense sera l'élargissement de l'horizon au fur
et à mesure de votre ascension. Et si vous obtenez cette
récompense, vous n'en demanderez aucune autre."*

Cecilia Helena Payne-Gaposchkin (Wendover, 10 mai 1900 -
Cambridge (Massachusetts), 7 décembre 1979) était un astronaute
anglais-américain qui, en 1925, dans son livre sur la spectroscopie, a
indiqué que l'eau et l'hélium étaient les éléments les plus importants (99 %
de la masse) des stéroïdes.

Lever de rideau

Cecilia Helena Payne était l'un des dix enfants d'Emma Leonora Helena
(née Pertz) et d'Edward John Payne, avocat, historien et musicien
débutant à Londres. Sa mère était d'origine prussienne et avait deux fils
célèbres, l'historien Georg Heinrich Pertz et l'écrivain James John Garth
Wilkinson, auteur du livre de Swedenborg. Cecilia Paynes vader overleed

toen zij vier jaar oud was en haar moeder moest de kinderen alleen opvoeden.

Cecilia a fréquenté la St Paul's Girls' School et en 1919, elle a obtenu une bourse d'études pour étudier la botanique, la naturologie et la chimie au Newnham College de l'Université de Cambridge. C'est à ce moment-là qu'il reçoit une leçon d'Arthur Eddington sur son expédition à Principe dans le Golf de Guinée. Le 29 mai 1919, Eddington a pris des photos pour tester la théorie de la relativité d'Albert Einstein. Cette année-là, il s'intéresse à l'astronomie. Il poursuit ses études, mais n'obtient aucune récompense académique, car l'Université de Cambridge, jusqu'en 1948, n'a pas accordé de bourse aux chercheurs.

Cecilia Payne s'est rendu compte que sa carrière exceptionnelle au sein de l'Empire britannique n'était pas terminée, et elle s'est efforcée de trouver des solutions qui lui permettraient de se rendre aux Etats-Unis. En 1923, il quitte l'Angleterre pour rejoindre Harlow Shapley, directeur de l'observatoire du Harvard College, qui avait déjà lancé un programme de promotion de l'astronomie. Cette décision a été prise à la suite d'un concours auquel des jeunes ont participé pour étudier à l'observatoire. La première étudiante de l'observatoire était Adelaide Ames (1922) et Payne était la deuxième.

Promotie

Shapley a demandé à Payne de rédiger un manuscrit et il est devenu en 1925 le premier à être promu en astronomie au Radcliffe College (devenu Harvard). Le titre de sa thèse était "Stellar Atmospheres, A Contribution to the Observational Study of High Temperature in the Reversing Layers of Stars". Les astronomes Otto Struve et Velta Zeberg ont déclaré qu'il s'agissait de "l'ouvrage le plus brillant jamais publié en astronomie".

Payne kon de spectraalklasse van sterren nauwkeurig in verband te brengen met hun temperatuur door de ionisatietheorie van de Indiase natuurkundige Meghnad Saha toe te passen. Zij toonde aan dat de la grote variatie in absorptielijnen in sterspectra veroorzaakt werd door een verschillende ionisatiegraad bij verschillende temperaturen, en niet door verschillende hoeveelheden van de elementen. Nous savons que le silicium, le koolstof et d'autres métaux précieux dont l'abondance relative dans le spectre zonal est très élevée ont une abondance relative différente de celle de l'Aarde, ce qui est conforme à la théorie de la tolérance selon laquelle les stères ont une similitude d'éléments différente de celle de l'Aarde. Il a également constaté que l'eau et l'hélium sont beaucoup plus présents dans les stères que dans l'air (l'eau est plus importante d'un million de fois). Son rapport indique que l'eau est l'élément le plus important du corps humain et, par conséquent, l'élément le plus important du talon.

Lorsque l'essai de Payne a été approuvé, l'astronaute Henry Norris Russell a conclu que la zone était la meilleure dans le domaine de l'eau et que l'échantillonnage de la zone était très différent de celui de l'Aarde, ce qui était contraire à la théorie de l'eau. Daarom beschreef ze het resultaat in haar proefschrift als "onjuist". Russell veranderde vier jaar later echter van mening na hetzelfde resultaat op een andere manier te hebben verkregen en gepubliceerd. Bien que son œuvre ait été brièvement décrite dans son article, Russell est devenu l'auteur de l'ouvrage, même si l'œuvre de Payne n'a pas été acceptée.

Carrière

Na haar promotie bestudeerde Payne sterren van hoge lichtkracht om de structuur van de Melkweg te onderzoeken. Plus tard, tous les membres de l'équipe ont fait preuve de plus d'ampleur que la moyenne. Avec ses médecins, il a créé plus de 1 250 000 unités d'échantillonnage d'animaux sauvages. Ce travail a ensuite été mis en œuvre avec 3 000 000 d'échantillons d'animaux sauvages dans la vallée de la Magelha. Ces mesures ont été utilisées pour étudier la stéréotransformation. Ses conclusions ont été publiées dans son deuxième livre, *Stars of High Luminosity* (1930). Ces mesures et analyses, qu'il réalise avec son collègue (l'astronaute Sergei I. Gaposchkin), constituent la base de tous ses travaux ultérieurs sur les étoiles.

Payne-Gaposchkin est un actif dans le domaine des sciences appliquées et a débuté sa carrière universitaire à Harvard. Il n'a jamais eu de poste officiel et a travaillé de 1927 à 1938 comme assistant technique de Shapley. En raison de son statut et de son salaire peu élevés, il n'a pas eu le temps de s'asseoir, mais Shapley l'a encouragé à rester dans son bureau et, en 1938, il lui a donné le titre d''"Astronoom", qui a été repris plus tard dans Phillips Astronomer. En 1943, il est nommé membre de l'Académie américaine des arts et des sciences.

Lorsque Donald Menzel a été nommé directeur de l'observatoire du Harvard College en 1954, il s'est efforcé de faire évoluer son travail, et en 1956, il est devenu le premier professeur (professeur d'astronomie Phillips) à être nommé à la faculté des arts et des sciences de Harvard.

Plus tard, ze benoemd werd tot hoofd van de Faculteit Astronomie et fut daarmee de eerste vrouw in zo'n functie aan Harvard.

Parmi ses étudiants, on trouve Helen Sawyer Hogg, Joseph Ashbrook, Frank Drake et Paul W. Hodge, qui sont tous des acteurs importants de l'astronomie.

Payne-Gaposchkin a été nommé professeur émérite à Harvard en 1966 et est devenu par la suite professeur émérite. Il a poursuivi son travail en tant que membre du Centre d'astrophysique Harvard-Smithsonian et a été pendant 20 ans rédacteur des publications et des ouvrages publiés par l'Observatoire de Harvard.

Invloed op vrouwelijke wetenschappers (en anglais)

Grâce à G. Kass-Simon et Patricia Farnes, la carrière de Payne a été marquée par un poste à l'Observatoire du Collège de Harvard. Sous la houlette de Harlow Shapley et E. J. Sheridan (dont Payne-Gaposchkin est le mentor), l'observatoire de Harvard a connu plus de succès en astronomie que d'autres instituts, et de nombreux travaux ont été réalisés au cours de la deuxième moitié du siècle par Williamina Fleming, Antonia Maury, Annie Jump Cannon et Henrietta Swan Leavitt. Mais la promotion de Payne-Gaposchkin a permis de normaliser la position des femmes. Payne a inspiré plusieurs personnes, notamment l'astrologue Joan Feynman (la fille cadette de Richard Feynman). La mère et le grand-père de Feynman ont fait appel à leurs services dans le domaine de la science, afin de leur faire comprendre que les personnes handicapées ne pouvaient pas se permettre d'avoir des problèmes de santé.

Points forts

- En 1933, Payne se rend en Europe pour rencontrer l'astronome russe Boris Gerasimovich, qui avait déjà travaillé à l'observatoire du Harvard College et avec qui elle envisageait d'écrire un livre sur les étoiles variables.
- Payne rencontre Sergey Gaposchkin, un astronome russe qui ne peut retourner en Union soviétique à cause de ses opinions politiques. Ils se marient en 1934 et collaborent souvent à l'étude des étoiles variables.
- Elle a été nommée maître de conférences en astronomie en 1938, mais même si elle a donné des cours, ils n'ont pas été répertoriés

dans le catalogue de Harvard avant la fin de la Seconde Guerre mondiale.

- En 1956, Payne est nommé professeur titulaire à Harvard et devient président du département d'astronomie.

16.   Jocelyn Bell Burnell (née en 1943)

Astronome britannique qui a découvert les premiers pulsars radio.

"Il y a de la poussière d'étoile dans vos veines. Nous sommes littéralement, ultimement, des enfants des étoiles."

Dame **Susan Jocelyn Bell Burnell** (Belfast, 15 juillet 1943) est une astrophysicienne britannique qui, en tant que promotrice, a mis au point le premier pulsar, puis le premier neutron. Son rédacteur en chef était Antony Hewish, qui a reçu un prix Nobel pour cette invention, avec Martin Ryle. Burnell a été pendant deux ans président de l'Institute of Physics (IoP) à Londres. En 2014, il a été nommé président de la *Royal Society of Edinburgh en* tant que première femme. En 2018, il a reçu le prix spécial Breakthrough Prize pour son travail en 1967, d'une valeur de trois millions de dollars américains.

Biografie

Jocelyn Bell est née à Belfast, dans la ville de Noord-Ierse. Son père était architecte pour le planétarium d'Armagh, situé à Belfast. Il a écrit de nombreux ouvrages sur l'astronomie, notamment *Frontiers of Astronomy* de Fred Hoyle, un scientifique britannique. Il a été l'un des premiers jeunes hommes à se rendre à Lurgan pour faire des études dans une université.

En 1965, il obtient sa licence (B.Sc.) à l'université de Glasgow. Après avoir été promu, il se rend à l'université de Cambridge, où l'astrologue Hewish est devenu le promoteur. Avec d'autres étudiants, il participe à la construction du *réseau interplanétaire de scintillation de* Hewish, un appareil de radiotéléphonie destiné à étudier les quasars. En juillet 1967, Bell a participé à l'élaboration d'un graffiti qui a été rédigé à partir d'une feuille de papier. Il utilise des pièces qui ne sont pas en contact avec le sol et qui sont sans *danger pour l'environnement*. Avec un lecteur de carte à puce, vous pouvez mesurer le délai entre les pièces : 1,3 seconde. Après l'utilisation de l'appareil dorsal de l'oreille, Hewish a décidé d'utiliser l'hypothèse des *petits hommes verts* - un petit groupe de petits hommes verts qui entrent en contact avec l'oreille, mais pas avec une fréquence de 1,25 seconde. Après le passage de deux autres brins d'impulsions dans la ruine, Hewish et Bell concluent - par le biais d'un processus d'élimination complexe - que les signaux des neutronstériles à rotation rapide doivent rester intacts. Dans l'analyse totale, Bell a utilisé deux fois par jour une feuille de graffiti de plusieurs mètres, ce qui représente un total de près de cinq kilomètres de graffiti. Bell lui-même estime que son problème est lié à sa chambre de travail : il s'agit d'un problème lié à l'environnement de travail, dans lequel les hommes font preuve d'un talent, d'une prestance et d'un succès systématiques.

En 1969, Bell a lancé une campagne de promotion sur la radioastronomie et le développement du pulsar. Il est décédé en 1993 et a donné naissance à un animal qui est aussi un fysicus.

Après avoir été promu, Bell Burnell a travaillé à l'université de Southampton (1968-1973), à l'University College London (1974-1982) et à l'*Observatoire royal d'*Édimbourg (1982-1991). En 1991, il a été nommé professeur de naturologie à l'Université ouverte, une fonction qu'il a occupée pendant dix ans.

Erkenning

En 1974, alors qu'il n'était pas le premier à avoir un pouls, il n'a pas été inscrit au palmarès du Prix Nobel de la Nature, qui a été attribué à Antony

Hewish et Martin Ryle. Il n'y a pas d'amertume sur ce sujet. Dans une interview, il a déclaré : "C'est le superviseur [Hewish] qui est responsable de la réussite ou de l'échec du projet. Het lijkt me alleen maar redelijk dat hij ook zou moeten profiteren van de successen".

Les prix et les tarifs varient en fonction de l'endroit où l'on se trouve :

- 1973 - *Médaille Michelson*, Institut Franklin
- 1978 - *Prix J. Robert Oppenheimer*
- 1978 - *Prix Rennie Taylor*
- 1987 - *Prix Beatrice M. Tinsley*, Société américaine d'astronomie
- 1989 - *Herschel-médaille*, Société royale d'astronomie
- 1995 - *Prix Karl G. Jansky*

En 2007, il a été nommé Dame Commandeur de l'Ordre du Roi britannique par la Reine Elizabeth. Il a également été président de la *Royal Astronomical Society* de 2002 à 2004 et président de l'*Institute of Physics* de 2008 à 2010. En 2014, il est devenu président de la *Royal Society of Edinburgh*.

En novembre 2018, Burnell n'a pas non plus reçu de récompense pour son travail, grâce au Special Breakthrough Prize, d'une valeur de 3 millions de dollars, qu'il a obtenu à San Francisco.

Points forts

- Jocelyn Bell Burnell a fréquenté l'Université de Glasgow, où elle a obtenu une licence (1965) en physique. Elle a poursuivi ses études à l'université de Cambridge, où elle a obtenu un doctorat (1969) en radioastronomie.
- En tant qu'assistant de recherche à Cambridge, Bell Burnell a participé à la construction d'un grand radiotélescope et, en 1967, alors qu'elle examinait les résultats de ses expériences de surveillance des quasars, elle a découvert une série d'impulsions radio extrêmement régulières.
- Après avoir surveillé les impulsions à l'aide d'équipements plus sensibles, l'équipe a découvert plusieurs modèles d'ondes radio plus réguliers et a déterminé qu'ils émanaient en fait d'étoiles à neutrons tournant rapidement, que la presse a ensuite appelées pulsars.

- Bell Burnell a également été président de la Royal Astronomical Society (2002-2004) et a été élu pour un mandat de deux ans à la présidence de l'Institute of Physics en 2008.

17.   Lise Meitner (1878 - 1968)

Physicien autrichien qui a découvert l'isotope radioactif protactinium-231

"La science fait tendre les gens vers la vérité et l'objectivité ; elle apprend à accepter la réalité, avec émerveillement et admiration, sans parler de la crainte et de la joie profondes que l'ordre naturel des choses procure au vrai scientifique."

Lise Meitner (Wenen, 7 novembre 1878 - Cambridge, 27 octobre 1968) était une naturopathe originaire des Pays-Bas qui, en collaboration avec Otto Hahn et Fritz Strassmann, a mis au point un mécanisme fondamental pour l'énergie nucléaire, mais aussi pour les déchets. Il est considéré comme l'exemple typique d'une femme qui a reçu une prestation d'enseignement supérieure pour l'obtention d'un prix Nobel dans une école et qui a été confiée à une collègue masculine.

Meitner travaillait en collaboration avec Otto Hahn et son assistant Fritz Strassmann, mais il a dû, en tant que Joodse, se soumettre à la loi du nazisme en Duitsland. Le changement d'attitude de ces deux hommes a été décidé par écrit. Quelques mois après leur départ, le 17 décembre 1938, Hahn et Strassmann participent à une expérience : pour la première fois, ils ont mis en place un système d'alarme. En janvier 1939, Meitner, en compagnie d'Otto Frisch, entreprend la première analyse théorique natuurkundige de l'évolution de la maladie. Son collègue Otto Hahn reçoit en 1944 le prix Nobel de la science pour sa contribution. L'élément meitnerium est nommé par Meitner.

Biografie

Le processus d'apprentissage a été mis en place en 1938 à Berlijn par Otto Hahn, Fritz Strassmann et Lise Meitner. Lise Meitner, surnommée Elise, est née à Wenen et était la dernière d'un groupe de quatre enfants issus d'une famille libérale. Il s'est installé à Leopoldstadt, le deuxième arrondissement de Wenen, qui, avec Boedapest, est devenu la ville principale d'Oostenrijk-Hongarije. Le 17 novembre 1878 est inscrit dans le registre des habitants de la commune de Weense Joodse Gemeenschap comme date de naissance. Toutes les autres cérémonies officielles se déroulent le 7 novembre 1878, date à laquelle Lise Meitner a été embauchée. Son père, Philipp Meitner, était l'un des premiers avocats à Oostenrijk de l'époque juive. Sa mère était Hedwig Meitner-Skovran. Lise n'était pas juive mais plutôt seculière ou, pour une raison ou une autre, protestante. Plus tard, elle s'est tournée vers le luthéranisme et s'en est débarrassée. Après une école secondaire de quelques années, il est passé à la Weense *Mädchen-Bürgerschule*, une école pour jeunes filles, car le gymnase de l'université n'était pas adapté aux jeunes filles. Son inscription à l'école secondaire a été annulée ("vom weiteren Schulbesuch befreit"). La seule possibilité pour les jeunes de poursuivre leurs études était de se rendre dans une école privée, la *Tochterschule*, et d'obtenir un poste de professeur dans un nombre limité de classes. Pour obtenir un diplôme de professeur en sciences de l'éducation, une formation universitaire était nécessaire. Il avait besoin d'étudier le français, mais il n'avait pas vraiment de passe-droit pour la langue. Au cours de cette formation, elle a appris le français pendant un an dans une école secondaire. Hiermee verdiende ze wat geld voor de gevorderde muzieklessen van haar zus Auguste (Gusti), die later concertpianiste werd.

Université de Wenen

C'est en 1897 que Meitner a décidé de suivre une formation en sciences appliquées. Au cours de cette année-là, les jeunes de la région d'Oostenrijk-Hongarije ont été autorisés à étudier dans une université. Sur les conseils de sa mère, elle confie sa formation au professeur Frans pour qu'il lui dise qu'elle peut travailler dans son propre établissement. Sous l'égide d'un médecin privé local, il a été amené à travailler dur à l'Akademisches Gymnasium de Vienne, où il s'est vu confier la tâche d'organiser un cours de formation universitaire en deux ans. C'est à ce moment-là qu'il a appris que la filosofie était une étude réaliste de l'environnement. A l'occasion de son 23ème anniversaire, il est devenu l'un des plus jeunes étudiants vrouillés à l'Université de Wenen. Inspiré par son professeur, Ludwig Boltzmann, Meitner se consacre entièrement à la naturologie au cours de sa dernière année. Il était le seul docteur en naturologie à ce moment-là, et acceptait les femmes comme des proies faciles. Il a rencontré la chercheuse et naturopathe Henriette von Aigentler, qui, grâce à la force et à la puissance de Boltzmann, a pu se rendre à l'université. Le 1er février 1906, Meitner obtient son doctorat avec mention très bien grâce à une thèse sur la régulation de la chaleur dans la liqueur nihomogène. Il était hiermee le tweede vrouw die aan die universiteit promoveerde in de natuurkunde, maar als vrouwelijke onderzoeker kreeg ze nauwelijks werk. Marie Curie est nommée à l'université, mais elle n'a pas de poste fixe pour Meitner.

Pour se procurer de l'argent, il a dû se rendre dans une école du centre du pays. Après la mort de Boltzmann, il est devenu l'assistant de Stefan Meyer, à qui Boltzmann avait confié son travail. Il travaille pendant un an pour Meyer, qui lui apprend beaucoup de choses sur la physique des noyaux. Il publie également plusieurs articles sur la radioactivité : "Über Absorption von α- und β-Strahlen" et "Über die Zerstreuung von α-Strahlen".

À Vienne, il n'y avait pas encore de carrière verte et après une rencontre avec le naturologue Max Planck, professeur à l'université de Berlijn, il a décidé de faire un stage à Berlijn. Son plan était de lui faire passer un ou plusieurs semestres. Il doit se familiariser avec les cours de Planck sur la physique théorique, une tâche importante de Planck, qui a été confiée à Elsa Neumann, une autre femme, jusqu'à la fin de l'année. A Berlijn, il a également rencontré Otto Hahn.

Carrière humide

Le début de la deuxième moitié de l'ère moderne marque le début des grandes réalisations dans le domaine de la radioactivité. Au cours de la dernière année à Berlijn, Meitner a travaillé intensivement avec Hahn, d'abord à l'Institut de chimie de l'Université de Berlijn, qui était sous la direction d'Emil Fischer, puis, à partir de 1912, à l'Institut de chimie Kaiser-Wilhelm de Berlin-Dahlem. Le travail à Berlijn n'est pas une réussite pour Meitner. Avec Hahn, elle doit travailler, en tant que "gast" de Hahn, sur la base d'un salaire, dans un laboratoire oméga, dans le quartier de l'Institut de chimie, sans que les étages les plus élevés de la maison ne soient occupés. Pour pouvoir utiliser les toilettes, il faut se rendre dans un café situé à proximité. Hahn et Meitner se rejoignent : Hahn travaillait de manière plus intuitive, tandis que Meitner était l'analyste des deux. Son laboratoire, situé dans le quartier de l'Institut de Chimie, est très radioactif et ses partenaires sont très sensibles aux problèmes et à la méfiance. Un an plus tard, d'autres personnes ont été envoyées dans les universités et Meitner a commencé à s'occuper de son entreprise.

En 1913, Meitner obtient un poste important au sein du Kaiser-Wilhelm-Institut. Dezelfde Fischer die haar in 1907 slechts als gast tolereerde, steunde haar steeds meer, totdat ze in 1916 hetzelfde loon als Hahn betaald kreeg. Un changement d'affectation à Praag en 1914, une position académique importante avec une perspective d'amélioration de la situation, lui a valu de gagner en prestige et de voir son salaire diminuer.

Ze onderbrak haar werkzaamheden in 1915 om tijdens de Eerste Wereldoorlog te werken als verpleegster en röntgentechnicus in het Oostenrijkse leger. En 1916, il est renvoyé à Berlijn. Otto Hahn a été soldat dans le journal de la ville et a travaillé pendant quelques mois dans le laboratoire. En 1918, Hahn et Meitner ont commencé à isoler un isotope avec une longue demi-vie de l'élément chimique protactinium (23191Pa) et en 1921, l'isotope uranium-Z (23492U). Alors que Lise Meitner avait déjà accompli tout le travail nécessaire à la découverte du 23191Pa, Hahn était le premier auteur de l'article publié par ses soins. Pour cette publication, il a été récompensé en 1924 par une médaille de Leibniz de la Pruisische Academie van Wetenschappen. En 1917, Meitner obtient également son propre poste au sein du Kaiser-Wilhelm-Institut, le *Physikalisch-radioaktive Abteilung*, et s'efforce de gérer lui-même ses affaires personnelles et financières. Il s'efforce également de trouver une chambre d'étudiant et une maison pour lui-même. Même si elle n'a pas son propre sentiment, elle a un contact régulier avec Hahn. En 1919, il reçoit le titre de professeur.

Meitner a obtenu son habilitation en octobre 1922 avec l'*essai d'habilitation* "Die Bedeutung der Radioaktivität für kosmische Prozesse" (L'importance de la radioactivité pour les processus kosmiques), dans lequel les collèges doivent se prononcer sur la radioactivité. Cette étape de l'échelle académique n'a pas été ouverte aux jeunes depuis 1920. C'est alors que l'effet Auguste est apparu en 1922. En 1926, Meitner est la première femme du pays à être nommée officiellement à un poste de chercheur à l'université de Berlijn, avec un salaire très réduit et un laboratoire propre. Meitner entreprend une étude sur les propriétés des rayons gamma et du bètastraling, ce qui lui permet d'annoncer correctement que les éléments du bètastraling sont des électrons sur le noyau. Une longue série d'expériences menées par Charles Drummond Ellis et Lise Meitner aboutit en 1930 à l'hypothèse de l'existence du neutrino. Il est l'un des pionniers de la radioactivité, avec la découverte des particules positroniques, ses travaux sur les réactions nucléaires complexes et ses calculs de masse des neutrons. Albert Einstein l'a surnommée "onze Marie Curie" à cette époque.

Droits de douane sur les transitaires

Lise hernieuwde de samenwerking met Otto Hahn in 1934 nadat de Italiae natuurkundige Enrico Fermi over transuranen had gepubliceerd. Pour bombarder les éléments à neutrons langoureux, il a produit avec son groupe des éléments à plus grande capacité de charge, ce qui lui a permis d'obtenir un β-deeltje plus important. Fermi a découvert qu'en bombardant l'uranium avec des neutrons, il avait produit des éléments dont l'indice de masse atomique était supérieur à 92.

Il y avait deux noms dans les domaines de la naturologie et de la physiologie qui ont abouti à une conclusion différente de l'expérience. Le premier était que le noyau était considéré comme un vloéistofdruppel stable, et qu'il pouvait se déplacer dans les couches d'un ou deux atomgetallen. De andere aanname was dat de transuranen zouden gedragen als overgangsmetalen. Aangezien de producten van kernsplijting, die hier eigenlijk plaatsvond, overgangsmetalen waren, dachten ze transuranen gevonden te hebben. Dans les années qui ont suivi, Hahn et Meitner ont publié des articles sur les transuraniens qu'ils pensaient avoir créés. Meitner n'a pas apporté de réponse théorique à la question de l'"ontdekking" des transuraniens.

Le Duitland nazi en fuite

L'adoption du national-socialisme en Allemagne a conduit Meitner à s'installer dans une université. Plusieurs jeunes chercheurs, comme Fritz Haber, Leó Szilárd et son neveu Otto Frisch, se sont vengés de leur position et se sont mis en quête d'une terre à conquérir. Alors que Meitner avait perdu sa position de chef de file en 1933, elle a dû se réfugier dans le Duitsland. Plusieurs éléments le mettent en cause dans l'affaire de l'antisémitisme qui s'est déclaré en 1933 : sa nationalité ottomane, le fait que le Kaiser-Wilhelm-Institut n'était pas une institution surchauffée, sa relation avec des chercheurs de la région, comme Max Planck et Otto Hahn, et le fait qu'il était un chercheur de la région.

Niettemin kon haar beschermde status haar niet geheel vrijwaren van het publieke lot dat Joden moesten ondergaan. Ze werd gedwongen de gele Jodenster te dragen en ze was regelmatig doelwit van grove opmerkingen en zelfs fysiek geweld. L'annexion (*Anschluss*) d'Oostenrijk en mars 1938 par le Danemark a conduit Meitner à se rallier au régime nazi. Son passeport d'Oostenrijk a été mis à mal par le régime nazi et il a été condamné à plus de dix points de pourcentage. Hahn a donné à Meitner une bague de diamants de deux diamants sur sa vitre, pour qu'elle puisse en faire une arme à feu. Il n'en est rien : sous la houlette des officiers néerlandais Dirk Coster, Peter Debye et Adriaan Fokker, il quitte les Pays-Bas le 13 juillet, après être passé par le Danemark pour rejoindre la Suède. Fokker et Coster se sont vengés au cours de la semaine pour que Meitner reçoive de l'argent afin de pouvoir occuper un poste à l'université de Groningue, où les buitenlanders n'ont pas de fonction de base. Alors qu'ils n'avaient que peu de temps pour se rendre compte de la gravité de la situation, ils ont dû quitter le Duitsland avec l'aide de la surchauffe néerlandaise. Pour une vakantie, il n'y avait pas de visa. Pour que l'image d'une personne puisse être perçue, elle a été équipée d'une bague de couleur très claire : une bague de couleur, une bague de couleur et une bague en diamant. (Die laatste zou ze uiteindelijk aan de verloofde van haar neefje doorgeven).

Il a travaillé au Danemark avec Niels Bohr pendant une longue période, mais il a dû quitter Stockholm pour se rendre en Suède à la fin du mois d'août. C'est à l'institut Nobel de Manne Siegbahn à Stockholm que Meitner - avec les plus jeunes de ses collègues qui l'ont rejointe pour la première fois - a fait ses recherches dans le domaine de la physique des noyaux. Van Siegbahn kreeg ze weinig ondersteuning wegens diens vooroordelen over vrouwen in de wetenschap.

Mise en œuvre de l'accord de partenariat

Cette découverte a eu lieu en 1938 dans le laboratoire d'Irène Joliot-Curie, qui, à la suite d'un bombardement de neutrons, a découvert un élément dont les propriétés ne sont pas connues. Hahn et Strassmann pensent qu'il s'agit d'un isotope du radium. Lise, qui, à sa sortie de l'hôpital, s'est rendue à l'étude des éléments transuraniens après un entretien approfondi, ne comprend pas l'importance de cet élément. En novembre 1938, à la suite d'une réunion clanique à Kopenhagen, Meitner et Hahn se voient confier la gestion du laboratoire de Berlijn. Ils demandent à Hahn et Strassmann de vérifier les résultats obtenus à Parijs. Hahn a répondu à cette correspondance avec le Joodse Geheim et a demandé à Strassman et à son fils d'effectuer le même travail. Hahn et Strassmann commencent à faire des expériences sur le terrain à Kopenhagen.

En 1938, Meitner se retrouve à Kungälv, dans la ville de Zweedse, où se trouve également Otto Frisch, son homologue de Kopenhagen. A cette époque, il avait déjà publié un rapport à Berlijn. Dans son article, Hahn fait la distinction entre le fait que lui et Strassmann, lors du bombardement de noyaux d'uranium avec des neutrons longs, avaient produit l'élément lumineux baryum, numéro d'ordre 56, comme l'un des produits secondaires, un résultat qu'il n'a pas pu vérifier, et le fait que l'utilisation d'un noyau d'uranium sur des bases théoriques était considérée comme un problème.

En se basant sur le modèle des drogues de l'autre Niels Bohr, Meitner et Frisch ont conclu que le noyau était si fort versé par le neutron invasif que la drogue principale se transformait en deux petites drogues, et que c'était la première fois que l'on voyait comment un noyau atomique pouvait se transformer : les noyaux d'uranium ont beaucoup d'unités de baryum et de krypton et divers neutrons très énergétiques.

De même, il est difficile de savoir si un atome naturel stable est plus grand que le 92 (uranium) : l'attraction électrique des deux protons est à l'origine de l'effet de champ stérile sur les noyaux des autres noyaux.

Meitner pensait que la petite quantité d'énergie produite par la masse était mélangée à la grande énergie cinétique des produits de la perversion, conformément à la définition d'Einstein de l'énergie de la masse $E = m\,c^2$. Frisch a utilisé le terme "*fission*" pour désigner ce processus. Hiermee was het principe van kernsplijting ontdekt.

Lorsqu'Ida Noddack, en 1934, a fait des expériences avec Fermi, pour la première fois avec l'idée (théoriquement non fondée) de la fusion nucléaire, Hahn et Meitner se sont montrés sceptiques et même viables, car l'idée n'a pas été retenue lorsque l'élément masurium a été utilisé.En raison de la situation politique dans le pays nazi, Hahn et Meitner ont rendu publics les résultats de leurs recherches. L'article de Hahn paru dans le Duitse *Die Naturwissenschaften* (6 janvier) décrit l'expérience et la découverte du baryum comme produit secondaire. Het artikel van Meitner en Frisch getiteld *"Disintegration of Uranium by Neutrons : a New Type of Nuclear Reaction"* beschreef de fysica achter het fenomeen van kernsplijting, uitgebreid met het artikel *"Products of Fission of the Uranium Nucleus"* (*Nature*, 18 maart 1939). Ce n'est pas à la suite de ces deux publications que Hahn et Strassman ont commencé une nouvelle série d'expériences, au cours desquelles, entre autres, leurs conclusions sur l'importance du krypton en tant que produit de la fission ont été vérifiées, ainsi que sur son potentiel en rubidium, strontium et yttrium. Le nom de Meitners n'a pas été associé à l'étude expérimentale, mais il a été reconnu par la Suède comme étant le meilleur atout de l'étude, à la suite d'un entretien approfondi avec Hahn, et dans les quatre années suivantes, comme l'un des membres du groupe expérimental.

Latère carrière

Après l'ouverture de la deuxième édition du Wereldoorlog, il a obtenu un poste au laboratoire Cavendish de Cambridge. Cette décision a été prise en tenant compte de la décision de Stockholm de créer un poste d'assistant et du fait que son contrat de travail n'a pas été respecté. Il ne veut plus immigrer illégalement pendant deux ans. En 1943, il est envoyé en mission pour travailler sur le projet américain Manhattan, mais en tant que pacifiste surmené, Meitner se retire de l'affaire. Par la suite, il est régulièrement sollicité par les fonctionnaires de l'Intérieur de la Grande Bretagne et des Etats Unis pour obtenir des informations sur le projet de construction d'un nouveau bâtiment dans le Duitsland, grâce à sa correspondance avec Otto Hahn. Meitner n'a pas participé à l'élaboration du plan d'action de l'atoombom jusqu'au bombardement d'Hiroshima.

Dans le journal de bord, ils sont partis en direction de l'Angleterre, en raison du fait que les chercheurs danois de l'époque, tels que Planck, Heisenberg et Von Laue, avaient plus d'influence sur leur propre carrière que sur celle de leurs collègues juifs. De même, une recherche personnelle de Hahn et Strassmann visant à aider l'équipe de l'Institut Kaiser Wilhelm de Mayence, les a obligés à se retirer. C'est à ce moment-là qu'il a été chargé de l'élaboration d'un programme complet de naturopathie. En 1948, il se rend pour la première fois sur le terrain de l'université de Düsseldorf, où il reçoit une cérémonie de remise de prix pour Max Planck.

Karl Herzfeld a reçu une bourse pour l'hiver 1945-1946 à la Katholieke Universiteit van Amerika, qui l'a acceptée. Pendant son séjour dans les Pays-Bas, il a occupé plusieurs postes dans le domaine de l'enseignement supérieur, mais il n'a pas pu se rendre en Suède. Bien que son rôle dans le développement technique ait été marginal, il a été désigné, dans le journal de bord des États-Unis, comme le "chef juif de l'empire" et comme le chef juif reconnu qui avait mis en place l'empire de l'empire sur la tête d'Adolf Hitler. Elle a été contrainte de se présenter dans un film d'animation, mais c'est ce qui l'a poussée à se résoudre. "Liever loop ik naakt over Broadway", zei ze tegen Otto Frisch. Au cours de l'année où elle a été nommée dans les états-Unis, elle a été nommée "Femme de l'année".

En 1947, il a été nommé assistant à l'université de Stockholm, où il est
devenu assistant et médecin. En 1949, il est devenu un citoyen de l'Union
européenne et, quelques années plus tard, il a atteint l'âge de 75 ans.

Afin de gagner la confiance de son neveu Otto Frisch, Meitner s'est retirée
en 1960 du Royaume Uni, où elle s'est installée en 1968 à Cambridge,
juste avant son 90e anniversaire. De tekst van Otto Frisch op haar
grafsteen luidt : Une scientifique qui n'a jamais perdu son humanité

Privéleven

Lise Meitner s'est réfugiée dans sa jeunesse à Wenen, où elle a trouvé un
environnement stimulant, et elle a été remerciée pour l'aide précieuse
qu'elle a apportée à ses enfants. Bien que Leopoldtstad ait été un district
de grande taille, Geloof n'a pas joué un rôle important dans son
fonctionnement. Otto Frisch geloofde later stellig dat alle kinderen uit het
gezin protestants opgevoed waren en allemaal waren gedoopt.
L'idéalisme était important dans ce pays ; son chef était un politicien
reconnu. Lors de l'accouchement de Frans, il a fait appel à une société de
vente d'armes, et à cette occasion, il a également fait en sorte que de
l'argent soit versé pour l'accouchement de son fils Auguste. Tijdens haar
privélessen als voorbereiding op de Matura (eindexamen), plaagden haar
zussen en broertjes haar met haar nijverheid : "Je gaat het niet halen : net
liep je door de kamer zonder studieboek."

Sa santé personnelle a été très affectée par le fait qu'il n'y avait pas de
lien avec la naturologie. Malgré tout, il a su se faire des amis. Il a eu une
relation d'amitié avec Otto Hahn et sa femme Edith, et a passé le week-
end avec eux. Il était le petit-fils de sa fille et de son petit-fils, et il ne voyait
pas Hahn comme un *collègue*. Sa famille a fait en sorte que le verdict de
Hahn concernant le droit à la liberté d'expression ne soit pas corrigé par le
journal de bord, ce qui est très difficile à comprendre.

Erkenning

Hahn a obtenu le prix Nobel de la science en 1944 (décerné en 1945),
après que Meitner eut été désigné par le comité Nobel, parce que Hahn
avait joué un rôle minime dans le processus d'élaboration du brevet dans
sa ville natale de Duitsland. Il s'est rendu compte que le processus
d'élaboration de l'empreinte génétique avait été mis en place dans la
région de Meitner et de Geheel, grâce à l'étude chimique menée par Hahn
et Strassmann. Hij gaf haar een deel van het prijsgeld, maar maakte dit
niet openbaar.

Le prix Nobel a été décerné à Bohr pour l'informer qu'il était le premier à avoir fait une démonstration théorique de l'effet de serre. Le message de Bohr, dans lequel il déclare que ce n'est pas le cas, est présenté pour le prix Nobel de 1944. Le fait qu'il ne se soit pas rendu compte de ce problème au cours des dernières années est un fait indéniable. En effet, Meitner a été nommée au moins 46 fois pour un prix Nobel, tant pour la science de l'esprit que pour la science de la nature. Il a partagé un certain nombre d'années avec Otto Hahn, quelques années avec Otto Frisch, et a également été nommé à un prix Nobel unique. Parmi les nominés figurent James Franck et Max Planck.

Le prix n'étant pas décerné, sa notoriété est plus grande que celle d'un événement, notamment parce que sa participation à la vie de la société a été considérée comme un achèvement de l'évolution de la femme dans la société, ce qui l'a amenée à devenir une icône féministe. En 1966, cette situation a été corrigée par le fait qu'elle a reçu le prix Enrico Fermi avec Hahn et Strassmann. En 1949, il a obtenu (avec Hahn) la médaille Max Planck et, en 1955, il a été le premier lauréat du *prix Otto-Hahn pour la chimie et la physique*, qu'il a obtenu avec Heinrich Wieland.

Le prestigieux Deutsches Museum a organisé une exposition sur le développement de la naturopathie. C'est là qu'est apparu l'atelier de Lise Meitner avec des appareils de médecine naturelle, utilisé pour l'enseignement de la natalité, en même temps que l'atelier d'Otto Hahn, et Meitner elle-même a été nommée médiatrice en tant que collègue. Le projet a été abandonné en 1990 à la suite d'une manifestation.

En 1945, elle a été inscrite à la Koninklijke Zweedse Academie van Wetenschappen en tant que membre de l'Académie des sciences ; en 1951, elle a été remplacée par un membre normal de l'Académie.

En 1997, l'élément meitnerium, qui avait été découvert en 1982 par le groupe de Peter Armbruster et Gottfried Münzenberg, a été officiellement reconnu par l'UICPA. De même, il a été nommé à deux reprises, sur le Maan et sur Venus.

Points forts

- Après avoir obtenu son doctorat à l'université de Vienne (1906), Lise Meitner assiste aux conférences de Max Planck à Berlin en 1907 et rejoint Hahn dans ses recherches sur la radioactivité.
- Au cours de trois décennies d'association, elle et Hahn ont été parmi les premiers à isoler l'isotope protactinium-231 (qu'ils ont nommé),

ont étudié l'isomérie nucléaire et la désintégration bêta, et dans les
années 1930 (avec Strassmann) ont étudié les produits du
bombardement neutronique de l'uranium.

- En 1944, Hahn a reçu le prix Nobel de chimie pour avoir découvert la
  fission nucléaire, bien que certains aient affirmé que Meitner
  méritait une part du prix.
- À cette époque, Meitner est invitée à travailler sur le projet
  Manhattan (1942-1945) aux États-Unis. Elle s'oppose toutefois à la
  bombe atomique et rejette l'offre.

18.   Christiane Nüsslein-Volhard (née en 1942)

Biologiste allemand du développement et lauréat du prix Nobel.

"J'ai tout de suite aimé travailler avec les mouches. Elles me fascinaient et me suivaient dans mes rêves. "

Christiane Nüsslein-Volhard (Maagdenburg, 20 octobre 1942) est une biologiste diplômée et une lauréate du prix Nobel. En 1995, elle a reçu, conjointement avec Edward B. Lewis et Eric Wieschaus, le prix Nobel de physiologie et de génétique pour l'identification des gènes qui sont liés à l'évolution embryonnaire de la lignée des fruits, les gènes homeobox. Tevens a remporté en 1991 le prix Albert Lasker pour la recherche médicale fondamentale.

Biografie

Christiane Nüsslein-Volhard est née de la deuxième des cinq enfants de Rolf Volhard, architecte, et de Brigitte Hass. En 1964, elle est devenue étudiante en biochimie à l'Université Eberhard-Karls de Tübingen. Il a poursuivi ses études en 1968 et s'est orienté vers la biologie moléculaire en 1973. Il a travaillé dans les universités de Bazel et de Fribourg et au Laboratoire européen de biologie moléculaire à Heidelberg, avant d'être nommé en 1981 au poste de responsable de la génétique à l'Institut Max Planck de Tübingen.

En 1985, Christiane Nüsslein-Volhard devient directrice de l'Institut Max Planck de biologie du développement à Tübingen. Au début de l'année, elle dirige le département de génétique. En 1986, elle a reçu le prix Gottfried Wilhelm Leibniz de la Deutsche Forschungsgemeinschaft.

Werk

Avec Wieschaus, ils ont introduit la "grande science" dans la biologie par le biais d'un projet de mutagenèse couronné de succès. Hierbij werd de embryonale ontwikkeling van de fruitvlieg *Drosophila melanogaster* onderzocht. Au cours de la période où cette étude a été menée, les expériences les plus importantes en biologie moléculaire ont été très limitées. Les gènes qui sont apparus au cours du développement embryonnaire ont été soumis à des mutations dangereuses dans les gènes des fruits. Le résultat a été un catalogue complet de mutations qui se prêtent à des tests physiologiques. Cette étude a permis d'obtenir des informations importantes sur l'évolution. Le gène homeobox joue un rôle essentiel dans le développement embryonnaire rapide des fruits ; nous avons constaté que ce gène est présent dans toutes les espèces de fruits.

Le rapport Nüsslein-Volhard mentionne également l'utilisation de l'insuline, qui a été utilisée pour identifier les récepteurs de type insuline et qui joue un rôle important dans notre système de santé.

Depuis 2001, il est membre du *Conseil national d'éthique* chargé de l'évaluation éthique des nouvelles sciences de la vie et de son implication dans la société. En 2004, elle a créé la fondation Christiane Nüsslein-Volhardstichting, qui, entre autres, a pour but d'aider les jeunes filles et les enfants à surmonter les difficultés qu'ils rencontrent dans leur vie professionnelle.

En juin 2005, elle a reçu un doctorat de l'Université d'Oxford.

Points forts

- À l'université Eberhard-Karl de Tübingen, Christiane Nüsslein-Volhard a obtenu un diplôme de biochimie en 1968 et un doctorat en génétique en 1973.

- En 1981, Nüsslein-Volhard est retournée à Tübingen, où elle a été directrice de l'Institut Max Planck de biologie du développement de 1985 à 2015.
- À Heidelberg, Nüsslein-Volhard et Wieschaus ont passé plus d'un an à croiser 40 000 familles de drosophiles et à examiner systématiquement leur patrimoine génétique au microscope double.
- Ils ont attribué la responsabilité du développement embryonnaire de la drosophile à trois catégories génétiques : les gènes d'espacement, qui définissent le plan du corps de la tête à la queue ; les gènes de règle de paire, qui déterminent la segmentation du corps ; et les gènes de polarité de segment, qui établissent des structures répétitives dans chaque segment.
- Christiane Nüsslein-Volhard a également publié plusieurs ouvrages, dont Zebrafish : A Practical Approach (2002 ; écrit avec Ralf Dahm) et Coming to Life : How Genes Drive Development (2006).

19. Peggy Whitson (née en 1960)
Chercheur américain en biochimie et astronaute retraité de la NASA

Peggy Annette Whitson (Mount Ayr, 9 février 1960) est une plongeuse américaine. Les 665 jours qu'elle a passés en tout et pour tout dans une ruine est un record américain.

Whitson fait partie du groupe d'astronautes 16 de la NASA. Ce groupe de 44 astronautes a commencé sa formation en 1996 et avait pour nom *The Sardines*.

Sa première mission était la mission STS-111 à la station spatiale internationale ISS avec la navette Endeavour et s'est terminée le 5 juin 2002. En tout et pour tout, il y a eu plusieurs vaisseaux sur le site de la mission. En tout, il y a dix réparations à faire.

En 2009, Whitson est devenue directrice du Bureau des astronautes de la NASA. Elle n'était pas seulement la première femme à occuper ce poste, mais aussi la première spécialiste des problèmes de santé. Les autres directeurs étaient des pilotes ordinaires. Whitson est partie en 2012.

Le 17 novembre 2016, l'équipage du Kosmodroom Bajkonoer, basé au Kazachstan, a été libéré pour une mission de deux mois à bord de l'ISS. Il s'agit de la sixième mission conjointe (Expeditie 50/51) de la NASA, de l'ESA et de Roscosmos. En mai 2017, Whitson n'a pas été retenue, mais son contrat a été prolongé et elle a rejoint l'ISS-Expeditie 52. Uiteindelijk was ze in september 2017 weer terug op Aarde. Le 15 juin 2018, Whitson a été nommée par la NASA. Début 2021, elle a été nommée astronaute commerciale pour Axiom Space et astronaute de réserve pour le vaisseau Crew Dragon de SpaceX Axiom Space-1 (Ax-1) et astronaute de réserve pour Ax-2.

Points forts

- Peggy Whitson a obtenu une licence en biologie et en chimie au Iowa Wesleyan College de Mount Pleasant (Iowa) en 1981 et un doctorat en biochimie à la Rice University de Houston en 1985.
- De 2009 à 2012, Mme Whitson a été chef du Bureau des astronautes, qui supervise toutes les activités des astronautes de la NASA, y compris la sélection et l'entraînement des équipages. Whitson était la première femme et le premier civil à occuper ce poste.
- Le 10 avril 2017, Peggy Whitson est devenue commandante de la mission Expedition 51 de l'ISS, qui a duré jusqu'au 2 juin. Elle a effectué quatre sorties dans l'espace au cours desquelles des composants de la station ont été entretenus ou remplacés.
- Peggy Whitson a passé près de 666 jours dans l'espace au cours de ses trois missions de longue durée à bord de l'ISS, ce qui fait d'elle l'astronaute la plus expérimentée de la NASA.

15 artistes féminines

1. Beyoncé (née en 1981)

Auteur-compositeur-interprète et actrice américaine, récompensée par plusieurs Grammy Awards.

"Si tout était parfait, on n'apprendrait jamais, et on ne grandirait jamais."

Beyoncé Giselle Knowles-Carter (Houston (Texas), 4 septembre 1981) est une chanteuse, compositrice, actrice et modéliste américaine. Il est né à Houston, où il s'est installé et a participé à diverses manifestations musicales et dansantes. Après quelques années, il est devenu célèbre en tant que leader du groupe de musique r&b Destiny's Child. Avec son père Mathew Knowles comme manager, le groupe est devenu l'un des meilleurs groupes de musique du monde. Après une rupture dans le succès du groupe, Beyoncé a sorti son premier album, *Dangerously in Love* (2003), qui lui a permis de se faire un nom en tant que soliste dans le monde entier ; il a été enregistré 11 millions de fois et a remporté plusieurs Grammy Awards, dont les deux singles *Crazy in Love* et *Baby Boy*, qui ont obtenu la première place au Billboard américain.

Après avoir quitté les Destiny's Child en juin 2005, Beyoncé a sorti son deuxième album solo, *B'Day* (2006), sur lequel figuraient les tubes *Déjà Vu*, *Irreplaceable* et *Beautiful Liar*. Il est également devenu acteur, en jouant un rôle dans *Dreamgirls* en 2006, qui lui a valu un Golden Globe Award, et en jouant dans *La Panthère rose* en 2006 et *Obsessed* en 2009. Sa rencontre avec le rappeur Jay-Z, son rôle d'Etta James dans le film *Cadillac Records* en 2008, ainsi que son dernier album, *I Am... Sasha Fierce* (2008), sur lequel son alter ego Sasha Fierce a reçu un prix d'openbaarheid. En 2010, elle a remporté plusieurs Grammy Awards, un record pour un artiste vrouwelijke, dont celui de la chanson de l'année pour *Single Ladies (Put a Ring on It)*. Depuis longtemps, Beyoncé a mis en place un plan de carrière et a confié la gestion de sa carrière à ses propres services. Son cinquième album, *4,* sorti en 2011, est plus léger que le précédent et contient des chansons des années 70 (funk), 80 (pop) et 90 (soul). Son vijfde studioalbum, *Beyoncé* (2013), kreeg lovende recensies en onderscheidde zich van eerdere uitgaven door de experimentele productie en het aanroeren van donkere thema's. Beyoncé est la présidente de sa propre société *House of Deréon*.

Beyoncé, qui se présente comme une "féministe des temps modernes", écrit des chansons qui traitent de thèmes tels que la vie, les relations et la monogamie, mais aussi de la sexualité et de l'amour. Op het podium hebben haar dynamische optredens en geavanceerde choreografie haar onder het publiek en recensenten de reputatie bezorgd een van de beste entertainers in de tegenwoordige popmuziek te zijn. Au cours des dix dernières années de sa carrière, il a enregistré plus de 100 millions d'albums en solo, et près de 60 millions avec Destiny's Child, ce qui fait de lui l'un des artistes les plus populaires du moment. Elle a remporté 20 Grammy Awards et est le groupe le plus connu dans le domaine des Grammy Awards. La Recording Industry Association of America l'a classé parmi les meilleurs artistes certifiés en Amérique au cours de la première décennie de l'an 2000. En 2009, *Billboard* l'a nommé meilleur artiste vrouwelijke de la première décennie de l'an 2000 et meilleur artiste du millénaire en 2011. En 2013 comme en 2014, le magazine *Time* l'a inscrit sur la liste des 100 hommes les plus célèbres du monde.

Levensloop

Beyoncé Giselle Knowles est née à Houston, fille de Celestine Ann "Tina" Beyincé, kapter et propriétaire d'un salon, et de Mathew Knowles, directeur de Xerox. Le nom de Beyoncé est un hommage à la mère de l'enfant. Sa jeune fille, Solange, est encore plus dangereuse. Le père Mathew est un Afro-Américain, alors que sa mère Tina, issue de la population créole de Louisiane, peut parler en afrikaans, en indiens, en français et pour 1/16e d'entre eux en anglais. Son talent a été reconnu par l'instructrice Darlette Johnson qui lui a demandé de jouer un lied et lui a fait comprendre les meilleures notes. À sa sortie de l'école, Beyoncé a gagné un concours de talent en jouant *Imagine* de John Lennon, ce qui lui a valu d'être versée dans les catégories vijftien et zestienjarige.

En 1990, Beyoncé a commencé à fréquenter l'école élémentaire Parker, une école de musique à Houston, où elle est entrée à l'école. Elle a ensuite fréquenté la High School for the Performing and Visual Arts, puis la Alief Elsik High School. Beyoncé était également présente à la porte de la St. John's United Methodist Church, où elle a été soliste pendant deux ans.

A la fin de l'année dernière, Beyoncé et son amie Kelly Rowland ont participé à une audition pour un groupe de femmes et ont présenté LaTavia Roberson. Avec d'autres jeunes filles, elles ont rejoint le groupe Girl's Tyme pour se produire et danser sur le circuit des talents de Houston. Après la création du groupe, le producteur de r&b Arne Frager l'emmène dans son studio dans le nord de la Californie et lui donne un rôle dans *Star Search*, le plus grand programme de recherche de talents de la télévision américaine. Girl's Tyme n'a pas gagné et Beyoncé a décidé par la suite que son mensonge n'était pas bon. En 1995, Beyoncé fait appel à son cavalier pour devenir le directeur du groupe. C'est à ce moment-là que la famille de Beyoncé a commencé à s'inquiéter de la situation et que les parents ont été séparés de leurs enfants. Mathew bracht de originele bezetting terug tot vier personen en de groep bleef optreden als openingsnummer voor gevestigde r&b-meidengroepen. Après quelques années, le groupe a signé un contrat avec Elektra Records et a quitté Atlanta Records pour travailler sous son nouveau nom, mais le label n'a pas pu le faire. Le problème est que les conflits au sein de la famille sont plus nombreux et que les enfants de Beyoncé sortent de l'ombre. Le 5 octobre 1995, la société Grass Roots Entertainment de Dwayne Wiggins est créée. En 1996, les jeunes ont commencé à produire leur premier album dans le cadre d'un contrat avec Sony Music, et les enfants ont commencé à travailler ensemble. Peu après, le groupe a signé un contrat avec Columbia Records.

1997-2001 : Destiny's Child

En 1996 veranderde de groep haar naam in Destiny's Child, naar een passage in het Bijbelboek Jesaja. En 1997, Destiny's Child fait ses débuts sur une grande scène avec le titre *Killing Time* sur la bande originale du film *Men in Black*. Cette année-là, le groupe a sorti son premier album des *Destiny's Child* et a obtenu son premier grand succès avec *No, No, No*. Le groupe s'est remis en selle et l'album, qui a connu un succès retentissant, a été récompensé par trois Soul Train Lady of Soul Awards : celui du meilleur album R&B/Soul de l'année, celui du meilleur nouvel artiste R&B/Soul ou Rap, et celui du meilleur single R&B/Soul pour *No, No, No*. Son deuxième album, *The Writing's on the Wall*, a été lancé en 1999, avec quelques-uns des meilleurs singles du groupe, dont *Bills, Bills, Bills* (son premier single américain de numéro 1), *Jumpin' Jumpin* et *Say My Name*, dont le dernier numéro a été son plus grand succès et le numéro le plus important du groupe.

Say My Name a remporté le Grammy Award de la meilleure performance R&B par un groupe de musiciens et celui de la meilleure chanson R&B lors de la 43e édition des Grammy Awards. L'album *The Writing's on the Wall* a fait l'objet de plus d'un million d'exemplaires dans le monde. Au cours de cette période, Beyoncé a formé un duo avec Marc Nelson, l'un des principaux membres du groupe Boyz II Men, avec *After All Is Said and Done* pour la bande originale du film *The Best Man* en 1999.

Mathew est responsable de la gestion du groupe et a été nommé par LeToya Luckett et Roberson. Ils ont également été soutenus par Farrah Franklin et Michelle Williams. Après la rupture, Beyoncé a sombré dans la dépression, car les médias, les blogs et les critiques l'ont prise pour cible. Au cours de cette période, son ami a également fait part de sa relation avec elle. La dépression a duré plusieurs années, au cours desquelles il n'a pas réussi à se libérer de son emprise et à s'en sortir. Beyoncé s'est plainte elle-même de sa dépression, alors que les Destiny's Child avaient remporté leur premier Grammy Award et qu'elle avait demandé à ce que personne ne le prenne au sérieux. Plus tard, Beyoncé a refusé de laisser son père en tant que membre du groupe. Franklin était un membre du groupe et seuls Beyoncé, Rowland et Williams l'étaient.

Destiny's Child a connu le succès de 1997 à 2005. Ses chansons appartiennent au genre r&b.

Dangereusement amoureux

En 2003, Knowles a sorti son premier album solo, *Dangerously in Love*, qui a été vendu à plus de deux millions et demi d'exemplaires dans le monde. Pour cet album, elle a travaillé en collaboration avec Missy Elliott, Sean Paul et Jay-Z, entre autres. Le premier single, *Crazy in Love*, a connu un grand succès dans le monde entier : il a été classé numéro 1 dans les états-Unis et dans le top 10 dans presque tous les pays. Les autres singles ont eu encore plus de succès - *Baby Boy* et *Naughty Girl* ont atteint le top 10, et *Me, Myself and I* le top 14. Dans les Pays-Bas, tous les singles ont été classés dans le top 10. Avec cet album, elle a remporté plusieurs Grammy's sur un an.

B'Day

Son deuxième album, intitulé *B'Day*, a été lancé le 4 septembre 2006, lors de sa dixième sortie. L'album a été enregistré en deux semaines à la suite de la sortie du film *Dreamgirls*. L'album est entré dans le Billboard 200 américain à la première place, avec plus de 541 000 exemplaires vendus la première semaine. En avril 2007, l'album *B'Day a* été réédité, sous le nom de *B'Day Deluxe Edition* - cette édition comporte une liste de titres bien différente de celle de la première version de l'album. L'édition de luxe (*Deluxe Edition*) contient entre autres des chansons espagnoles et un duo avec la grande Shakira, *Beautiful Liar*.

Je suis... Sasha Fierce

En novembre 2008, Knowles a sorti son premier album solo, *I Am... Sasha Fierce*. Dans une interview, le producteur Rodney Jerkins a indiqué que l'album avait été inspiré par le film *Cadillac Records*, dans lequel Knowles a été choisie pour jouer le rôle d'Etta James. L'album est disponible en deux CD. Le premier disque de l'album, "I Am...", contient de nombreux numéros de chansons qui témoignent des qualités vocales de Knowles. Le deuxième volet de l'album, "Sasha Fierce", a donné lieu à des chiffres impressionnants. La photo du CD montre également une différence entre Knowles et Sasha Fierce ; pour le titre "I Am...", elles sont vêtues d'une robe sobre, tandis que pour "Sasha Fierce", elles sont vêtues d'un blouson de moto et maquillées avec des couleurs vives. En octobre 2008, les deux premiers singles de l'album sont sortis : *If I Were a Boy* (van het deel "I Am...") en *Single Ladies (Put a Ring on It)* (van "Sasha Fierce"). Knowles était alors l'un des premiers artistes à avoir sorti deux singles en même temps. Les singles ont tous été présentés en vidéo sur Internet. Sur l'album figure également le numéro de téléphone *Videophone*, que le chanteur a obtenu en même temps que Lady Gaga. Le clip vidéo est sorti en novembre 2009.

4

Le premier single de l'album *4* était *Run the World (Girls)* et a été lancé le 21 avril 2011. Le jour même où ce numéro a été attribué, *Run the World* a débuté au numéro 60 du Top 100 des singles. Au cours de la semaine suivante, il s'est hissé à la huitième place, la plus haute position. L'album a été lancé le 28 juin dans les états-Unis. Le deuxième single était *Best Thing I Never Had*.

Beyoncé

Op 12 décembre 2013, vlak voor middernacht, bracht Knowles exclusief via iTunes haar vijfde studioalbum *Beyoncé (album)* uit, dat 14 liedjes en 17 muziekvideo's bevat. A partir du 20 décembre, l'album est disponible dans les magasins. Le premier single de l'album était *XO*. Le 24 novembre 2014, l'édition de platine de *Beyoncé est* sortie. Il s'agit d'un coffret comprenant deux CD et deux DVD, ainsi que deux nouveaux singles, six remixes, HBO X10 Live et l'autre *album de Beyoncé*.

Limonade

Le 6 avril 2016, le single *Formation est* sorti, en tant que partie intégrante de l'album *Lemonade* du 23 avril 2016, qui contient 12 titres. *Lemonade* est l'album le plus apprécié des artistes et a été sélectionné pour plusieurs Grammy Awards, dont celui du meilleur album urbain contemporain et de la meilleure vidéo musicale.

Films -

Knowles est aussi une actrice. Elle a notamment joué un rôle dans le dernier épisode d'*Austin Powers* et en 2006 dans *La Panthère rose*. En 2006, elle a joué dans le film *Dreamgirls*. Dans ce film, Knowles est entourée d'Eddie Murphy, Jamie Foxx et de la *finaliste d'American Idol,* Jennifer Hudson. Knowles figure également dans le film *Cadillac Records*, dans lequel il joue le rôle de la blueszangère Etta James. Pour ce rôle, elle a été nommée par Etta James elle-même et a dû supporter un lourd fardeau. Le film est sorti fin décembre 2008 aux Etats-Unis. En 2009, le film *Obsessed* est sorti, un thriller dans lequel Knowles joue le rôle de Sharon. Dans le film d'animation américain *Epic*, elle joue le rôle de la reine Tara. En 2019, elle joue le rôle de Nala dans le remake en live-action du Roi Lion.

Privéleven

Beyoncés vader a été, du début de sa carrière jusqu'en mars 2011, son manager attitré et son père son assistant. Knowles est méthodiste et a commencé à travailler le 4 avril 2008 en compagnie de Jay-Z. Le 7 janvier 2012, sa fille est née à l'hôpital Lenox Hill de New York. Le 18 juin 2017, Beyoncé a été informée qu'elle avait créé un couple.

Muziek et tige

Beyoncé connaît bien la musique d'Anita Baker et de Luther Vandross, avec lesquels elle a formé un duo. Beyoncé a également intégré dans sa musique des artistes américains tels que Prince, Aretha Franklin, Mariah Carey, Whitney Houston, Janet Jackson, Michael Jackson, Mary J. Blige, Diana Ross, Donna Summer et Tina Turner, qui ont tous participé à la cérémonie de remise des Grammy Awards en 2008.

La musique de Beyoncé est considérée comme une forme moderne de r&b, mais elle est aussi influencée par des genres musicaux comme la dancepop, la pop et la soul. En outre, le chanteur a présenté plusieurs chansons à l'occasion de son deuxième album solo, *B'Day, à l'occasion de sa tournée* en Espagne. Avec Destiny's Child, il avait déjà obtenu un numéro de téléphone en Espagne. Au cours de sa jeunesse, Beyoncé s'est inscrite à l'école de langue espagnole, mais elle n'a prononcé que quelques mots en langue espagnole. Pour obtenir le nom des numéros espagnols, elle a été contactée par téléphone par Rudy Perez. Au moment de la remise des Oscars, il est resté un an en France.

En 2010, Beyoncé a lancé son propre parfum, baptisé Beyoncé Heat. Elle a également joué un rôle dans une émission de télévision pour les parfums de Tommy Hilfiger et Emporio Armani. Une nouvelle version de Beyoncé Heat a vu le jour en 2011 : Heat Rush. Le dernier parfum de la série est Midnight Heat, créé en 2012. A partir de ces années, les femmes sont de plus en plus nombreuses.

Points forts

- Quelques jours après une performance triomphale en tête d'affiche du festival Glastonbury en Angleterre, Beyoncé a publié 4 (2011), un mélange de ballades et de morceaux de danse qui évoque des influences allant des chansons torches de l'ère Motown aux collages audio de la rappeuse M.I.A. Début 2013, les Destiny's Child se sont réunies pour une apparition à la mi-temps du Super Bowl et ont publié une nouvelle chanson, "Nuclear".
- Peu après, Beyoncé a reçu un Grammy pour son single "Love on Top".
- Le single "Drunk in Love", avec Jay-Z, a été récompensé par plusieurs Grammys, dont celui de la meilleure chanson R&B.

2. Lady Gaga (née en 1986)

Chanteuse, auteure-compositrice et actrice américaine, lauréate de onze Grammy Awards.

"Battez-vous et poussez plus fort pour ce en quoi vous croyez, vous seriez surpris, vous êtes beaucoup plus fort que vous ne le pensez."

Stefani Joanne Angelina Germanotta (New York, 28 mars 1986), plus connue sous le nom de **Lady Gaga**, est une chanteuse, compositrice, actrice et pianiste américaine. Elle s'est fait connaître en 2009 dans le monde entier par les singles *Just dance* et *Poker face*, qui ont été classés numéro 1 dans de nombreux pays. Il a également remporté des succès majeurs avec des numéros tels que *Paparazzi* (2009), *Bad Romance* (2009), *Telephone* (2010), *Alejandro* (2010), *Born This Way* (2011), *Applause* (2013) *Shallow* (2018) et *Rain on Me* (2020).

Gaga a remporté plusieurs Grammy Awards, notamment en 2010 pour son premier album *The Fame* (meilleur album de danse) et en 2011 pour son album *The Fame Monster* (meilleur album pop vocal). Son numéro *Poker Face*, qui était le single le plus populaire de 2009, a été

99

récompensé par un Grammy du meilleur album de danse. *Poker Face* (13 millions d'exemplaires vendus) et *Bad Romance* (12 millions d'exemplaires vendus) font partie des meilleurs singles vendus à ce jour.

Lady Gaga a placé son album sur le numéro de *Radio Ga Ga* du groupe de rock britannique Queen.

Biografie

Lady Gaga est née à New York le 28 mars 1986. Son père est d'origine franco-canadienne. La famille de son père est originaire de Sicile. Il est le plus âgé de ses deux enfants. Il est né en 1992 et a grandi dans l'Upper West Side de Manhattan, dans un quartier populaire qui, grâce à son travail acharné, est devenu une référence dans le milieu social. Lady Gaga est chambre-katholiek opgevoed.

Stefani a commencé à jouer du piano à quatre mains. Elle a eu à sa retraite son premier grand succès.

En septembre 2006, Lady Gaga a signé un contrat avec le label Def Jam Recordings pour la réalisation d'un album en neuf mois. Par la suite, en l'espace de dix mois, le label a perdu son contrat. Nadat Def Jam haar liet vallen, besloot Gaga de kerst van 2006 bij haar familie door te brengen. Elle commence alors à expérimenter l'alcool et les drogues. Elle se produit avec l'interprète Lady Starlight dans les boîtes de nuit. Contrairement à Gaga elle-même, Lady Starlight a besoin de plus de temps pour monter sur le podium. Ils sont tous devenus célèbres lors du festival Lollapalooza en août 2007. En outre, Gaga a été chargée de l'attribution des numéros, en collaboration avec le producteur RedOne. RedOne a fourni les numéros à Vincent Herbert, responsable du label Streamline Records. La même année, Gaga a signé un contrat avec Streamline Records, mais le label a cessé ses activités à la fin de 2007.

2008 - 2009 : Rencontre internationale avec The Fame

En 2008, Gaga et RedOne ont commencé à enregistrer plusieurs albums qui ont ensuite été transformés en grands succès : *Just Dance*, *Poker Face* et *LoveGame*. *Just Dance* a été créé en avril 2008. Son numéro a été enregistré en moins de 10 minutes. *Poker Face* et *LoveGame* ont été créés en une semaine. Après avoir signé un contrat avec le label

Interscope Records, il commence à travailler à la réalisation de son premier album. En octobre 2008, il a participé à la tournée des New Kids On The Block. Elle a également joué des numéros pour les Pussycat Dolls et Britney Spears, entre autres.

Le 1er décembre 2008, Lady Gaga a participé à l'émission The Ellen DeGeneres Show.

Son premier album, *The Fame,* a été enregistré en 2008 par Lady Gaga, en collaboration avec le producteur Nadir Khayat, ofwel RedOne. L'album a été lancé le 12 août 2008. The Fame est un album de synthpop et de dance-pop qui reprend des éléments de la musique pop des années 80. L'album visualise d'abord la vie de Gaga pour l'amour de la vie, mais aussi la vie de tous les jours avec des thèmes tels que la vie, les cheveux, l'argent, les drogues et l'identité.

Le premier single de l'album, *Just Dance*, a été lancé en avril 2008. Ce numéro a occupé la première place dans sept pays. Il a été réalisé en collaboration avec le chanteur américain Colby O'Donis et a été récompensé par un Grammy Award. La vidéo a été diffusée le 31 mars 2008. Le deuxième single *Poker Face* de ce même album a été lancé en septembre 2008. Le clip vidéo a été tourné le 3 octobre 2008 au Bwin Pokerisland à Ibiza. Ce numéro a été diffusé dans 20 pays et a été récompensé par un Grammy Award. Le single a été, 83 semaines plus tard, le plus grand succès de l'émission Digital Hot Songs aux États-Unis. La vidéo de la chanson a été mise en ligne le 9 janvier 2009. Dans d'autres pays, le numéro *Eh, Eh (Nothing Else I Can Say)* a déjà été enregistré. Le clip vidéo a été enregistré le 10 janvier 2009, un jour après le nom de "LoveGame". Omdat de tekst van het nummer *LoveGame* in een aantal landen als te expliciet werd beoordeeld, werd het in deze landen vervangen door *Paparazzi*.

Le 6 janvier 2009, le premier album de Lady Gaga est sorti, intitulé *The Cherrytree Sessions*. L'album a été enregistré en novembre 2008.

Lady Gaga a été récompensée lors des MTV Video Music Awards en septembre 2009 avec son premier album. Elle a remporté, entre autres, les prix du meilleur nouvel artiste et, avec *Paparazzi,* ceux des meilleurs *effets spéciaux* et de la meilleure musique. Tijdens de uitreiking trad ze op en zong het nummer *Paparazzi*.

2009 - 2010 : Le monstre de la célébrité

Le 5 septembre 2009, une séance de photos a été organisée pour la couverture de l'album *The Fame Monster*, par Gaga elle-même et Haus of Gaga, son équipe de production.

En novembre 2009, Lady Gaga a lancé son deuxième album avec *The Fame Monster*, un disque compact à trois numéros. L'album est consacré à l'histoire de l'amour, que Gaga a entretenu dans sa musique en boucle et qu'elle a fait connaître au monde entier. L'album est, selon Gaga, "uitgedrukt in een monster metafoor". Le premier single de l'album a été baptisé *Bad Romance*. Cette chanson a connu un grand succès dans les hit-parades et le clip vidéo a été le premier film à être diffusé à près de deux millions d'exemplaires. *Telephone* a été spécialement conçu pour Britney Spears. Le 8 juin 2010, le dernier single, *Alejandro, est* sorti. Ce numéro a eu beaucoup de succès, il est resté à l'affiche pendant plusieurs mois dans les Pays-Bas. Les clips vidéo d'*Alejandro* ont parfois été très appréciés et Katy Perry, sa compagne, s'est attirée de nombreuses critiques. A la fin de l'année, *Dance in the Dark* n'était pas encore disponible comme single promotionnel.

Lors de la cérémonie des Grammy Awards 2010, Lady Gaga a fait l'objet d'une grande attention. Elle a débuté le spectacle avec *Poker Face* et a ensuite réalisé avec Elton John un remix de *Speechless* et *Your Song*. Elle a remporté avec *Poker Face* le Grammy du meilleur nom de scène et avec *The Fame celui du* meilleur album de danse.

En février 2010, Lady Gaga a dominé les Brit Awards en remportant plusieurs prix. Elle a interprété *Telephone* au piano et a réalisé un remix de *Dance in the Dark* avec Alexander McQueen, qui avait été créé une semaine plus tôt.

L'album a été distribué avec la tournée mondiale The Monster Ball Tour. Le concert des 21 et 22 février 2011 au Madison Square Garden de New York a remporté l'Emmy Award du *meilleur montage d'image pour une émission spéciale*. La tournée a duré deux ans et demi et a attiré plus de deux millions et demi de spectateurs à chaque fois.

2010 - 2012 : Born This Way

Lors de la cérémonie des MTV Video Music Awards en septembre 2010, Lady Gaga a donné le titre de son dernier album studio, *Born this way*. Lady Gaga a été la grande gagnante de la 27e édition de la cérémonie. La chanteuse a reçu un nombre record de nominations et a remporté plusieurs prix au Nokiatheater de Los Angeles, notamment pour la meilleure vidéo vrouwellique, la meilleure vidéo pop et la meilleure chorégraphie. Le premier single de l'album, *Born this way*, a été l'objet d'une commotion pour que le plus grand succès de l'album se produise avec *Express Yourself* de Madonna. Le deuxième single est *Judas*, le dernier est *The Edge of Glory* et une semaine plus tard, c'est *Hair*. *Yoü and I* werd de vijfde single van het album en werd genomineerd voor een Grammy in 2012. *Marry the Night* a été son deuxième numéro 1 au *Billboard* Dance Club Chart. La tournée Born This Way Ball Tour a donné lieu à plusieurs concerts en deux ans, à partir de février 2012.

Depuis le début de l'année 2011, elle a noué une relation avec l'acteur Taylor Kinney, qui s'est fait connaître par son rôle de Mason Lockwood dans la série 'The Vampire Diaries'. Lady Gaga a présenté Taylor lors de l'ouverture de son clip vidéo pour *Yoü and I*.

Lors des MTV Video Music Awards en août 2011, Yoü et *Born this way ont* été récompensés pour le meilleur clip vidéo d'un artiste vénéré et pour la meilleure vidéo d'un artiste indépendant. Ze opende met *Yoü and I* de show als haar mannelijke alter ego *Jo Calderone*. Lors des MTV Europe Music Awards en novembre 2011, elle a remporté plusieurs prix : celui de la meilleure femme, celui du plus grand nombre de fans, celui du meilleur numéro et celui du meilleur clip vidéo, avec *Born this way*.

En novembre 2011, Lady Gaga a sorti son sixième album, intitulé *A Very Gaga Holiday*, à l'occasion de l'émission télévisée *A Very Gaga Thanksgiving*. En décembre 2011, Lady Gaga a mis fin à sa collaboration avec la chorégraphe Laurieann Gibson il y a un an et demi et a nommé Richard Jackson.

Lady Gaga est l'un des artistes qui ont participé en 2011 au 65e anniversaire du président Bill Clinton. En 2011, elle a également participé au concert de la Saint-Sylvestre à Times Square, à New York.

Lors de la 53e édition des Grammy Awards, *Born this way* a reçu trois prix. Pour le *meilleur album*, le *meilleur album vocal pop* et la *meilleure performance solo pop*, mais les prix ont tous été attribués à la chanteuse britannique Adele. Il a également été nommé meilleur *artiste féminin international* aux Brit Awards, mais ce prix revient à Rihanna.

2013-2014 : Artpop

Le 3 août 2012, Lady Gaga a lancé son premier album. Elle a travaillé avec le producteur Fernando Garibay. L'album a été publié en 2013. Le premier single est *Applause*. Ce numéro est sorti le 19 août 2013, en même temps que le clip vidéo. De tweede single werd *Do what u want*, een samenwerking met R. Kelly. Le dernier single est intitulé *G.U.Y.*. L'album lui-même est appelé *Artpop*. Pour faire la promotion de l'album, Gaga a participé à un tour du monde, le "ArtRave : The Artpop Ball", qui a eu lieu 79 fois dans tous les pays du monde. La tournée comprend également des spectacles que la chanteuse a annulés lors de sa précédente tournée.

2016-2017 : Joanne , Super Bowl en "FiveFootTwo"

En décembre 2014, Gaga a annoncé qu'elle avait commencé à travailler sur son vijfde studioalbum et qu'elle avait rencontré le producteur RedOne. Lors de la 87e cérémonie des Oscars, elle a joué un rôle de figurant dans La Mélodie du bonheur en jouant un medley de chansons du film. Lors de la cérémonie d'ouverture des Jeux olympiques européens de 2015 à Bakoe, en Azerbaïdjan, il a joué le numéro *Imagine* de John Lennon. Le 2 octobre 2015, elle est devenue le premier artiste à avoir obtenu 7 millions de téléchargements dans les Pays-Bas pour les numéros *Poker Face* et *Bad Romance*. En 2015, Gaga a été nommée *lauréate des Billboards de* l'année. Lors de la conférence des Golden Globes, elle a annoncé que l'album sortirait en 2016. Pour cet album, intitulé *Joanne*, elle a notamment rencontré Mark Ronson, Kevin Parker, BloodPop, Florence Welch, Beck, Father John Misty et Hillary Lindsay. L'album a été lancé le 21 octobre 2016. De eerste single van *Joanne* was *Perfect Illusion*, dat 9 september 2016 was uitgekomen en de tweede promosingle *Million Reasons* werd op 6 oktober 2016 uitgebracht. L'album *Joanne* est un hommage à sa tante qui a souffert d'un lupus. L'album est consacré à la famille et à la vie de famille. Gaga a fait la promotion de son album en effectuant une tournée qui a duré dix jours : The Dive Bar Tour. Lady Gaga a obtenu pour cet album deux nominations aux Grammy Awards pour *Million Reasons* et l'album.

Après la création de *Perfect Illusion*, la NFL a appris que Gaga devait participer au spectacle de la mi-temps du Super Bowl LI. Le spectacle a été joué à 150 millions d'exemplaires dans les États Unis, ce qui en fait le spectacle le plus joué depuis que Katy Perry a joué en 2015. Direct na het optreden werd bekend dat Gaga weer op wereldtournee ging. Le 8 septembre 2017, un documentaire de Gaga a été diffusé dans le monde entier : Five Foot Two. Ce documentaire présente un aperçu de la fabrication de l'album Joanne, de la promotion de l'album, des coulisses de la répétition du spectacle de la mi-temps du Super Bowl et de la façon dont elle s'y prend avec ses fans. Pour ce documentaire, il a été nominé pour le meilleur film musical aux NME Awards.

2018-heden : Une étoile est née

En maart 2018 releasde Lady Gaga een cover van Elton John, namelijk *Your song*. En octobre 2018 verscheen de zangeres als hoofdrol in de film *A Star Is Born*, samen met Bradley Cooper, die haar tegenspeler is. Le film a connu un succès retentissant. Lady Gaga a été nominée aux Oscars pour le meilleur numéro d'origine et la meilleure actrice féminine. La musique a également obtenu une nomination aux Grammy Awards, notamment pour le "disque de l'année" et la "chanson de l'année". De plus, elle a reçu un Critics' Choice Award pour la meilleure actrice et le meilleur numéro d'origine. Le single *Shallow* est le plus important de l'album et a obtenu la première place dans plus de dix pays. *Shallow* est devenu en 2019 le disque le plus récompensé, remportant notamment un Oscar, deux Grammy's, un Golden Globe et un BAFTA Award.

En janvier 2021, l'hymne national américain, *la Bannière étoilée*, sera interprété lors de l'inauguration de Joe Biden en tant que président.

Werk met andere artiesten

Lady Gaga a travaillé avec le single *The Greatest Thing* de Cher et avec *3-Way (The Golden Rule)* sur l'album The Lonely Island de Justin Timberlake. Lady Gaga a également participé à l'album *The Block* de New Kids on the Block, puis à *Full Service* et *Big Girl Now*. En 2011, Gaga et le jazzman Tony Bennett ont chanté le lied *The Lady is a Tramp* sur l'album *Duets II*. C'était le deuxième single de l'album. Avec lui, Lady Gaga a réalisé l'album de jazz *Cheek To Cheek*. Op 29 juli 2014 verscheen van dit album *Anything goes* als de eerste single. Het bereikte de eerste plaats in de Billboard Jazz digital song hitlijst.

Acteerwerk

Lady Gaga fait son premier rôle dans le film *Machete Kills* de Robert Rodriguez, dans lequel elle joue le rôle de La Chameleón ; le film est présenté le 13 septembre 2013 dans la bioscoop. En 2014, le film *Sin City : A Dame to Kill For* de Robert Rodriguez et Frank Miller. Lady Gaga y incarne le personnage de Bertha. En octobre 2015, Gaga a joué un rôle dans la sixième saison de la série d'horreur American Horror Story de la FOX, intitulée *Hotel*. Ze speelde hier de rol van *The Countess* , de eigenares van dit titulaire hotel. Pour ce rôle, elle a remporté un Golden Globe en janvier 2016. En 2018, elle a joué le rôle d'un débutant dans le film A Star Is Born, en compagnie de Bradley Cooper. Lors de la remise des Oscars en 2019, elle a été nommée meilleure actrice dans un film, ainsi que meilleure actrice dans un film d'origine. Le dernier prix a été décerné.

Simple et efficace

Lady Gaga se présente comme un artiste de premier plan. Sa passion pour l'art est due au fait qu'elle s'est inspirée de l'artiste Andy Warhol. Sa carrière extravagante l'a amené à rencontrer des artistes de la nouvelle vague en 1980. En février 2010, les Shockwaves NME Awards lui ont décerné le prix du meilleur artiste et celui du meilleur artiste.

Tatoeages

Sur le socle de son arme de liaison, il a tatoué un fragment d'un poème de Rainer Maria Rilke :

prüfen Sie, ob er in der tiefsten Stelle Ihres
Herzens seine Wurzeln ausstreckt, gestehen
Sie sich ein, ob Sie sterben müßten, wenn es Ihnen
versagt würde zu schreiben. muß ich schreiben ?

Sous le fragment de Rilke se trouve "Little Monsters", la chanson que les fans de Lady Gaga ont écrite. Elle a également fait tatouer des tatouages latents sur ses jambes. Elle a même fait un tatouage sur sa robe, en utilisant un petit instrument de musique rouge. Sur son épaule, il a tatoué le nom de son album "Born this Way". Sur sa vitre, il y a une image d'une bouteille avec le titre "Tokyo Love". De même, il a créé un cœur avec le mot "Dad".

Il y a aussi des tatouages sur la partie inférieure de sa lichette, car son père est aussi "le plus beau cadeau" de sa fille.

Points forts

- Lady Gaga, de son vrai nom Stefani Joanne Angelina Germanotta, est née dans une famille italo-américaine à New York.
- Son deuxième album, The Fame Monster, est sorti en novembre 2009 (il était à l'origine conçu comme un disque bonus) et a produit presque instantanément un autre tube, "Bad Romance".
- Dans son troisième album, Born This Way (2011), Lady Gaga a puisé son inspiration dans des époques musicales antérieures.
- En plus d'enregistrer de la musique, Lady Gaga fait des apparitions occasionnelles au cinéma, notamment dans Machete Kills (2013) et Sin City : A Dame to Kill For (2014). Pour sa performance dans la série d'anthologie, Lady Gaga a reçu un Golden Globe Award.
- Lady Gaga a récolté les éloges de la critique et une nomination aux Oscars pour son premier rôle principal, celui d'une chanteuse-compositrice sans gêne dans le remake du film A Star Is Born en 2018.

3. Céline Dion (née en 1968)

Chanteur canadien et l'un des artistes les plus vendus de tous les temps

"C'est au moment où tu penses que tu ne peux pas, que tu peux".

Céline Marie Claudette Dion (Charlemagne (Québec), 30 mars 1968) est une actrice canadienne.

Dion est né à Charlemagne, au Québec (Canada), en tant que fils cadet de plusieurs enfants. À l'âge de 12 ans, son père entre en contact avec le manager René Angélil, qui lui demande de nommer une hypothèque dans sa maison pour financer sa carrière. En 1981, le premier album de Dion est sorti (*La Voix du bon Dieu*). Hiermee werd ze in Quebec een ster. L'année suivante, elle a remporté la médaille d'or au Festival mondial de la chanson de Tokio. Au cours des années où il a été élu, Dion a enregistré de nombreux albums de chansons françaises, qui ont eu un impact important sur le développement de cette jeune femme. En 1987, l'album *Incognito* est sorti au Canada, le premier album pop électronique de Dion.

En 1988, il a participé à l'Eurovisiesongfestival, qu'il a remporté avec la chanson *Ne partez pas sans moi, sous le* nom de Zwitserland. Grâce à cette victoire, Dion est devenu célèbre en Europe. A partir de 1988,

l'album *Unison, le* premier album anglais de Dion, est sorti en 1990. La
platine Sony Music avait pour mission de faire en sorte que Dion se
produise dans les années 70 avec le répertoire anglais. Le résultat est là.
Le single *Where Does My Heart Beat Now* s'est hissé dans le top 5 du
Billboard Hot 100 américain et l'album a obtenu le statut de disque de
platine.

En 1991, Dion a été sollicité par les Walt Disney Studios pour que son
travail soit intégré à la bande originale du film *La Belle et la Bête*. Avec
son partenaire Peabo Bryson, elle interprète la chanson-titre de ce film
Disney et, au début de 1991, elle remporte un grand succès. Ce duo a
valu à Dion et Bryson un Academy Award. Début 1992, *Céline Dion* sort
son deuxième album anglophone. Avec ses singles *If You Asked Me To,
Love Can Move Mountains* et *Nothing Broken But My Heart*, elle a atteint
le sommet des hitlijsten.

Une porte bien fermée

Eind 1993 verscheen *The Colour Of My Love*, le premier album de Dions
avec un matériel d'origine anglaise. En Amérique du Nord, le premier
single *The Power of Love* (interprété par Jennifer Rush) a connu un grand
succès. Le single a figuré pendant plusieurs semaines au numéro 1 du
Billboard Hot 100 américain. En Europe, le single *Think Twice* a connu un
grand succès. L'album a fait de Dion le leader incontesté dans presque
tous les pays du monde. En plus du succès de son travail en Angleterre,
elle décide de faire un pas de plus vers la base : elle est Canadienne avec
des racines françaises. En 1994, Jean-Jacques Goldman a créé 12 lieds
en français pour les jeunes qui, dans le cadre de l'album *D'Eux,* ont joué
des chansons. L'album est sorti début 1995 et a donné naissance au tube
Pour que tu m'aimes encore. Cet album est devenu l'album français le
plus vendu de tous les temps, avec plus de 9 millions d'exemplaires
vendus.

Pour son troisième album anglophone *Falling into You*, sorti en 1996, Dion
a réalisé diverses reprises de différents artistes. En mars 1996, l'album
Falling *into You a* été lancé officiellement et des millions d'exemplaires ont
été vendus. Dion a enchaîné les succès avec des titres comme *Because
You Loved Me* et *It's All Coming Back To Me Now*. Pour cet album, 32
millions d'exemplaires ont été vendus. Il est considéré comme l'un des
meilleurs cd's de l'histoire de la musique. Avec cet album, Dion a participé
à de nombreux tournois. Alors que la tournée précédente l'a menée dans

plusieurs pays d'Europe, la tournée "Falling into You Tour" l'a menée dans le monde entier. Plus de 100 concerts sont prévus, répartis sur 17 pays différents. Les noms de la tournée figurent sur la cassette VHS *Live In Memphis*. Le groupe pop irlandais The Corrs s'est joint au programme de la tournée européenne. Avec 100 concerts et un million de cd's vendus, Dion perd son statut de "super star". *Falling into You* a valu à Dion de nombreux prix, dont deux Grammy's américains.

Succès

Son nom lors de la cérémonie d'ouverture des Jeux Olympiques de 1996 à Atlanta a été diffusé à la télévision par 3,5 millions de personnes. En 1997, il a sorti son premier album anglophone *Let's Talk About Love*, dont les noms ont été diffusés à Londres, Los Angeles et New York. Des artistes tels que Barbra Streisand, Luciano Pavarotti, les Bee Gees, Carole King, George Martin et Diana King ont participé à diverses chansons. *Tell Him*, un duo de Dion et Streisand, était le premier tube du spectacle. *My Heart Will Go On*, un autre single et la chanson titre du film Titanic, a remporté un succès considérable. Il est devenu le single le plus vendu par Dions. Dans le monde entier, la chanson "In no time" a été classée numéro 1 et Dion a reçu de nombreuses récompenses, dont un Academy Award et plusieurs Grammy. L'album a été vendu à 31 millions d'exemplaires, et il s'agit du deuxième album le plus populaire de sa carrière.

En septembre 1998 verscheen *S'il Suffisait d'Aimer*, een Franstalig album met opnieuw composities van Jean-Jacques Goldman. Le premier album anglophone de Dions, *These Are Special Times*, avec le tube *I'm Your Angel* (en duo avec R. Kelly), est sorti fin 1998 et a rapporté 15 millions d'exemplaires dans le monde. En 1998, elle a enregistré 15 millions d'exemplaires de ses albums. En juin 1999, Dion donne un concert à l'Amsterdam ArenA. Ce concert a été organisé pour la ville et a attiré le plus grand nombre de spectateurs (68 083) le jour de la fête. Een verzamelalbum met daarop Dions grootste Engelstalige successen tot dan toe en enkele nieuwe songs verscheen eind 1999 onder de naam *All The Way... Une décennie de chansons*. De eerste single ervan, *That's The Way It Is*, werd een groot succes. Il y a eu 20 millions d'exemplaires de cet album. Au début de l'année 2000, Dion a atteint un record de 140 millions de disques vendus dans le monde. Son statut de "superdiva" a été renforcé en avril 1998 par le concert de bienfaisance "Divas Live" organisé par le groupe de musique VH1, en collaboration avec ses collègues Mariah Carey, Shania Twain, Gloria Estefan et Aretha Franklin.

Break en comeback

Au début de l'année, Dion a eu beaucoup de mal à se faire soigner. La famille et les amis sont très importants pour elle, mais elle a aussi besoin d'un peu d'argent pour se reproduire. Après plusieurs concerts, il a connu un succès considérable. En 1999, René Kanker, le fils aîné de Dions, a été condamné à mort. Le médecin a demandé à son homme de se débarrasser des chimiothérapies. C'est alors que René a été tué. Le 25 janvier 2001, Dion a été victime d'un accident en Floride : René-Charles Dion-Angélil. Bien que le couple ait décidé de faire une pause de deux ans, Dion a bénéficié d'un certain nombre d'avantages au cours de cette période. Lors d'un concert de bienfaisance pour que l'argent soit versé aux victimes de l'attentat du 11 septembre 2001, Dion a écrit *God Bless America*.

En mars 2002 a été lancé - deux ans après son premier album - un nouvel album en anglais sous le nom de *A New Day Has Come*. Des singles comme *I'm Alive*, *A New Day Has Come* et *Goodbye's (The Saddest Word)* ont été des succès dans les hitlijsten. L'album a généré 12 millions de pièces sur le marché du disque, ce qui montre que Dion, à deux ans d'intervalle, n'était plus aussi "chaude" et qu'elle avait réussi son retour sur le devant de la scène. Avec la sortie de l'album, la chanteuse a décidé de donner son propre spectacle à Las Vegas à partir de 2003. Ce spectacle, intitulé *A New Day... Live in Las Vegas*, a débuté en mars 2003 au Caesars Palace. Spécialement pour ce spectacle, et donc aussi pour Dion, une salle de spectacle a été construite, "The Colosseum", une salle à l'image du Colisée de Rome. En première instance, Dion a donné 600 spectacles en dix ans, mais en raison de son grand succès, le spectacle a duré six mois et demi de plus. À la fin du rituel, le 15 décembre 2007, le caissier a participé à un total de 750 spectacles. L'exposition, organisée par Franco Dragone, présente les plus grands succès de Dion, agrémentés d'éléments de décor, de danses et d'effets visuels.

Depuis le début du spectacle en 2003, *One Heart* est le 10e album de Dions. Il a été vendu à 8 millions d'exemplaires et contient des hits comme *I Drove All Night*, *One Heart* et *Have You Ever Been In Love*. Dion sloot 2003 succesvol af met een nieuw Franstalig album : *1 Fille & 4 Types* qui a été vendu à 2,5 millions d'exemplaires. Le spectacle de Dion à Las

Vegas a donné lieu à la sortie en juin 2004 de l'album live *A New Day...
Live in Las Vegas*. Au printemps 2004, Dion lance, en collaboration avec
la photographe Anne Geddes, le projet *Miracle*, un album de chansons sur
la vie de famille, ainsi qu'un livre contenant de nombreuses photos de
Dion et de divers bébés. 3,5 millions d'exemplaires de ce CD ont été
distribués sur la Toonbank. Le premier album en français de Dion, *On ne
change pas*, est sorti en 2005.

Le 21 mai 2007, l'album français *D'elles a* été publié. Zeven van de dertien
nummers werden in december 2006 opgenomen in Montreal. Le premier
single de l'album, *S'il N'en Restait Qu'une (Je Serais Celle-Là)*, a été
diffusé sur les ondes de la radio française le 14 février 2007. Le clip vidéo
de ce numéro a été réalisé à New York entre janvier et février 2007. Au
cours de la même semaine, Dion a également participé à l'enregistrement
du numéro *Sing*. Cette chanson, qui a été créée par 23 chanteuses, est
une initiative d'Annie Lennox, dont la femme s'est servie dans la lutte
contre le sida et l'armure en Afrique. Ce numéro se trouve sur l'album
Songs Of Mass Destruction de Lennox.

Dion gaf eind oktober 2015 aan dat ze werkte aan een Franstalig album.

Tournees

Un nouvel album anglais, *Taking Chances*, est sorti le 12 novembre 2007
dans les bacs. Une tournée de promotion pour cet album et l'album
D'elles, sorti en 2007, a eu lieu en octobre 2007. Son spectacle à Las
Vegas a eu lieu le 15 décembre 2007 et a été le dernier à se dérouler. De
ce concert, qui a eu lieu dans la semaine du 15 au 21 janvier 2007, vous
trouverez un DVD le 11 décembre 2007.

Le 14 février 2008, Dion a entamé une tournée mondiale qui, pour la
première fois depuis 1999, s'est déroulée à Las Vegas. La tournée passe
par le Canada, le Japon et l'Afrique du Sud. Le nouveau single de l'album
Taking Chances a été bien accueilli en Amérique. D'autres singles
promotionnels, sortis au milieu de l'année 2008, sont *Eyes On Me* et
Alone. Au total, 6,5 millions d'exemplaires de cet album ont été vendus.

Terugkeer naar Caesar's Palace

En 2011, Céline s'est rendue au Caesar's Palace et a décidé de donner
70 concerts par an. La première a eu lieu le 15 mars 2011. En août 2014,
Dion a annulé tous ses concerts planifiés et s'est rendu directement sur
place pour les arrêter. C'est ainsi qu'il a décidé d'aider son nouvel homme.

En 2015, Dion s'est rendu au Caesar's Palace.

Privéleven

En 1994, elle a rencontré son manager René Angélil (1942-2016), qui est
resté à la tête de l'entreprise pendant plusieurs années. Le 25 janvier
2001, il se sépare d'un zoo et le 23 octobre 2010, il devient le fils d'un
couple de jeunes gens. Le 14 janvier 2016, Angélil a reçu un coup de fil de
la part d'un keelkanker. Dion vit à Henderson (Nevada).

Points forts

- Céline Dion, de son vrai nom Céline Marie Claudette Dion, est la plus
  jeune d'une famille de 14 enfants qui a grandi dans une petite ville
  près de Montréal. Elle a commencé à chanter avec sa famille quand
  elle avait cinq ans.
- Elle a enregistré de nombreux albums à succès en français et en
  anglais et a reçu plusieurs prix prestigieux.
- Au début du XXIe siècle, Dion a mis sa carrière en veilleuse pour se
  consacrer à sa famille.
- Elle revient avec les albums A New Day Has Come (2002) et One
  Heart (2003), qui flirtent avec la dance pop en plus de son habituel
  répertoire adulte contemporain.
- Bien que Dion ne soit plus la force culturelle dominante qu'elle avait
  été dix ans auparavant, il a été signalé en 2007 que les ventes
  mondiales de ses albums avaient dépassé les 200 millions.

4. Kate Bush (née en 1958)

Chanteur, musicien, auteur-compositeur-interprète et producteur britannique

"Mozart n'avait pas de Pro Tools, mais il a fait un assez bon travail."

Catherine (Kate) Bush CBE (Bexleyheath (Londres), 30 juillet 1958) est une chanteuse, compositrice et productrice britannique. Son père était anglais et sa mère irlandaise. Lorsqu'il n'avait que 16 ans, David Gilmour a été nommé membre de Pink Floyd, ce qui lui a valu d'être engagé par EMI.

Son style expérimental et sa technique de jeu discrète lui valent d'être reconnu par ses collègues musiciens et par un grand nombre de fans érudits qui n'en font qu'à leur tête. Ce fait est dû au fait que les platines de l'artiste ont été largement ouvertes, ce qui n'était pas le cas pour la réalisation d'un album il y a très longtemps, et pour *Aerial, il* y a deux ans et demi.

Biografie

Bush a fait ses débuts en 1978 sur sa liste noire avec le tube *Wuthering Heights*, inspiré de l'ouvrage célèbre d'Emily Brontë. Ce numéro a été diffusé dans le Royaume Uni pendant quatre semaines, sur le premier plan des hit-parades.

Son premier album, *The Kick Inside,* a été conçu de manière aussi bien artistique que commerciale. L'album, produit par David Gilmour, contient des hits tels que *Them heavy people* et *The man with the child in his eyes*. David Gilmour est devenu son parrain et mentor, car il a reçu une aide financière et financière supplémentaire lors de l'enregistrement de ses premières démos et de sa nouvelle promotion par sa propre compagnie de disques, EMI. En raison de la popularité de Gilmour, il est difficile d'ignorer son rôle sur chaque morceau.

En 1978-1979, Bush a commencé à travailler sur une tournée, *The Tour Of Life*. Il s'est fait remarquer par sa façon mimétique de danser. De 1979 à 2014, 35 ans plus tard, il n'a plus rien à voir avec la tournée.

D'autres albums, comme *Lionheart* et *Never for Ever*, ont eu moins de succès commercial que le premier album, mais *Babooshka* et *Army dreamers* n'ont pas eu de succès. Les derniers tubes sont *Cloudbusting* et *Running up that hill*. Pour le vidéoclip de *Cloudbusting*, Bush a fait couper ses cheveux courts et Donald Sutherland a fait parler son père. Au cours de cette même année, Bush a remporté un succès avec Peter Gabriel avec le titre *Don't Give Up*. En 1986, il forme même un duo avec le groupe Big Country (*The Seer*) de Schotse.

En 1989, l'album *The sensual world* est publié, ce qui en fait l'album le plus vendu en Amérique. Après l'album *The Red Shoes* (1993), Bush s'éloigne un peu de son pays natal, les Pays-Bas, où il travaille sur son album *Aerial* (2005), dont le titre *King of the mountain* est devenu un hit. Le 18 janvier 2002, pour la première fois depuis longtemps, Bush est monté sur le podium comme invité spécial de David Gilmour lors d'un concert au Royal Festival Hall.

En 2007, un documentaire sur Kate Bush a été réalisé sous le titre *Come Back Kate*, qui a permis aux fans d'en savoir plus sur son deuxième groupe et sur les autres membres du groupe. Bien que sa carrière soit loin d'être une réussite, Kate Bush est très respectée par ses collègues musiciens. Tori Amos, Björk et Sinéad O'Connor ont déclaré lors d'interviews qu'elles étaient connues et inspirées par Kate Bush.

Le 16 mai 2011, un album de compilation a été créé sous le titre *Director's Cut*. Dans cette compilation, Kate Bush a repris ses précédents albums, *The Sensual World* et *The Red Shoes*, et s'est offert de nouveaux noms et remasters. A l'aube de sa retraite, Kate Bush est devenue très populaire.

Le 21 novembre 2011, l'album *50 Words For Snow* est sorti. Il contient entre autres les noms d'Albert (Bertie), Elton John et Stephen Fry.

En août 2012, des personnes ont demandé à Bush de participer à la cérémonie de remise des médailles olympiques du 12 août. Il s'agit d'un événement spécial, au cours duquel Bush a été récompensé. Ce n'est qu'une fois de plus que l'on s'aperçoit que ses chiffres sont destinés à être publiés. Lors de la cérémonie, il n'y avait que le récent remake de R.U.T.H. à l'affiche. Il n'y avait pas de quoi s'inquiéter. En revanche, Kate, l'organisatrice de la vente de machines à sous, a fait savoir qu'elle avait obtenu un prix pour la vente de ce remake.

En janvier 2013, Bush a été nommé Commandeur de l'Ordre du Roi britannique, grâce à ses actions en faveur de la musique.

Bush kondigde in maart 2014 opar haar website aan onder de naam *Before the Dawn* voor het eerst in 35 jaar tijd een reeks van vijftien concerten te geven in het Hammersmith Apollo theater in Londen. Enkele dagen later voegde ze daar nog zeven optredens aan toe. De 22 voorstellingen waren in nog geen kwartier uitverkocht. Le 26 août 2014, Kate a donné son premier concert en 35 ans. Les concerts ont été un grand succès. Dans la semaine qui a suivi le premier concert, deux albums de Kate Bush ont figuré dans le Top 40 britannique. Cela n'avait pas été le cas pour un autre artiste.

Points forts

- Kate Bush, de son vrai nom Catherine Bush, était le plus jeune enfant d'une famille d'artistes.
- Après avoir réalisé et joué dans The Line, the Cross & the Curve (1993), un court-métrage reprenant les chansons de The Red Shoes, M. Bush s'est retiré de la musique pendant 12 ans.
- Elle a refait surface avec l'atmosphérique Aerial (2005), un double disque imprégné des thèmes de la domesticité et du monde naturel qui lui a valu certaines des critiques les plus favorables de sa carrière.

- En 2014, Bush est revenu sur scène pour la première fois en 35 ans. Ses 22 concerts étaient des spectacles scéniques, avec marionnettes, illusionnistes et danseurs, et ils ont été suivis de l'enregistrement live en trois disques Before the Dawn (2016).
- M. Bush a été fait commandeur de l'ordre de l'Empire britannique (CBE) en 2013.

5. Aretha Franklin (1942-2018)

Chanteuse américaine et première femme intronisée au Rock and Roll Hall of Fame.

"Parfois, ce que vous cherchez est déjà là."

Aretha Louise Franklin (Memphis (Tennessee), 25 mars 1942 - Détroit (Michigan), 16 août 2018) est une chanteuse américaine de gospel, de soul et de r&b. Dans le classement des 100 meilleurs chanteurs (m/v) de tous les temps de l'hebdomadaire américain *Rolling Stone*, il occupe la première place.

Levensloop

Aretha Franklin et ses enfants, Carolyn et Erma, se sont retrouvés à l'église baptiste où leur père était dominant. C'est à l'âge de 14 ans qu'elle a commencé à jouer de la guitare. John Hammond lui donne un contrat avec Columbia Records. Au début de sa carrière, il a écrit quelques

118

chansons qui sont devenues populaires, notamment la chanson *Rock-a-bye Your Baby with a Dixie Melody*, créée par Al Jolson en 1918. En 1968, Aretha Franklin a donné un concert mémorable au Concertgebouw d'Amsterdam. Il s'agissait de sa première tournée dans les états-Unis. Elle a notamment interprété *Satisfaction*, *Dr. Feelgood* et *A Natural Woman*.

Après son passage chez Columbia Records, il signe un contrat avec Atlantic Records. Son producteur était Jerry Wexler, avec qui il a composé quelques titres r&b très originaux, dont *I Never Loved a Man (The Way I Love You)*. Le titre de ce lied avait beaucoup plus de "soul" que ses autres œuvres. Dès la fin de l'année, Aretha Franklin a été désignée comme "la reine de la soul", car elle était très belle et devenait un modèle pour la communauté afro-américaine.

Aretha Franklin a eu plusieurs succès dans le top 10, dont des reprises d'autres artistes, comme les Beatles (*Eleanor Rigby*), The Band (*The Weight*), Simon & Garfunkel (*Bridge Over Troubled Water*), Sam Cooke et The Drifters. D'autres hits importants sont *Chain of Fools*, *A Natural Woman*, *Think*, *Baby I Love You*, *The House That Jack Built*, *I Say a Little Prayer* et *Respect*. *Spanish Harlem* est resté dans le Daverende Dertig une semaine de plus sur le premier plan.

Au début de l'année, il a commencé sa carrière en reprenant le tube des Doobie Brothers *What a Fool Believes*. C'est à ce moment-là qu'elle a été remarquée dans le film de John Belushi, *The Blues Brothers*. La carrière du chanteur n'a pas duré plus d'un an, car il n'a pas eu le temps d'interpréter les hits, mais il l'a fait aussi avec le gigantesque hit *I Knew You Were Waiting (for Me)*, un duo avec George Michael qui a figuré pendant quelques semaines au numéro 1 du Top 40 et du Hitparade national. Ce numéro a été attribué par Simon Climie de Climie/Fisher. En 1994, il a interprété *A Deeper Love* pour le film biographique *Sister Act*.

Le 3 janvier 1987, il est devenu le premier groupe à figurer au Rock and Roll Hall of Fame. En 1999, il a obtenu la plus haute distinction artistique américaine, la National Medal of Arts. Le 20 janvier 2009, Franklin a interprété *My Country, 'Tis of Thee* lors de l'inauguration de Barack Obama, 44e président des États-Unis. En 2010, Franklin a été désigné meilleur chanteur de l'année par le magazine américain *Rolling Stone*. En 2012, elle a été admise au Gospel Music Hall of Fame.

Le 17 octobre 2014, son 38e album studio, *Aretha Franklin Sings the Great Diva Classics,* a été lancé. Cet album contient des chansons d'autres chanteuses célèbres. Le premier single de l'album est une reprise de la chanson *Rolling in the Deep* d'Adele. En février 2017, Franklin a fait savoir qu'il était prêt pour la sortie de son dernier album en septembre.

Privé

Franklin a été créé il y a deux ans. Il compte quatre zones, dont trois sont des zones différentes.

Mentions légales

En décembre 2010, nous avons appris que la personne était malade. Il s'agit d'une demande d'indemnisation. En réaction à des spéculations dans les médias, les autorités ont annoncé en août 2013 qu'elles avaient dépassé les limites de leurs compétences et qu'elles voulaient s'enrichir sur le marché de l'immobilier. Le problème n'a pas été résolu. Le 13 août 2018, nous avons appris que le patient avait reçu un traitement palliatif et qu'il avait été hospitalisé. Le 16 août 2018, Franklin est décédé. Il était âgé de 76 ans.

Points forts

- À la fin des années 1970, le disco a mis à l'étroit le style d'Aretha Franklin et a érodé sa popularité.
- En 1982, avec l'aide du chanteur-auteur-producteur Luther Vandross, Franklin est de retour au sommet avec un nouveau label, Arista, et un nouveau tube dance, "Jump to It", suivi de "Freeway of Love" (1985).
- En 1987, Aretha Franklin est devenue la première femme à être intronisée au Rock and Roll Hall of Fame. En outre, elle a reçu un Kennedy Center Honor en 1994, une National Medal of Arts en 1999 et la Presidential Medal of Freedom en 2005.
- Le documentaire Amazing Grace, qui retrace son enregistrement de l'album de 1972, a été diffusé en avant-première en 2018.

6. Margaret Bourke-White (1904-1971)

Photographe américaine et première femme autorisée à travailler dans les zones de combat

"*La beauté du passé appartient au passé.*"

Margaret Bourke-White (née **Margaret White**) (New York, 14 juin 1904 - Stamford, Connecticut, 27 août 1971) était un photographe américain. Il a été, en tant que lieutenant-colonel, le premier photographe de guerre de l'armée américaine et, au début de la deuxième guerre mondiale, le photographe de la guerre d'Angleterre. L'une de ses photos, *Les morts-vivants de Buchenwald*, est l'une des plus belles photos du 20e siècle.

Leven

Margaret Bourke-White est la fille de la catholique Minnie Bourke et de Joseph White, qui n'est pas un avocat, et vit dans le Bronx, à New York. Bourke-White avait une fille aînée, Ruth, et un frère cadet, Roger. Dans sa

jeunesse, il n'était pas nécessaire de demander à ses enfants de
fréquenter une école secondaire.

Photographie d'architecture et d'industrie

Après avoir terminé ses études en 1927, Bourke-White ouvre son premier
studio de photographie à Cleveland, dans l'Ohio, et commence sa carrière
d'architecte et de photographe industriel. Ses images d'installations
industrielles ont donné naissance à une nouvelle image photographique,
très importante pour le développement économique rapide des Pays-Bas.

Fotojournaliste

Bourke-White s'approprie les couvertures des magazines spécialisés. De
door haar gefotografeerde bruggen en staalfabrieken vormden in 1930 de
covertory van de eerste editie van het tijdschrift *Fortune*, waarvan Bourke-
White was mederedacteur. En 1931, il ouvre son studio de photographie
dans le Chrysler Building à New York.

En 1930, à l'aube de l'industrialisation, Bourke-White se rend pour la
première fois en URSS. Cette décision a été prise à la suite de
gigantesques projets de construction (usines et centrales électriques),
mais aussi par des travailleurs indépendants. Au cours des dernières
années, Bourke-White a notamment réalisé des essais photographiques
sur IG Farben, sur les services publics de Hambourg et sur les sites de la
ville industrielle soviétique de Magnitogorsk en Sibérie occidentale.

Dans le premier numéro du magazine *Life de* novembre 1936, où Bourke-
White était l'un des auteurs, on trouve ses photos en couverture sur le
barrage du lac Fort Peck, dans les États voisins. Après Walker Evans et
W. Eugene Smith, Bourke-White est l'un des pionniers des essais
photographiques.

Grâce à sa carrière extravagante et à sa présence énergique dans les
médias, Bourke-White est devenu un modèle de référence pour les
femmes modernes et célèbres.

En 1937, Bourke-White a publié, avec l'écrivain Erskine Caldwell, un
ouvrage sur les conditions de vie des ouvriers agricoles dans la zone du
Dust Bowl, qui ont été touchés par des périodes de sécheresse extrême.

Sa photo *Vous avez vu leurs visages* est considérée comme l'une de ses œuvres les plus marquantes. En 1939, il a rencontré Caldwell, comme il l'a fait en 1942. En 1938, il entreprend un voyage en Europe et travaille à un reportage photographique sur la crise des Sudètes à Tsjecho-Slowakije.

Tweede Wereldoorlog

En 1941, il se rend à Moscou pour *Life-Magazine*. Au moment de l'invasion de l'Union soviétique par les États-Unis, il est le premier photojournaliste occidental de la ville et documente les combats des États-Unis dans la ville de l'Union soviétique. Il est le premier correspondant de presse vrouwelijke de la presse américaine, notamment en Angleterre, au Nord de l'Afrique et en Italie. En tant que photographe de la guerre américaine, Bourke-White a rencontré le général George S. Patton au Danemark et a participé à l'inauguration du camp de concentration de Buchenwald et du camp de travail de Leipzig-Thekla. Sa photo *Les morts-vivants de Buchenwald* en 1945 est l'une des plus belles et des plus indécentes des photos du 20e siècle.

Bourke-White a eu de nombreux partenaires comme Franklin Roosevelt, Joseph Staline, Winston Churchill ou Marlon Brando.

Journées de la paix

Au début de l'année 1945, Bourke-White, dans le cadre de la lutte contre le sida, s'engage à documenter le vernissage des états du Danemark avec des photos de lutte. En 1946, il a réalisé pour Life l'un de ses meilleurs reportages : Mahatma Gandhi aan het spinnewiel. Au cours de cette même année, Margaret Bourke-White a documenté le conflit entre l'Angleterre et l'Inde, puis le blocus coréen. Elle s'est également rendue en Afrique du Sud à l'époque de l'apartheid.

Au milieu de l'année 1950, Bourke-White a perdu la confiance de Parkinson et a commencé à s'intéresser de plus près à son travail. Son autobiographie, publiée en 1963, a figuré pendant une semaine dans la liste des best-sellers du New York Times. Bourke-White s'est éteint en 1971 à la demande de la femme de Parkinson.

En 1955, Edward Steichen a sélectionné un grand nombre de photos de Bourke-White pour le dessin de la famille *de l'homme, qui s'est déroulé dans le* monde entier.

Points forts

- Margaret Bourke-White, de son nom d'origine Margaret White, a commencé sa carrière en 1927 comme photographe industriel et architectural. Elle a rapidement acquis une réputation d'originalité et, en 1929, l'éditeur Henry Luce l'a engagée pour son nouveau magazine Fortune.
- Après la Seconde Guerre mondiale, Bourke-White s'est rendu en Inde pour photographier Mohandas Gandhi et enregistrer les migrations massives provoquées par la division du sous-continent indien en Inde hindoue et Pakistan musulman.
- Pendant la guerre de Corée, elle a travaillé comme correspondante de guerre et a voyagé avec les troupes sud-coréennes.
- Atteinte de la maladie de Parkinson en 1952, Bourke-White continue à photographier et à écrire et publie plusieurs ouvrages sur son travail ainsi que son autobiographie, Portrait of Myself (1963).

7. Dorothea Lange (1895-1965)
Photographe documentaire américain

*"L'appareil photo est un instrument qui apprend aux gens
à voir sans appareil."*

Dorothea Lange (Hoboken (New Jersey), 26 mai 1895 - 11 octobre 1965)
était une photographe américaine qui s'est fait connaître par son travail
documentaire réalisé pour la Farm Security Administration sur les
conséquences de la Grande Dépression.

Biografie

Lange est née sous le nom de Dorothea Nutzhorn à Hoboken, dans le
New Jersey. À 7 ans, elle contracte la polio, une maladie qui n'a pas été
prise en charge à ce moment-là. Il est victime d'une malformation de la
colonne vertébrale. Son père a laissé son fils et son frère dans la rue, où il
avait 12 ans, pour qu'ils se remettent à l'ouvrage afin d'éviter que son frère
ne soit blessé. Après avoir travaillé pendant plusieurs années comme

125

assistant pour divers photographes, il ouvre en 1918 à San Francisco un studio de portraitisme qui remporte un grand succès. En 1920, il rencontre le photographe Maynard Dixon, qui lui donne deux photos. Début 1935, il obtient un poste de photographe pour la Resettlement Administration, qui deviendra plus tard la Farm Security Administration. Son objectif était de mettre en évidence les conséquences de la dépression dans les régions américaines les plus touchées. Une forme de photographie sociale. Il a notamment travaillé en collaboration avec l'économe Paul Schuster Taylor, qui a été embauché en 1935, et qui a participé à un projet de Dixon.

Les photos prises par Lange et ses collègues pour le compte de la FSA sont gratuites et peuvent être téléchargées à partir de journaux et de magazines américains.

Sa photo la plus connue est intitulée *Migrant Mother (Mère migrante)* en 1936, dans laquelle Florence Owens Thompson est accompagnée de plusieurs de ses enfants. L'identité de cette femme Thompson a été révélée en 1978.

Dans le Tweede Wereldoorlog, Lange a participé, sous l'égide de la War Relocation Authority, à la mise en œuvre des mesures prises par les Américains d'origine japonaise lors de l'attaque de Pearl Harbor. Il fait de la photographie au San Francisco Art Institute à l'occasion du Tweede Wereldoorlog. En 1965, il est nommé photographe à l'Institut d'art de San Francisco, après avoir travaillé sur de nombreux projets.

Points forts

- Dorothea Lange a étudié la photographie à l'université Columbia de New York sous la direction de Clarence H. White, membre du groupe Photo-Secession.
- En 1918, Lange décide de faire le tour du monde, gagnant de l'argent en vendant ses photographies. Elle n'a plus d'argent lorsqu'elle arrive à San Francisco, alors elle s'y installe et trouve un emploi dans un studio de photographie.
- Pendant la Grande Dépression, Lange a commencé à photographier les hommes sans emploi qui erraient dans les rues de San Francisco.
- La première exposition de Lange a lieu en 1934, et sa réputation de photographe documentaire compétent est alors fermement établie.

8. Leni Riefenstahl (1902-2003)
Réalisatrice, actrice, productrice et photographe allemande.

"J'étais fasciné par les effets que l'on pouvait obtenir par le montage. La salle de montage est devenue pour moi un atelier de magie."

Berta Helene Amalie (Leni) Riefenstahl (Berlijn, 22 août 1902 - Pöcking, 8 septembre 2003) était une cinéaste et photographe américaine. Elle a commencé sa carrière comme actrice et comédienne, mais s'est surtout fait connaître comme réalisatrice de films.

Leni Riefenstahl est née à Wedding, une ville de Berlijn, connue sous le nom de "misdadigers- en arbeiderskolonie", en tant que fille d'un marchand de journaux. Au cours de sa jeunesse, elle a été victime d'un accident. Il a été victime d'une attaque de la part des hommes. Dans son travail, il y a aussi la *culture de l'image*, le sport et la rencontre avec la nature. Les films *Der heilige Berg* et *Die weiße Hölle am Piz Palü mettent en* lumière la richesse du patrimoine masculin.

Filmregisseur

Les films de Riefenstahls sont réputés pour leurs innovations
cinématographiques (techniques de prise de vue), notamment celles
concernant les fêtes de Neurenberg (*Der Sieg des Glaubens* en 1933 et
Triumph des Willens en *Tag der Freiheit - Unsere Wehrmacht* en 1935).
Ces films sont réalisés sous la direction du ministre de la propagande
Joseph Goebbels et font la part belle à l'idéologie nazie.

Le film sur les Jeux olympiques de Berlijn (*Olympia* en 1936) présente
également des innovations techniques, notamment le déplacement de la
caméra sur le sol, dans un wagentje sur rails langs de binnenkant van de
renbaan. Ce film a été réalisé à la demande de l'Internationaal Olympisch
Comité.

Une autre technique novatrice : les duikers olympiques sont filmés à l'aide
de vastes objets (comme la planche de duik). Le caméraman, qui n'a
jamais été aussi efficace en raison d'une prise de vue différente, a une
vue complètement différente sur le monde. Olympia se distingue par la
perfection technique : caméra à grande échelle, montage vertigineux et
suggestif, utilisation du ralenti et de la photographie sur eau vive. La
combinaison bijzondere de beeld en muziek valt op et in het tweede deel
wordt de esthetiek van de sportende mens benadrukt, onder andere in de
sequens van het schoonspringen voor heren.

Triumph des Willens

Le film *Triumph des Willens* de 1935, sur un jour de fête du NSDAP de
l'année précédente, n'est pas un pur documentaire, car le cinéaste, à la fin
de l'histoire, monte des scènes qui illustrent les différents aspects de la
fête et qui montrent que la situation actuelle n'est pas la bonne : en 1934,
le Duitsland a refusé d'admettre qu'Hitler se rendait coupable d'un acte de
violence en prononçant les paroles suivantes : "Hier stehen wir, wir sind
bereit, wir tragen Deutschland in die neue Zeit. Deutschland !" Met als
afsluiting : "Un peuple, un peuple, un Reich, un Führer", où l'on voit se
mêler, de façon très volontaire, l'adversaire, l'ennemi et Hitler. Il ne s'agit
pas d'une vérité académique, mais d'une grande partie de l'opinion
publique, qui a fait l'objet d'une attention particulière de la part des
nouveaux chefs d'entreprise. La popularité du NSDAP et des S.A. a donné
lieu à une campagne de sensibilisation pendant la nuit des Lange Messen

en 1934 (voir Willem Melching et Marcel Stuivenga dans *Ooggetuigen van het Derde Rijk*).

De openingssequens, waarin de schaduw van het vliegtuig waarmee Hitler zal landen minutenlang getoond wordt, is een ware vondst. En effet, le "Redder des Vaderlands" est devenu une pièce maîtresse de l'hémisphère. De même, le découpage des différentes parties de l'image sur les deux derniers plans du stade de Speers, où le "Duitse Jeugd" s'inscrit dans le droit fil de la victoire du Führer, est très intéressant.

Ce film a été diffusé dans toutes les écoles du Danemark à l'époque contemporaine. Hitler et Goebbels se sont vengés, avec d'autres mots, de la "force des mots".

Olympia

Le film *Olympia* de 1938, sur les Jeux olympiques britanniques de 1936, se déroule en deux parties :

1. Fest der Völker
2. Fête de la joie

Les qualités artistiques de ces films ne sont pas à négliger ; certains de leurs éléments ont été critiqués de manière négative pour avoir été utilisés comme propagande nazie. Zo zijn daar het voortdurend terugkerende beeld van de wapperende vlaggen met hakenkruisen en de telkens terugkerende beelden van de Führer. Zelf heeft ze steeds volgehouden de ware aard van het regime niet te hebben beseft toen ze de documentaires maakte en uitsluitend esthetische doeleinden te hebben nagestreefd. Ten aanzien van *Olympia* heeft ze opgemerkt dat ze zelfs enigszins in conflict met het regime raakte doordat ze nadrukkelijk beelden van de overwinning van zwarte sporters toonde.

Il est évident que le monde du sport de Riefenstahl est un monde à part entière. Les sportifs n'ont pas d'émotions, pas d'émotions de communication, pas de sentiments. Zij zijn hun lichamen waarop de cineaste verliefd is. De machtige handen van een basketballer ; de gespierde dij van een poedelnaakte speerwerper, de gewelfde armen van een turnter die op de balk een spagaat maakt zonder dat daarbij ook maar één gewatergolfd haarlokje in de war komt. C'est le point de départ de la cinématographie.

Critique tardive

Les films de Riefenstahls ont fait l'objet d'un stigmate dans le cadre du Tweede Wereldoorlog : une controverse liée au fait que des documentaires sur les nazis ont été réalisés et que le talent de certains, notamment l'architecte Albert Speer, a été mis au service de la politique d'Hitler et de son régime (1933-1945). Au cours d'un processus de longue haleine, il a été reconnu coupable d'une infraction à la loi sur les stupéfiants et a été condamné à une peine de *prison.* Il a perdu tous ses droits et n'a pas eu de chance. Il n'y a pas de doute sur le fait que le film *Tiefland, dans lequel il apparaît en tant que personnage*, a été commandé par des zigzagueurs de l'orgue. Il s'agissait également de faire en sorte que les personnages puissent se montrer sous leur meilleur jour. Il n'y a pas de raison pour que le nombre de ces "acteurs" ait été réduit dans le camp de concentration de Dachau.

Après la publication du journal, il n'a pas obtenu de financement supplémentaire pour ses projets de films et il est devenu photographe.

Plus tard, il a publié, à la demande du photographe britannique George Rodger, le livre Noeba's in Soedan, qu'il a fait connaître sur le terrain (avec une première publication en 1974). Des publications telles que *Life* et *National Geographic* ont suscité l'intérêt pour son travail de photographe. Dans son essai, Susan Sontag s'est livrée à une critique géniale sur le *fascisme* de la nouvelle œuvre de Riefenstahls. Sontag s'efforce d'établir un lien entre le rapprochement entre les Afro-Américains par Riefenstahl et l'image toenmaligheidideaal des nazis ; il s'efforce également de mettre en évidence le lien entre la *culture visuelle* nubienne et la culture *aryenne de* Hitler. Volgens Sontag was de visie van Riefenstahl sindsdien niet veranderd.

Hernieuwde belangstelling

Au cours de l'année 70 de la dernière décennie, Riefenstahl s'est fait connaître dans les États voisins par des popsters et des féministes américaines. Mick Jagger est lui aussi très sensible à son travail de photographe.

Points forts

130

- Leni Riefenstahl étudie la peinture et le ballet à Berlin et, de 1923 à 1926, elle apparaît dans des programmes de danse dans toute l'Europe.
- Riefenstahl a commencé sa carrière cinématographique en tant qu'actrice dans des "films de montagne" - un type de film allemand dans lequel la nature, en particulier le paysage de montagne, joue un rôle important - et elle est finalement devenue une réalisatrice dans ce genre.
- En 1931, elle crée une société, Leni Riefenstahl-Produktion, et l'année suivante, elle écrit, réalise, produit et joue dans Das blaue Licht (1932 ; La lumière bleue).
- Les films de Riefenstahl ont été acclamés pour leurs riches partitions musicales, pour la beauté cinématographique des scènes d'aube, de montagne et de vie rurale allemande, et pour leur montage brillant.
- Riefenstahl a consacré une grande partie de sa vie à la photographie, et Korallengärten (1978 ; Jardins de corail) et Wunder unter Wasser (1990 ; Merveilles sous l'eau) sont des collections de ses photographies sous-marines ; un documentaire sur la vie marine, Impressionen unter Wasser (Impressions sous l'eau), est sorti en 2002.

9. Käthe Kollwitz (1867-1945)
Artiste allemande connue pour ses dessins et ses gravures

"Si chacun reconnaît et accomplit son cycle d'obligations,
l'authenticité émerge"

Käthe Kollwitz (Koningsbergen, 8 juillet 1867 - Moritzburg, 22 avril 1945),
née sous le nom de Käthe Schmidt, était un graffeur et un peintre du
Danemark.

Levensloop

Käthe était une femme d'affaires et une technicienne pour le magazine
Simplicissimus. Elle a été engagée par Karl Kollwitz, un artiste socio-
démocrate, qui a été tué le 19 juillet 1940. Il était le père de deux enfants,
Hans Kollwitz et Peter Kollwitz.

Reeds vroeg openbaarde zich Käthes tekentalent en het eerste onderricht
in die richting kreeg zij op veertienjarige leeftijd, in haar geboortestad, van
de kopergraveur Rudolf Mauer.

Après sa formation chez Mauer, elle se rend pendant un an à Berlijn (1884-1885) pour suivre des cours à l'école de Karl Stauffer-Bern, puis à Koningsbergen, où elle fait ses études sous la direction d'Emil Neide.

Au cours de sa période d'études, Kollwitz s'est engagé en faveur de la démocratie sociale, du mouvement ouvrier et du nouveau naturalisme dans la littérature. Cette influence est un signe distinctif de sa carrière verdoyante, qui a débuté en 1889 lorsque Kollz a commencé à s'intéresser à la fabrication d'objets.

Après son départ en 1891, il s'installe avec son mari, le fondateur Karl Kollwitz, dans une maison de campagne à Berlijn, où Karl a une pratique médicale pour soigner les armes. Le fait que la société et l'entente entre le père et la mère soient à l'origine de cette situation a conduit Karl à se tourner vers ses clients. Il se tourne vers les techniques graphiques, qu'il utilise au mieux pour illustrer son travail.

En 1899, il participe à la session de Berlin, un rassemblement séparatiste au cours duquel les artistes s'opposent à la mise en place d'une meilleure organisation, à l'élaboration de nouveaux idéaux ou à la création d'une nouvelle publication. Quelques années plus tard, il se rend à Paris où il participe à une formation en arts du spectacle.

Il se rendit ensuite à Paris, où il créa (en 1904) son premier poste dans le domaine de l'art de l'artisanat d'art.

En 1907, il a reçu le prix de la Villa Romana, qui a été créé il y a un an dans une villa célèbre de Florence.

C'est au cours des années 1914-1918 qu'elle a commencé à se faire remarquer. Le 23 octobre 1914, son fils de 17 ans, Peter Kollwitz, qui était mousquetaire au sein de l'armée allemande, est tué lors d'une attaque à Diksmuide, en Flandre. En avril 1915, Käthe participe à l'élaboration des derniers plans pour la réalisation d'un portrait de son fils Peter. En 1919, elle se consacre à la publication d'articles de fond, notamment dans des affiches et dans la série d'articles sur la guerre. L'histoire de sa vie est marquée par un changement radical de la forme et une évolution vers une monumentalité abstraite et élégante.

En 1929, les membres de l'association "Pour le Mérite des Sciences et des Arts" ont confié à Käthe Kollwitz, en tant que première femme, la responsabilité de cette association exclusive. Kollwitz était l'objet d'une recherche sur la maladie d'Alzheimer et les problèmes psychiatriques, menée par Adele Juda.

Le 23 juillet 1931, les images de l'exposition "Het treurende ouderpaar" ont été diffusées sur le *Roggeveld* entre Zarren et Esen, à Diksmuide.

En 1956, Peter, ainsi que 1538 camarades, ont été nommés au "Deutscher Soldatenfriedhof Vladslo", près du Praetbos à Vladslo. Plus de 25 000 soldats de l'armée danoise ont été tués dans leurs derniers retranchements dans le cadre du Eerste Wereldoorlog. En ce moment même, le gouvernement a décidé de mettre en place un système de gestion de l'eau pour que ces sites, notamment ceux qui sont situés à l'extérieur de la ville, puissent être exploités. Il s'agit de l'image d'une personne en détresse. De vader, Peters eigen vader, blikt neer op de duizenden graven, waaronder dat van zijn zoon. La mère, Käthe Kollwitz elle-même, se couche sur le sol. Dans cet ouvrage, les auteurs ne s'intéressent pas seulement à la mère de Peter, mais aussi à tous ceux qui l'ont rencontré sur le front de l'Irlande.

De begraafplaats wordt door Willem Vermandere bezongen in zijn lied "Vladslo".

Le 22 avril 1945, Käthe Kollwitz a été arrêtée à Moritzburg à l'âge de 77 ans.

Stijl

Kollwitz a créé des dessins, des images, des lithographies et des illustrations de grande qualité et, au début de sa carrière, il a également créé de nombreux objets en bois. Pas omstreeks haar vijfenveertigste begon zij te beeldhouwen.

En plus des nombreux souvenirs de famille et d'amour-propre qui font l'objet d'une attention réaliste, il formule ses propres sentiments. Celles-ci se manifestent dans des domaines très précis, dans des contextes historiques (notamment dans "De opstand der Wevers" et "De Boerenoorlog"). Sous l'influence de l'œuvre d'Edvard Munch, le créateur de Noorse, ses œuvres sont transformées en figurines stables et complexes. Plus tard, il transforme le réalisme en un expressionnisme propre.

134

Werk

En 1933, son œuvre a été publiée sous le nom d'"'entartement" (ontaard)
et il a été renvoyé par les national-socialistes de l'académie de Berlijn, où
il était depuis 1928 le directeur de l'association de graphisme. C'est
également dans le cadre de l'exposition Pour le Mérite qu'il a été nommé.
En 1936, il obtient un poste d'exposant et, à partir de ce moment-là, il n'a
plus qu'une idée en tête. Dans son œuvre tardive, le thème de la mère et
de l'enfant occupe une place centrale.

Points forts

- Käthe Kollwitz, de son vrai nom Käthe Schmidt, a grandi dans une
  famille de la classe moyenne libérale et a étudié la peinture à Berlin
  (1884-1885) et à Munich (1888-1889).

- Impressionnée par les gravures de son collègue Max Klinger, Käthe se
  consacre principalement à l'art graphique après 1890, produisant des
  eaux-fortes, des lithographies, des gravures sur bois et des dessins.

- La mort de son plus jeune fils au combat en 1914 l'a profondément
  affectée, et elle a exprimé son chagrin dans un autre cycle de
  gravures qui traitent des thèmes de la mère protégeant ses enfants
  et de la mère avec un enfant mort.

- De 1924 à 1932, Kollwitz a également travaillé sur un monument en
  granit pour son fils, qui représentait son mari et elle-même en tant
  que parents en deuil. En 1932, il a été érigé en tant que mémorial
  dans un cimetière près d'Ypres, en Belgique.

- La dernière grande série de lithographies de Kollwitz, Death (1934-
  1936), traite de ce thème tragique avec des formes austères et
  monumentales qui donnent une impression de drame.

10. Doris Lessing (1919 - 2013)
Écrivain britannique et lauréat du prix Nobel

*"Ce que j'avais que les autres n'avaient pas, c'était la
capacité de m'y tenir."*

Doris Lessing, meisjesnaam : **Doris May Tayler** (Kermanshah (Perzië),
22 octobre 1919 - Londre, 17 novembre 2013), est une écrivaine
britannique, récompensée en 2007 par le Prix Nobel de Littérature. Son
travail porte sur les problèmes politiques et humains, mais il est également
autobiographique et décrit ses expériences de jeunesse en Afrique.

Biografie

Doris Lessing est née en tant que fille d'un officier britannique et d'un
ouvrier. Son mari est parti en 1924 à Rhodesië (aujourd'hui Zimbabwe),
où Doris Lessing est née en 1949. Elle a quitté l'école secondaire et est
devenue propriétaire de l'immeuble où elle vivait il y a quelques années.

En 1937, Lessing se rend à Salisbury, où il est téléopérateur, et rencontre son premier homme, Frank Wisdom. Il a rencontré ses deux enfants après qu'il ait été arrêté en 1943.

Dans le "club de lecture communiste", son deuxième homme, Gottfried Lessing, lui fait savoir qu'il a été très troublé et qu'il est devenu très gentil. En 1949, cette histoire a été reprise dans un schéma.

Lessing est parti en 1949 avec son fils cadet à Londres, où son premier roman, *Het zingende gras*, a été publié. Il a été publié en 1962 par *Het Gouden Boek*.

La littérature fictive de Lessings s'articule principalement autour de trois thèmes. La guerre communiste (1944-1956 et plus tard dans *Le Bon Terroriste*), où il adopte des idées radicales sur les problèmes sociaux, la théorie psychologique (1956-1969) et enfin la théorie sociale (Canopusserie).

Le jury du Prix Nobel de Littérature 2007, avec son prix pour Doris Lessing, a déclaré que l'auteur était "le héros de l'aventure vrouwellienne, qui, par son intelligence, sa vision et son esprit visionnaire, a créé une véritable révolution dans le monde microscopique". Wegens rugklachten kon de auteur op 10 december 2007 de prijs niet zelf in Stockholm in ontvangst nemen. De onderscheiding werd haar in Londen aangeboden.

Féminisme

Doris Lessing a été reconnue comme une féministe de premier plan, notamment à la suite de la publication de son ouvrage *Het gouden boek*. Elle a elle-même obtenu ce qu'elle voulait, à savoir une blessure au bras :

Ce que les féministes veulent, c'est que les femmes n'aient pas de problèmes, mais qu'elles soient religieuses. Elles veulent savoir si je suis attiré par la religion. Ce que mes amis veulent me dire, c'est : "Ah, mes amis, je me tiens devant vous, avec Jullie, dans le cadre d'une campagne de sensibilisation au problème de la violence domestique, où tous les objets de valeur ne sont pas plus grands que ça". Willen zij echt dat mensen overgesimplificeerde uitspraken doen over mannen en vrouwen ? Jazeker, dat willen ze. Ik betreur het ten zeerste, dat ik tot deze slotsom moest komen.

Points forts

- Dans ses premières années d'adulte, Doris Lessing était une communiste active.
- En 1994, Lessing a publié le premier volume d'une autobiographie, Under My Skin ; un second volume, Walking in the Shade, est paru en 1997.
- Son premier livre publié, The Grass Is Singing (1950), raconte l'histoire d'un fermier blanc, de sa femme et de leur domestique africain en Rhodésie.
- Parmi ses œuvres les plus importantes figure la série Children of Violence (1952-1969), une série de cinq romans centrée sur Martha Quest, qui grandit en Afrique du Sud et s'installe en Angleterre.
- Doris Lessing a reçu le prix Nobel de littérature en 2007.

11. J. K. Rowling (née en 1965)

Auteur britannique qui a créé la série Harry Potter

"*Vous commencez à penser que tout est possible si vous avez assez de courage.*"

Joanne (Jo) Rowling (Yate bij Bristol, 31 juillet 1965) est une écrivaine britannique. Elle est connue comme la créatrice de la *série Harry Potter*. Les *livres Harry Potter* sont très demandés dans le monde entier et sont vendus à des prix très élevés : plus de 500 millions d'exemplaires ont été vendus. Les livres constituent la base de la *série Harry Potter*, pour laquelle Rowling a été producteur dans deux des trois épisodes. Les parents de Rowling sont Peter Rowling et Anne Volant Rowling.

Rowling s'appelle **J.K. Rowling**, le "K" étant le nom de sa mère Kathleen. Dans son travail, Rowling n'a pas de deuxième nom. Le "K" est apparu lorsque l'éditeur des *livres Harry Potter* a déclaré que les jeunes ne pouvaient pas lire les livres qui leur étaient destinés par une femme. Ce n'est qu'à l'occasion de l'utilisation de son premier livre que l'on peut s'en rendre compte. L'enfant du "J" est très faible, mais il a reçu un original.

Une partie de ses derniers livres a été publiée sous le pseudonyme de
Robert Galbraith.

Biografie

En 1986, Rowling a fait des études à l'Université d'Exeter en culture
française et classique, où elle a obtenu divers diplômes. En 1991, elle est
partie au Portugal pour apprendre l'anglais. C'est à cette occasion que le
journaliste de télévision Jorge Arantes lui a fait part de son expérience. En
1993, sa fille aînée, Jessica, est née. Cette dernière, qui est une jeune
femme, se rend à Édimbourg avec sa fille. Elle a écrit deux livres pour les
enfants, mais elle n'a pas réussi à faire en sorte qu'ils puissent se tourner
vers une autre personne.

Rowling et son deuxième homme, Neil Murray, ont créé un couple en
2003. Deux ans plus tard, en 2005, le couple se sépare d'un autre
homme.

En 2003, il a été décidé que Rowling était plus riche que la vorstine
britannique et, un jour, elle est devenue la plus riche femme du pays, en
vendant 500 millions d'exemplaires des sept livres les plus vendus (à
l'unité ou à l'unité) de 69 talents, qui ont rapporté près de 8 millions de
dollars.

En 2010, Rowling a été désignée comme la "femme la plus influente de
Grande-Bretagne" par les rédacteurs des magazines les plus importants.
Elle est devenue une grande fanatique et a participé, entre autres, à la
présidence du Children's High Level Group. Il est également membre
d'organisations telles que Comic Relief, One Parent Families et Multiple
Sclerosis Society of Great Britain. En 2011, la fortune de Rowlings a été
fixée par *Forbes* à 1 million de dollars ; un an plus tard, le magazine a
relevé sa fortune à 160 millions de dollars, ce qui s'explique par le fait que
la fortune de Rowlings a été augmentée par des dons et par le fait qu'elle
a été versée à des organismes de bienfaisance au Groot-Brittannië. En
2016, son chiffre d'affaires a atteint 584 millions d'euros.

En 2011, un film a été réalisé sur l'histoire de Rowling, intitulé *Magic
Beyond Words : L'histoire de J.K. Rowling.*

Le 12 décembre 2017, Rowling a été nommée présidente de l'Ordre des avocats. Il s'agit de la première fois que des versements sont effectués de la main du prêtre William.

Harry Potter

En 1990, Rowling a lancé, au cours d'un voyage de quatre mois à Londres, le projet Harry Potter. Au cours des cinq années suivantes, elle a transformé cette histoire en une série de cinq épisodes. Le premier tome a été publié par deux demi-utilisateurs, et c'est en 1997 qu'il a été publié par la maison d'édition Bloomsbury Publishing. Son agent littéraire, Christopher Little, a ensuite confié le livre à la maison d'édition américaine Scholastic, qui a versé à Rowling la somme de 105 000 dollars (environ 77 000 euros).

Après un début difficile, les livres ont été versés en 1999 sur les dix premières plaques des magasins de livres, aussi bien dans les États fédérés que dans la République tchèque. Les quatre premiers livres de la semaine sont les livres les plus populaires de l'histoire. Dans le monde entier, plus de 500 millions d'exemplaires ont été vendus.

Lors de la publication du dernier *livre de Harry Potter*, *Harry Potter et les reliques de l'amour*, Rowling a indiqué que le monde était en danger et qu'une longue période d'attente devait s'écouler. En 2008, elle a publié le *livre Harry Potter-sprookjesboek De Vertelsels van Baker de Bard*. Rowling a également proposé aux fans une *encyclopédie de l'univers de Harry Potter*, qui n'a jamais été publiée. En 2012, elle lui a fait rencontrer l'encyclopédie.

En 2010, lors d'un entretien avec Oprah Winfrey, il a indiqué qu'il avait de nombreuses idées dans son esprit pour un troisième livre de Harry Potter. Il s'agit en fait d'un projet sur le thème de l'album Harry Potter *et de l'album Vervloekte Kind*. Un site Web a été créé pour un autre projet, appelé Pottermore. Par l'intermédiaire de ce site, les internautes ont pu accéder à une chaîne YouTube qui a été mise à jour le 23 juin 2011 à 13h00. À ce moment-là, l'auteur a été informé de l'existence de ce nouveau projet. Son agent est convaincu qu'il ne s'agit pas d'un nouveau *roman de Harry Potter, mais d*'un jeu d'ordinateur en ligne, qui sera disponible pour tous en 2012.

Le 12 septembre 2013, Rowling a annoncé qu'elle allait créer un film dérivé basé sur le monde de Harry Potter. Le personnage principal sera Newt Scamander, l'auteur de *Fabeldieren et Waar Ze Te Vinden*. Le film s'intitule *Les animaux fantastiques et où les trouver*. En avril 2015, il a été décidé que l'acteur Eddie Redmayne jouerait le rôle principal dans ce film.

Le 30 juillet 2016, le Palace Theatre du West End a accueilli la première de l'album *Harry Potter et l'Enfant Virtuel*. Le scénario de l'album est basé sur la *série Harry Potter* de J.K. Rowling, qui est très sombre et qui se déroule dix ans après le dernier livre.

Robert Galbraith

Après que Rowling ait publié en 2012 son premier livre pour les jeunes, *The Casual Vacancy* (*Een goede raad*), sous son propre nom, elle a créé (avec l'aide de Robert Galbraith) un détective dans la tradition d'Agatha Christie, Ruth Rendell, Margery Allingham et P.D. James, avec le personnage de Cormoran Strike. Les épisodes sont aussi des romans policiers à énigmes, dans lesquels les personnages ne se sentent pas à l'aise et ne savent pas ce qu'est le meurtrier. En 2013, le détective *The Cuckoo's Calling* (*Koekoeksjong)* a été publié. Ce livre marque le début d'une nouvelle série. Rowling a écrit cette série sur la base d'un pseudonyme, afin de faire comprendre à tous ce qu'il fallait faire pour devenir un écrivain débutant dans son travail. Nadat was achterhaald dat Rowling achter de naam Galbraith schuilging, steeg de verkoop overigens explosief. Le nom du personnage est une combinaison du nom de son père, Robert F. Kennedy, et du nom de la petite fille qu'il a élevée (Ella Galbraith).

Le héros de la série, Cormoran Strike, est un oud-militaire qui, avec l'aide d'une femme battue, se retrouve en Afghanistan et crée un bureau de détectives. Strike est l'enfant d'un popster désespéré, mais son père est à peine plus âgé que lui. Rowling estime que ce récit lui donne l'occasion d'écrire de manière objective sur la relation entre l'homme et la femme.

Son bureau de détective n'a pas beaucoup de succès parce qu'il a trouvé dans *Koekoeksjong* un homme d'exception qui vit dans la haute société de Londres. Il le fait en s'associant à Robin Ellacott, qu'il a fait disparaître en tant que secret, mais qui s'est imposé comme un dangereux pirate de l'air.

Dans *Zijderups*, il y a une grande perte de temps et d'argent, cette année dans le monde des affaires. La relation entre Strike et Robin se détériore, ce qui entraîne des problèmes entre Robin et sa famille.

Het derde deel in de reeks, *Career of Evil*, is in 2015 verschenen. Robin Ellacott a besoin d'un paquet d'un koerier qui se trouve dans le kantoor de son employeur, Cormoran Strike. Als blijkt dat het pakket het onderbeen bevat van een vrouw, kan Strike vier personen opnoemen die als afzender in aanmerking komen.

Points forts

- Après avoir obtenu son diplôme de l'université d'Exeter en 1986, Rowling a commencé à travailler pour Amnesty International à Londres, où elle a commencé à écrire les aventures de Harry Potter.
- Le premier livre de la série Harry Potter, Harry Potter et l'école des sorciers (1997 ; également publié sous le titre Harry Potter et l'école des sorciers), a été publié sous le nom de J.K. Rowling.
- Une version livre du scénario, qui était annoncée comme la huitième histoire de la série Harry Potter, a été publiée en 2016.
- En mai 2020, pendant la pandémie de COVID-19, Rowling a commencé à publier en série un nouveau livre pour enfants, The Ickabog, gratuitement en ligne ; il a ensuite été publié en novembre.

12.   Margaret Atwood (née en 1939)
Écrivain canadien

"Une voix est un don de l'homme ; il faut la chérir et l'utiliser, pour prononcer des paroles aussi humaines que possible. L'impuissance et le silence vont de pair."

Margaret Eleanor Atwood OC (Ottawa, 18 novembre 1939) est l'un des plus grands écrivains canadiens de l'histoire. Elle est dichteres, romanschrijfster, literair criticus, feministe en politiek activiste. Elle s'exprime tant au niveau national qu'international.

Leven

Margaret Atwood est née à Ottawa, dans l'Ontario, et est la plus jeune des trois enfants de Carl Atwood, un entomologiste, et de Margaret Killiam, une diététicienne. Son père a passé une grande partie de sa jeunesse dans des régions éloignées du Nord de l'Ontario, où il a vécu et travaillé entre Ottawa, Sault Ste. Marie et Toronto, et a également travaillé dans plusieurs écoles différentes. Il est devenu un lecteur enthousiaste et a commencé à écrire à l'âge de 16 ans.

En 1957, il étudie à l'université Victoria de Toronto et obtient un baccalauréat ès arts en anglais, avec une spécialisation en philosophie et en français. En 1961, elle a étudié au Radcliffe College de Harvard, où elle a reçu un prix Woodrow Wilson, après avoir reçu le prix E.J. Pratt pour son recueil de poèmes intitulé *Double Persephone*. Il a obtenu sa maîtrise en 1962 et a poursuivi ses études à Harvard. Elle a ensuite étudié dans plusieurs universités.

Après le départ de son premier homme, Jim Polk, elle rencontre Graeme Gibson, qui l'a emmenée à Alliston et qui a perdu sa fille en 1976. Tegenwoordig woont Margaret Atwood in Toronto en op Pelee Island te Ontario.

Werk

Margaret Atwood a écrit des livres sur plusieurs thèmes et dans plusieurs genres et traditions. Elle est souvent considérée comme une écrivaine féministe, et son œuvre comporte de nombreuses facettes. Son œuvre se concentre notamment sur l'identité canadienne, les relations entre le Canada, les États-Unis et l'Europe, les conflits entre les hommes, les conflits entre les milieux, l'intégration de la culture vrouwelijk dans l'art et les relations entre les femmes et les hommes.

Son œuvre critique la plus connue est le livre *Survival : A Thematic Guide to Canadian Literature* (1972), dans lequel il a été décidé que les personnes qui s'intéressent de près à la littérature canadienne devaient s'engager.

Atwood a été vice-présidente de la Writers' Union of Canada et, de 1984 à 1986, présidente de PEN International, un groupe de pression international auquel participent des écrivains qui, en tant que personnalités politiques, ont été largement influencés. En avril 2006, elle a participé au festival annuel de PEN World Voices à New York, organisé par Salman Rushdie, l'un des fondateurs de PEN America. Parmi les personnalités présentes, on trouve également David Grossman, Toni Morrison, Jeanette Winterson, Anne Provoost et Orhan Pamuk.

Il a été nommé Senior Fellow du Massey College de l'Université de Toronto et a obtenu plusieurs doctorats (notamment à l'Université d'Oxford, à l'Université de Cambridge et à la Sorbonne). En 2001, il a été inscrit sur l'Allée des célébrités canadiennes.

En 2017, les prix du Duitse Boekhandel et du Tsjechische Frans Kafkaprijs ont été attribués à la Commission.

Politiek

Atwood s'est engagée dans plusieurs domaines, notamment le féminisme et la politique du milieu. Bien qu'elle soit un défenseur des conservateurs canadiens, elle est considérée comme une conservatrice *rouge*. Il est à l'origine de boycotts culturels contre Israël.

En 2018 beweerde Atwood dat de verantwoordelijken voor de aanslagen op 11 september 2001 geïnspireerd waren door Star Wars.

Points forts

- Dans les premiers recueils de poésie de Margaret Atwood, Double Persephone (1961), The Circle Game (1964, révisé en 1966) et The Animals in That Country (1968), Atwood réfléchit au comportement humain, célèbre le monde naturel et condamne le matérialisme.
- En 2019, The Testaments, une suite de The Handmaid's Tale, a été publié et acclamé par la critique, et a été cowinner (avec Girl, Woman, Other de Bernardine Evaristo) du Booker Prize.
- Parmi ses œuvres non romanesques, citons Negotiating with the Dead : A Writer on Writing (2002), issu d'une série de conférences qu'elle a données à l'université de Cambridge ; Payback (2008 ; film 2012), un essai passionné qui traite de la dette - tant personnelle que gouvernementale - comme une question culturelle plutôt que politique ou économique ; et In Other Worlds : SF and the Human Imagination (2011), dans lequel elle éclaire sa relation avec la science-fiction.
- Elle a remporté le prix PEN Pinter en 2016 pour l'esprit de militantisme politique qui traverse sa vie et son œuvre.

13.   Agatha Christie (1890-1976)
Auteur de romans policiers et de pièces de théâtre anglais

"L'impossible n'a pas pu se produire, donc l'impossible doit être possible malgré les apparences."

Dame Agatha Mary Clarissa Miller (Torquay, 15 septembre 1890 - Wallingford, 12 janvier 1976) était un écrivain britannique, qui est devenu l'un des auteurs les plus talentueux de notre époque. Ses œuvres ont été traduites en 108 titres au moins, dont près de 3 millions ont été vendus dans le monde.

L'œuvre d'Agatha Christie comprend 66 romans policiers, 20 recueils de poèmes, 4 ouvrages non romanesques, 6 romans sous le pseudonyme de Mary Westmacott et plus de 150 autres ouvrages. Il y a plus de 200 films sur l'œuvre de Christie et sur la vie de l'auteur dans le domaine de la littérature et de l'art.

Il est le père de Hercule Poirot, Mlle Marple, Tommy et Tuppence et M. Harley Quin.

Levensloop

Agatha Mary Clarissa Miller est née le 15 septembre 1890 à Torquay, une ville du Devon (Angleterre du Sud-Ouest). Elle est la deuxième fille et la dernière fille de l'Américain Frederick Alvah Miller et de la Britannique Clarissa Boehmer. Dix et un ans plus tôt, Margaret (Madge) et son frère Louis (Monty) sont nés dans la famille. Le père d'Agatha a subi la perte de son père (un homme d'affaires dans le domaine de l'agriculture et de l'élevage). Il se trouve maintenant dans les États fédérés, où il travaille comme assistant. La famille Miller, issue de la "classe moyenne supérieure", possède une villa construite en 1881 à Ashfield, au large de Torquay. Il s'agit d'une grande maison dans laquelle Agatha parle beaucoup et où il y a des problèmes de santé. Agatha est issue d'un jeune homme onbezorgde. C'est une jeune fille rustique et pleine d'entrain. Son mari et son frère sont beaucoup plus âgés et ses enfants sont peu nombreux dans la maison. Il parle aussi beaucoup et est très proche de son mari, ce qui lui permet d'être très actif.

Agatha ne va pas à l'école. Son père n'y voit pas d'inconvénient. Zij et Madge donnent à Agatha un bain de soleil et lui apprennent à jouer du piano et de la mandoline. Lezen en schrijven zou Agatha pas vanaf haar achtste moeten leren vindt haar moeder, maar ze leert zich dit uit nieuwsgierigheid naar boeken al zelf als ze vier en vijf jaar oud is. En 1896, il s'est rendu compte des problèmes de gouvernance du leader Frederick en Flandre. Cette histoire est connue pour ses problèmes de climat et d'environnement. Les Miller vivent depuis deux ans. Agatha apprend ici quelques mots de français. En 1901, son père meurt d'une longue maladie.

Après le décès de son père Frederick, il a de plus en plus de problèmes financiers. Sa femme Madge est blessée et son frère Monty participe à l'action du VS. En 12 ans, Agatha écrit ses plus vieux poèmes et ses plus grands récits. Certains d'entre eux ont été publiés en version régionale. Au cours de l'hiver 1905, Ashfield, son mari, se met en quête d'encre et se rend avec Agatha à Paris. A cette occasion, Agatha se fait passer pour un

internaute. Son père est parti de Torquay il y a quelques mois, mais
Agatha est restée à Paris pendant deux ans. A cette époque, elle se
présente comme une pianiste professionnelle et un zangueur, mais elle ne
se sent pas à l'aise. Sa fille Madge, qui écrit également, lui dit qu'Agatha
n'a pas le droit d'écrire une lettre de recommandation. Agatha doit gagner
la partie quelques années plus tard.

Le père d'Agatha est confronté à des problèmes de santé. En 1907, il
quitte Ashfield et se rend avec Agatha à la période hivernale au Caïro, le
plus populaire (et le plus populaire) des jeux vidéo de Britten. Le climat
chaud et froid rend la vie d'Agatha difficile. Après son départ de Torquay,
Agatha se consacre à sa vie sociale : avec ses amies, elle va à la fête,
elle se promène sur la plage, elle fait la fête, elle va au théâtre amateur,
elle va écouter de la musique. Chaque jour, il rédige de nombreuses
déclarations importantes. Il en fait part à ses interlocuteurs, mais ceux-ci
sont toujours satisfaits.

Eerste huwelijk en debuut

En 1912, Agatha a rédigé les récits de son voyage à Caïro dans son
premier roman, *La neige sur le désert*, et le confie au célèbre auteur Eden
Phillpotts, qui travaille avec les Miller dans le bâtiment. Phillpotts estime
qu'Agatha a un " talent pour le dialogue ", mais conseille à Agatha de ne
pas quitter son travail et de ne pas se mettre à écrire. En 1914, il
rencontre dans un concours legerofficier Archibald Christie ('Archie') et les
deux jeunes gens s'entendent bien. Archie demande à son mari, au bout
de dix mois, de l'accompagner dans un voyage à l'étranger, ce qu'il
accepte. De Eerste Wereldoorlog sort bientôt et Archie se retrouve à
Frankrijk en gestation pour la RAF. A la fin de la période de gestation,
Archie est de retour en Angleterre et il se sert de cette situation pour se
retrouver à Kerstavond. Kort na Kerst vertrekt Archie weer naar Frankrijk.
Agatha travaille d'abord comme infirmière, puis comme aide-soignante
dans un hôpital militaire à Torquay. C'est à ce moment-là qu'elle a
commencé à donner des conseils à diverses catégories de personnes.

Agatha et Archie se rendent à Londres. Archie travaille alors dans le
monde de la finance. En 1919, Rosalind, la dernière et énième fille
d'Agatha, est née. Trois romans - *World Hymn*, *Dark Sheila* et *A Passing* -
sont les premiers écrits d'Agatha qui ont été publiés par des
professionnels. De gedichten vinden hun weg naar *The Poetry Review* en
Poetry of Today.

149

Agatha se passionne pour les détectives et le personnage de Sherlock Holmes de Sir Arthur Conan Doyle, qui, avec son ami Watson, a mis en danger sa vie. Hieruit haalt Agatha veel inspiratie. En 1916, elle a créé son premier roman à suspense, avec l'aide de son père : *La mystérieuse affaire de Styles*. Hiermee wint ze de oude weddenschap met haar zus. Son détective Hercule Poirot est impliqué dans cette affaire. Les nombreux soldats belges qui ont été tués et les nombreux villages belges qui ont été détruits à Torquay sont une source d'inspiration pour que le détective devienne belge. Par analogie avec Watson dans la saga de Sherlock Holmes, la figure de Hastings apparaît dans son roman. Le manuscrit a fait l'objet de diverses attaques et, en 1920, une maison d'édition (The Bodley Head) a publié l'ouvrage à une certaine distance de l'endroit où il a été écrit. Le roman est bien conçu. Agatha conclut un contrat pour plusieurs livres.

En 1922, Archie a été chargé par un de ses collègues (Ernest Belcher) d'organiser, pour l'Exposition de l'Empire britannique, un voyage dans le monde entier et d'en faire profiter les colonies britanniques. Cette exposition ne durera pas plus d'un an et sera consacrée à la promotion de la grande exposition qui se tiendra à Londres en 1924 et 1925. Agatha gaat mee met haar man en geniet van deze wereldreis. Na terugkomst wordt *The Road of Dreams* - een dichtbundel - uitgegeven door Geoffrey Bles. Il s'agit de l'une des œuvres de la main de Christie qui a été publiée par cette maison de Londres.

Les Christies se rendent à Londres, où Archie travaille dans le monde de la finance. Ils vivent dans plusieurs appartements et s'installent à Sunningdale, à la recherche d'un terrain de golf. Ils quittent leur maison à *Styles*, dans le landhuis qui figure au centre du film de Christie. Le *meurtre de Roger Ackroyd* a été publié en 1926. Christie s'est vu confier la tâche d'écrire ce roman et la popularité de l'auteur est telle qu'il a été nommé membre du prestigieux *Detection Club*, un groupe de la crème de la crème des auteurs.

Verdwijning

En avril 1926, le père d'Agatha est mort. Quatre mois plus tard, Archie apprend qu'il veut se débarrasser de Nancy Neele, une amie du major Belcher. L'affection de son père et sa dernière rencontre avec Archie entraînent une détérioration de la santé mentale de Christie. Le 8 décembre 1926, elle est victime d'un accident. Sa voiture (qui n'avait que peu d'accidents et une blessure) a été utilisée la première fois au volant d'une voiture de service à Guildford. Christie a été retrouvée quelques jours plus tard dans un hôtel de Harrogate, où elle a été placée sous surveillance à la suite de l'attaque des mines de son mari. Les politiciens et les hommes d'affaires du pays se sont tournés vers l'auteur disparu. Christie s'est installée dans le quartier de sa maison, où elle n'a plus aucun contact avec le monde extérieur. Les problèmes de cette situation sont souvent soulevés et ne sont pas toujours liés à des problèmes théoriques ou pratiques. Une campagne d'information et des rencontres avec des membres de la famille sont quelques-uns des problèmes qui ont été résolus. Christie lui-même n'a rien à dire sur ce problème. Sa famille s'est largement intéressée à la théorie de l'alternance. L'auteur Jared Cade a écrit un livre très documenté sur cette période. Pour la fille d'Agatha, ce livre était une source d'inspiration. Elle voulait que son travail soit également publié dans les manuels scolaires. Enkele naaste betrokkenen van Agatha Christie hebben echter verklaard zich te kunnen vinden in de bevindingen van Cades boek.

Tweede huwelijk

Agatha et Archie se sont rencontrés en 1928. Agatha, à la demande de son père, devient l'auteur de l'achternaam Christie. *Alibi* est le premier ouvrage de référence qui a été écrit sur des planches. Agatha se rend compte qu'elle a besoin d'écrire une lettre pour obtenir un cadeau, alors qu'elle n'en a pas besoin et qu'elle n'a besoin que d'un peu de temps pour le faire. L'écriture s'interrompt et Agatha ressent une grande émotion à l'approche de la fin de l'année 1926. Elle se rend sur place et, après un dîner chez un medegast, elle suggère de se rendre à Bagdad afin d'obtenir des informations et de découvrir la culture du Midden-Oosten. C'est ce qu'il fait en se rendant en Irak avec l'Orient Express via Istanbul. C'est là qu'il rencontre à Ur l'archéologue Leonard Woolley. Ce dernier lui fait comprendre qu'au début de l'année 1930, il n'est pas encore prêt à faire face à l'oppression. Il ne veut pas de cette reconnaissance et rencontre en février 1930 Max Mallowan, un jeune archéologue de vingt ans qui travaille comme assistant de Woolley. Il loue les services d'Agatha et d'autres personnes dans les hôpitaux de la région. Il forme une bande de copains. Plus tard, en Angleterre, Max décide de faire un voyage d'agrément, ce qu'Agatha accepte. Ils se rencontrent le 11 septembre 1930.

En 1931, Agatha s'installe à Wallingford, à *Winterbrook House*. Cette maison est située à proximité d'Oxford - où Max travaille - et n'est pas située à proximité de Londres. Il a retrouvé Max dans des ateliers de gravure à Tell Arpachiyah, à Moscou. En 1936, environ 10 000 exemplaires de *La mort dans les nuages* ont été vendus ; Christie peut alors être considéré comme le premier auteur de best-sellers. C'est cette année-là qu'il écrit l'ouvrage de référence *Akhnaton*. Cette partie du livre n'est pas encore disponible. Agatha a eu une période d'écriture extrêmement productive entre 1930 et 1945, et c'est à cette époque que son détective le plus populaire et le plus célèbre a écrit. Elle a mis en œuvre plusieurs de ses détectives lors de ses visites dans le Midden-Oosten, notamment à Moord op de Nijl.

Son port d'attache à Torquay est très fréquenté, mais le fait qu'il ait eu des problèmes n'est pas plus grave. Torquay se brise et le bruit est plus fort. Agatha a acheté sa maison de campagne à Ashfield. C'est en 1938 que la Greenway House est devenue une maison et une maison de vacances. Cette maison située dans le jardin, au dessus du Dart, avait été conçue comme une sorte de maison à part entière. Sa fille Rosalind apparaît dans le Tweede Wereldoorlog 1941 avec Hubert Pritchard. Max se rend au Caire en tant qu'expert arabe du *ministère britannique de la Guerre*. Agatha, quant à elle, se rend à l'asile en tant qu'infirmière dans un hôpital.

Vermoedelijk heeft Agatha in deze periode *Curtain : Poirot's Last Case* et *Sleeping Murder* (Miss Marples laatste) geschreven. Ces deux livres ont été publiés dans une boîte et n'ont pas été publiés à la demande de l'auteur. En 1943, son petit-fils Mathew est né. Sous le pseudonyme de Mary Westmacott, il écrit Agatha *Absente au printemps* ; ce livre a été écrit en quelques jours et n'a pas connu la rouille. Le schoonzoon d'Agatha - et par la suite vader van kleinzoon Mathew - sneuvelt in de oorlog. En mai, Max quitte l'Angleterre. Son père a besoin d'un nouveau logement à *Greenway House*. La reine Mary demande à Agatha Christie - à l'occasion de son anniversaire - d'écrire un roman pour la *radio de la BBC. The Mousetrap* est le sujet.

Agatha emmène Max à Nimrud (Irak). Il n'y trouve pas sa maison principale *Beit Agatha* (la maison d'Agatha). Sa fille Rosalind est mariée à Anthony Hicks. Un chroniqueur du *Sunday Times de Londres* a donné à la jeune femme le pseudonyme de Mary Westmacott. Agatha se rend à la *Royal Society of Literature*. En 1950, elle rencontre l'impresario de théâtre Peter Saunders et lui lègue les premiers épisodes de son autobiographie sur papier. En 1952, pour la première fois, *The Mousetrap* est joué à Londres.

Erkenning

Agatha a remporté en 1954 le *Grand Master Prize* van de *Mystery Writers of America*. Cette année-là, la société Agatha Christie Limited a été fondée, et en 1956, elle a reçu le titre de "Commander of the British Empire". L'auteur est également connu pour être le président du *Detection Club* (l'organisation dans laquelle il n'a pas encore été nommé pour son rôle dans le *Meurtre de Roger Ackroyd*). Max s'occupe des opérations à Nimrud. L'université d'Exeter a accordé à Agatha Christie un doctorat en lettres en 1961.

Agatha Christie publie son autobiographie en 1965 et Max publie son ouvrage de référence *Nimrud et ses vestiges*. Max, lui aussi, a perdu la tête. Agatha n'est autre que "Lady Mallowan". Sur son front, Agatha a été nommée "Dame commandant de l'Empire britannique". On peut dire que Dame Agatha Mallowan, ou Dame Agatha Christie, a été nommée et que les lettres "DBE" ont été placées sur son nom. Madame Tussaud a créé en 1972 un portrait d'Agatha Christie.

En 1974, il a été transféré à l'extérieur du pays. Il a pris sa retraite le 12 janvier 1976 à Wallingford, Oxfordshire.

Na haar dood

L'autobiographie d'Agatha se trouve dans les livres de poche. Les *Souvenirs de Mallowan* sont également disponibles dans la plupart des livres. *Partners in Crime* (une série télévisée récente) figure dans le catalogue. Les premières interprétations de Joan Hickson en tant que Miss Marple se dirigent vers une nouvelle publication, tandis que David Suchet joue en 1989 pour la première fois le rôle d'Hercule Poirot dans la série télévisée Poirot. La centième année d'Agatha *Christie*, le *Centenaire d'Agatha Christie*, a été marquée par un grand nombre d'événements marquants. L'*association Agatha Christie* a été créée. Les livres publiés sont *Black Coffee* (publié par Charles Osborne en 1997) et *Unexpected Guest* (Charles Osborne, 1999).

Technique du bâtiment et des travaux publics

La plupart des livres d'Agatha Christie sont des romans policiers, conçus dans les classes moyennes et supérieures britanniques. Un jour, le détective se met en colère, ou bien il se retrouve face à une femme qui le trahit. Le détective s'intéresse à tous les faits et gestes, ainsi qu'aux situations délicates dans lesquelles le voleur se fait prendre, afin que le voleur puisse analyser la situation et que le mystère se perde de lui-même. La plupart du temps, l'un des personnages se retrouve à mi-chemin ou à mi-chemin de l'enquête, ce qui signifie que l'identité de l'auteur est mise à mal et qu'elle doit être révélée. Dans certains romans, comme *En het einde is de dood* et *Tien kleine negertjes*, il y a plus d'obstacles à surmonter. En outre, le détective organise une rencontre avec tous les personnages et le lecteur est mis au courant de toutes les situations, ce qui donne lieu à des pages plus ou moins longues. Les personnages sont très ingénieux, et la plupart des erreurs sont commises. Les personnages sont connus pour leurs émotions fortes et leur suspense psychologique intense. Deux fois par semaine, le maître des lieux se fait le champion de l'histoire.

Dans plusieurs versions, Christie fait appel à l'expérience de la justice (et dans les trois dernières, il fait appel à l'implication de la victime) : *Witness for the Prosecution*, *The Man in the Brown Suit*, *Murder on the Orient Express*, *Curtain* et *The Unexpected Guest*. Dans de nombreux cas, le meurtrier n'est pas un avocat, mais il est stérilisé (ce qui permet au personnage d'avoir une attitude plus "sympathique"), comme dans *La mort vient à la fin*, *Et puis il n'y en avait pas*, *Mort sur le Nil*, *Témoin muet*, *Le meurtre de Roger Ackroyd*, *Maison tordue*, *Rendez-vous avec la mort*, *Le Creux*, *Némésis* et *L'Adversaire secret*. Dans certains cas, le détective joue un rôle important.

Points forts

- Agatha Christie, de son vrai nom Dame Agatha Mary Clarissa Christie, née Miller, a été éduquée à la maison par sa mère.
- Christie a commencé à écrire des romans policiers alors qu'elle travaillait comme infirmière pendant la Première Guerre mondiale. Son premier roman, The Mysterious Affair at Styles (1920), présente Hercule Poirot, son détective belge excentrique et égoïste ; Poirot réapparaît dans environ 25 romans et de nombreuses nouvelles avant de retourner à Styles, où il meurt dans Curtain (1975).

- La première grande reconnaissance de Christie est venue avec The Murder of Roger Ackroyd (1926), qui a été suivi de quelque 75 romans qui ont généralement figuré sur les listes des meilleures ventes et ont été publiés en série dans des magazines populaires en Angleterre et aux États-Unis.
- Parmi les autres adaptations cinématographiques notables, citons And Then There Were None (1939 ; film 1945), Murder on the Orient Express (1933 ; film 1974 et 2017), Death on the Nile (1937 ; film 1978) et The Mirror Crack'd From Side to Side (1952 ; film [The Mirror Crack'd] 1980).

14.   Alexandra Danilova (1903-1997)

Ballerine russe connue pour sa vivacité et son sens du théâtre.

Aleksandra Dionisievna Danilova (en russe : Александра Дионисиевна Данилова) (Peterhof, 20 novembre 1903 - New York City, 13 juillet 1997) était une ballerine et danseuse russe qui a rejoint plus tard la nationalité américaine.

Leven

Danilova a débuté sa carrière de danseuse au théâtre Mariinskitheater de Saint-Pétersbourg. En 1921, elle devient également membre du "corps de ballet" du Mariinskiballet. Avec le danseur et chorégraphe George Balanchine (avec qui il entretenait une relation très proche), il a rejoint la Russie en 1924 et a été soliste aux Ballets Russes de Sergej Diaghilev. Après la mort de Diaghilev, il a rejoint le Ballet Russe de Monte-Carlo pour une longue période.

Danilova danste in haar carrière zo'n beetje alle grote klassieke balletrollen en werkte met grote choreografen als Marius Petipa en Michel Fokine. Elle a reçu de nombreuses récompenses pour son interprétation de *Swanhilda* dans Coppélia et d'*Odile* dans Zwanenmeer. Sa dernière apparition a eu lieu en 1951.

Après sa carrière de danseur de ballet, il a émigré aux États-Unis et a travaillé comme chorégraphe au Metropolitan Opera et comme professeur à la School of American Ballet. Elle a également joué dans des comédies musicales et des films, dont "The Turning Point" de Herbert Ross.

Danilova overleed en 1997 à New York, op 93-jarige leeftijd.

Points forts

- Alexandra Danilova a fréquenté les écoles de ballet impériales et soviétiques de Leningrad, où elle a étudié sous la direction d'Agrippina Vaganova et est devenue soliste au théâtre Mariinsky (anciennement Kirov).
- Danilova a été invitée par plusieurs compagnies de ballet, dont le Sadler's Wells Ballet, et a effectué avec sa propre compagnie (Great Moments of Ballet, 1954-56) une tournée au Japon, aux Philippines et en Afrique du Sud.
- Alexandra Danilova a été remarquée à la fois pour son vaste répertoire, allant des rôles romantiques aux rôles abstraits de Balanchine, et pour l'individualité de ses interprétations, notamment la danseuse de rue dans Le Beau Danube, la vendeuse de gants dans Gaîté Parisienne, Odette dans Le Lac des cygnes et Swanilda dans Coppélia.
- Elle apparaît également dans des comédies musicales (Oh Captain !, 1958), enseigne et fait des tournées de conférences.
- Alexandra Danilova a joué un petit mais important rôle dans le film The Turning Point (1977).

15.   Joséphine Baker (1906 - 1975)

Danseuse française d'origine américaine, célèbre pour ses performances théâtrales.

"Tu dois recevoir une éducation. Vous devez aller à l'école, et vous devez apprendre à vous protéger. Et vous devez apprendre à vous protéger avec le stylo, et pas avec le pistolet."

Josephine Baker of **Joséphine Baker**, artiestennaam van *Freda Josephine McDonald* (Saint Louis (Missouri), 3 juni 1906 - Parijs, 12 april 1975) était een Amerikaans-Franse danseres, zangeres en actrice.

Leven

Joséphine Baker est en armure. En tant que femme, elle était chargée de la protection de plusieurs familles pour que son demi-frère devienne un adulte. Elle s'est retrouvée à la porte de l'immeuble où se trouvaient des étrangers. À sa retraite, elle est engagée au Vaudeville de Saint Louis. Hierna l'a emmené à New York et l'a fait débuter deux ans plus tard à

Broadway. Elle l'emmène ensuite en Europe et en Amérique du Sud, à
Paris pour la première fois en 1925, notamment aux Folies Bergère. À
cette époque, il montait également sur le podium avec une grande naïveté
et il a été mis à mal par son jeu de bananes et ses danses érotiques. Il y a
eu une véritable explosion de joie dans la salle.

En 1937, la nationalité française lui est confiée par le Français Jean Lion
et il est définitivement élu à Frankrijk. Dans le cadre du Tweede
Wereldoorlog, il se met au service de la Résistance en s'appuyant sur sa
position pour lutter contre la criminalité. Par la suite, il a été confronté à
l'Oorlogskruis, à la Herinneringsmedaille voor de Vrijwilligers van het Vrije
Frankrijk et à la Verzetsmedaille. En décembre 1957, la Légion d'honneur
de l'Est a également été créée.

Baker s'est engagé dans un dialogue avec les Afro-Américains. Elle s'est
également engagée dans des actions de sensibilisation. En 1951, elle a
été invitée à entrer dans un club à New York. Grace Kelly, qui était bien
connue, s'est retrouvée à la table des négociations avec tous ses amis et
n'a plus rien à se reprocher. Hierna werden Baker en Kelly goede
vrienden. En 1963, ils ont participé avec Martin Luther King à la Marche
sur Washington, où ils ont été le seul spreker vrouwelijke. Après la prise
de position de Martin Luther King, il a été obligé d'accepter de prendre
position. Elle a remercié ses enfants pour leur avoir permis de s'unir afin
d'aider son mari.

Le 12 avril 1975, quatre jours après l'ouverture de la première d'une
nouvelle revue qui a connu un grand succès, Baker est resté au lit. Il avait
été victime d'une hémorragie. Elle est née au Cimetière de Monaco à
Monte-Carlo. Au Château des Milandes se trouve une exposition de
témoignages, d'histoires et de réflexions sur sa vie.

Privéleven

En 1941, il a été mis en danger par la perte de son père. Plus tard, il a
adopté deux demi-frères et demi-sœurs dans tous les coins du monde ;
ses enfants sont devenus par la même occasion les enfants de la tribu
arc-en-ciel (regenboogkinderen). Un jour, il a rencontré ses enfants au
château des Milandes à Castelnaud-la-Chapelle en Dordogne.

Joséphine Baker était bisexuelle. Après avoir rencontré d'autres hommes,
elle a entretenu des relations avec d'autres femmes. Il n'y a pas non plus
159

d'enquête publique sur ce point de l'identité personnelle. Ses proches sont, entre autres, l'écrivain français Colette et Frida Kahlo. L'un de ses enfants, Jean-Claude Baker, parle dans la biographie de sa mère de cinq de ses enfants : Clara Smith, Evelyn Sheppard, Bessie Allison et Mildred Smallwood, que l'on retrouve toujours sur le circuit, à partir de sa première année sur le podium dans les Etats-Verts.

En dépit de sa propre biseksualiteit et de son engagement contre le racisme (en portant son nom sur les actions exemplaires de la lutte afro-américaine contre les hamburgers américains), il n'a pas eu à s'occuper lui-même de voyages homophobes ; il a demandé à l'un de ses fils, Jarry Bouillon Baker, d'aller voir son père pour lui dire qu'il était homosexuel. C'est ainsi qu'il lui a dit que son frère était "malade".

Points forts

- Entre l'âge de 8 et 10 ans, Joséphine Baker n'est pas scolarisée et aide à subvenir aux besoins de sa famille. Enfant, Baker développe un goût pour le flamboyant qui la rendra célèbre par la suite.
- En 1923, Baker rejoint le chœur d'une compagnie itinérante qui présente la comédie musicale Shuffle Along, puis s'installe à New York, où elle progresse régulièrement dans le spectacle Chocolate Dandies à Broadway et dans le spectacle au sol du Plantation Club.
- En 1925, Baker se rend à Paris pour danser au Théâtre des Champs-Élysées dans La Revue Nègre et fait découvrir sa danse sauvage à la France.
- Joséphine Baker a chanté professionnellement pour la première fois en 1930, a fait ses débuts à l'écran en tant que chanteuse quatre ans plus tard dans Zouzou, et a tourné plusieurs autres films avant que la Seconde Guerre mondiale ne mette un frein à sa carrière.
- Sa vie a été mise en scène dans le téléfilm The Josephine Baker Story (1991) et dans le documentaire Joséphine Baker.

18 femmes combattant pour la liberté

1. Malala Yousafzai (née en 1997)
Défenseur pakistanais de l'éducation

"Un enfant, un enseignant, un livre, un stylo peuvent changer le monde."

Malala Yousafzai (Mingora, 12 juillet 1997) est une militante pakistanaise de la cause des enfants. En 2014, elle a reçu le prix Nobel de la paix, en même temps que Kailash Satyarthi.

Levensloop

Malala Yousafzai, fille d'un homme, est connue pour sa lutte contre la discrimination à l'égard de ses enfants pour aller à l'école. En 2009, elle est devenue célèbre en publiant sur le site de la BBC, sous le pseudonyme de *Gul Makai* (korenbloem), un blogue. Dans la forme d'un livre de chevet, il parle des attaques des talibans dans la vallée du Swat, où, après la machination des talibans en 2007, des enfants ont été enlevés de l'école et de nombreux autres enfants ont été tués.

Le 9 octobre 2012, alors qu'il se trouvait dans un bus en direction de l'école, un Taliban s'est rendu compte qu'il avait été victime d'un attentat à la pudeur et qu'il avait reçu un coup de pied dans le sabot et dans le dos. Dans une maison d'arrêt de Rawalpindi, des artistes ont fait passer une balle dans le sabot de la victime. Les Talibans lui reprochent de ne pas vouloir l'ombrager.

Le 15 octobre, il a été transféré en Angleterre, où il a bénéficié d'un traitement spécialisé complet à l'hôpital Queen Elizabeth de Birmingham. Là aussi, il a été plus malmené par les attaques des talibans. Son père a obtenu une bourse d'études pour que son fils puisse être libéré dans l'Empire britannique.

En janvier 2013, il est sorti de l'hôpital, mais début février, il a quitté Birmingham. Une partie de son programme a été préparée à l'aide d'une prothèse en titane qui, grâce à une technique 3D, a été conçue en fonction de la forme du sabot. Une cochlée a été implantée dans son oreille. Le 8 février, il quittera la maison de retraite.

Malala a fait ses études à l'université d'Oxford.

Engagement international

En 2011, Malala a été nommée au *prix international de l'enfance*. Un an plus tard, le gouvernement pakistanais lui a décerné le *Prix national de la jeunesse* pour *la paix*. Ce prix est ensuite devenu le *prix national Malala-Vredesprijs* (*prix national de la paix Malala*).

Le 10 novembre 2012, les Nations Unies ont célébré la *Journée de Malala*, au cours de laquelle les Nations Unies ont demandé une aide pour les 32 millions de femmes et les 29 millions de jeunes du monde entier qui n'ont pas de droits fondamentaux. Une pétition sur Internet, lancée en octobre 2012, a été lancée pour que le prix Nobel de la paix soit décerné en 2013 à la ville, et a été acceptée par plus de 250 000 personnes.

Dans le numéro du *Time* daté du 29 avril 2013, Malala a été désignée comme l'une des 100 personnes les plus influentes au monde. Sa photo figurait sur la couverture du magazine. Le 12 juillet 2013, lors de son dernier jour de fête, Malala a envoyé 500 jeunes au Vietnam. Pour cette raison, ce jour a été désigné comme le "jour de Malala". Le 6 septembre 2013, le prix international des enfants 2013 a été décerné à Malala dans la salle des fêtes de La Haye. Grâce à l'aide de l'organisation néerlandaise de défense des enfants KidsRights, elle a pu se rendre aux Pays-Bas. Le lauréat du prix Nobel de la paix 2011, Tawakkul Karman, a remis le prix à KidsRights. Le 20 novembre 2013, Malala a reçu à
163

Straatsburg, au Parlement européen, le *prix Sacharov pour la liberté d'expression*. Elle est la plus jeune lauréate de ce prix jusqu'à aujourd'hui.

Op 24 mei 2014 ontving ze in Middelburg de Four Freedom Award voor Vrijwaring van vrees, uitgereikt door Blof in aanwezigheid van de familie Roosevelt en het koninklijk huis. Le 10 octobre 2014, le prix Nobel de la paix 2014 lui a été décerné. À 17 ans, il est le premier à recevoir un prix Nobel. En juillet 2014, il est retourné au Nigéria, où il a été chargé de la garde de près de 200 écoliers qui avaient été tués par Boko Haram en avril.

En avril 2015, l'organisation non gouvernementale NASA a créé une planète entre Mars et Jupiter en direction de Malala, sous le nom officiel de "316201 Malala". Le vaisseau a un rayon d'action de quatre kilomètres et fait de la zone un lieu de passage pendant cinq ans et demi.

Points forts

- Malala Yousafzai a attiré l'attention du monde entier lorsqu'elle a survécu à une tentative d'assassinat à l'âge de 15 ans.
- En octobre 2011, elle a été nominée par le militant des droits de l'homme Desmond Tutu pour le Prix international de la paix pour les enfants.
- En 2014, Yousafzai et Kailash Satyarthi ont reçu conjointement le prix Nobel de la paix en reconnaissance de leurs efforts en faveur des droits des enfants.
- En juillet 2015, avec le soutien du Fonds Malala, elle a ouvert une école de filles au Liban pour les réfugiés de la guerre civile syrienne.
- Elle a évoqué son travail avec les réfugiés ainsi que son propre déplacement dans We Are Displaced (2019).

2. Angela Davis (née en 1944)
Activiste politique et auteur afro-américain

"Dans une société raciste, il ne suffit pas d'être non-raciste, il faut être antiraciste."

Angela Yvonne Davis (Birmingham (Alabama), 26 janvier 1944) est une Américaine féministe, écrivaine, militante et professeur. Elle enseigne depuis plusieurs décennies dans des universités des Pays-Bas, d'Europe, d'Afrique, des Caraïbes et de l'ancienne Union soviétique. Il a également écrit et publié un grand nombre d'articles, d'essais et de livres.

Persoonlijk

Angela Davis est née le 26 janvier 1944, à Birmingham, en Alabama. Son père, Sallye Bell Davis, jouait un rôle important au sein du Southern Negro Youth Congress, qui avait des liens avec le parti communiste des États-Unis. À l'époque où le père de Davis et son fils ont été impliqués dans des mouvements communistes, ils étaient amis avec les dirigeants du Parti communiste. L'entourage de Davis est très troublé : il peut lui-même comprendre qu'il n'a pas de relation étroite avec le parti.

Davis a travaillé dans une école primaire naine et a rejoint un collège à Birmingham. Il se rend ensuite à New York au lycée progressiste Elisabeth Irwin High School, où il s'intéresse à sa propre vision du marxisme.

Opgegroeid in een zuidelijke staat kreeg Davis al snel te maken met segregatie en racisme. Birmingham était, à l'époque, l'un des États les plus importants d'Amérique. Davis a vécu avec ses parents et ses frères dans un quartier de la classe moyenne, également appelé "Dynamite Hill". Les enfants des communautés afro-américaines ont été terrorisés par le Ku Klux Klan, si fréquemment que le quartier est devenu un lieu de culte, et Birmingham est devenu un lieu de culte "Bombingham". Davis s'est également rendu compte de la discrimination, et il a rencontré les enfants qui ont été victimes de la bombardement de la ville de Birmingham en 1963 par le Ku Klux Klan.

Angela Davis a été mariée de 1980 à 1983 à Hilton Braithwaite. Elle est devenue lesbienne en 1997 dans la revue *Out* uit de kast.

Loopbaan

Davis a travaillé en 1969 et 1970 en tant que professeur de philosophie à l'Université de Californie à Los Angeles, mais il a été accusé d'être associé au Parti communiste des États-Unis et d'avoir un "esprit ouvert".

Avec son groupe avec les Soledad Brothers, Davis a été victime d'un accident lors de la mort de son frère Harold Haley en 1970. Davis a été condamné à des peines de prison au cours desquelles trois personnes d'origine afro-américaine (George Jackson, Fleeta Drumgo et John Clutchette) ont été condamnées. Au moment de l'enlèvement, Haley était en état de choc. Davis a, de ce fait, été confronté à des difficultés pendant un certain temps, mais il n'a pas été épargné. Les principales motivations de l'état de santé de Davis sont les liens qu'il entretient avec l'un de ses proches, George Jackson. Ce dernier était le leader du Black Panther Party, dont Davis a été un jour un membre actif.

Début janvier 80, il est devenu doceerde Davis à l'Université d'État de San Francisco. De 1991 à 2008, elle a été professeur à l'Université de Californie - Santa Cruz et à l'Université Rutgers. À Santa Cruz, elle a occupé le poste de directrice du département d'*études féministes*. L'une de ses spécialités est l'aménagement pénitentiaire. Elle a obtenu un doctorat à l'Institut californien d'études intégrales en 2016.

En 1980 et 1984, il a été nommé vice-président du Parti communiste des Pays-Bas, en tant que *colistier* de Gus Hall. Ce duo a obtenu 0,05% (1980) et 0,04% (1984) des suffrages exprimés. Soutenu par le parti communiste, Davis a été impliqué dans la lutte pour les burgerrechten gelijke pour les zwarten, dans le Black Panther Party et dans les protestations contre le Vietnam. Davis est l'un des défenseurs de l'Internationale Lenin-Vredesprijs de 1979, créée par l'Union soviétique. En 1991, il devient membre du Parti communiste et devient membre du Comité de correspondance pour la démocratie et le socialisme. Davis est toujours actif dans l'activisme communiste et féministe.

En septembre 2018, le Birmingham Civil Rights Institute lui a décerné le prix Fred L. Shuttlesworth des droits de l'homme. Après janvier 2019, il a été décidé que le prix ne serait pas décerné par le gala, car Davis n'a pas respecté tous les critères. Le bourgmestre Randall Woodfin de Birmingham (Alabama) a répondu à cette question. Il a déclaré que l'attaque d'un et de plusieurs autres groupes avait été déclenchée par "les protestataires de la communauté juive et de ses représentants". Angela Davis s'engage depuis longtemps pour les droits des Palestiniens et pour le mouvement BDS. Bij het Instituut werd geprotesteerd. En novembre dernier, la présidente du BCRI, Andrea Taylor, avait déclaré : "Il est important que nous soyons conscients de l'importance du prix à payer pour les droits des femmes dans le monde entier".

Activisme féministe

Angela Davis a consacré une grande partie de son œuvre à l'étude et à la rédaction de textes sur les femmes et le féminisme, ainsi qu'à la lutte contre les violences faites aux femmes naines. Il s'agit de savoir si le mouvement des femmes naines n'est pas favorable aux droits des femmes naines, mais aussi si le mouvement féministe n'est pas favorable aux femmes naines. Pour ce faire, elle s'est tournée vers le Parti communiste. Dans une interview de ce jour, il a dit la chose suivante : *il y avait aussi de très fortes tendances sectaires dans le mouvement noir. Dans le Student Non-Violent Coordinating Committee (SNCC) bijvoorbeeld, runden wij vrouwen het kantoor, maar toen het tijd werd om de de organisatie publiekelijk te vertegenwoordigen op persconferenties en bijeenkomsten, kwamen de mannen tevoorschijn en streken zij de eer op van ons werk. Nous pensons qu'il y a eu beaucoup de problèmes ici.*

Avec Kimberly Crenshaw, à qui le terme "intersectionnalité" a été attribué en 1989, Davis est l'une des figures de proue du féminisme moderne.

En 1981, Davis a écrit *Women, Race and Class*, dans lequel elle traite de l'intersection entre la discrimination des femmes, la discrimination des Noirs et la discrimination raciale. Ce livre est une synthèse de plusieurs essais qui traitent de l'évolution et de la progression du mouvement américain en faveur de la liberté des femmes. Slavernij in Amerika wordt ook behandeld. Il s'agit du dernier ouvrage de Davis, qui propose une analyse croisée du féminisme marxiste sur le genre, le ras et la classe. Dans le cadre du féminisme marxiste, l'intersectionnalité est mise en avant afin d'étudier l'interaction entre les différents aspects de l'identité en tant que résultat d'un changement structurel et systémique, et dans le cas de Davis, l'interaction entre les aspects du genre, du sexe et de la classe en tant que résultat d'un changement systémique.

La prise en compte des facteurs genre, race et classe dans la vie des femmes noires est un élément essentiel de l'œuvre de Davis. Davis peut être considéré comme l'un des promoteurs du féminisme noir. Le féminisme noir, selon Davis, a été conçu comme une approche théorique et pratique visant à montrer que les notions de ras, geslacht et klasse ne sont pas négligeables dans le monde social dans lequel nous vivons. Dix ans après le début du féminisme noir, les femmes noires n'étaient plus aussi nombreuses à se battre entre le mouvement noir et le mouvement des femmes, et c'est ce que Davis a fait.

Angela Davis a beaucoup critiqué le féminisme (occidental). Elle affirme que si l'on parle de féminisme dans les états-Unis, il est évident que l'on doit se rendre compte que ce qui est en jeu est ce que les femmes blanches ont à offrir. "Des femmes comme Ida B. Wells, comme Mary Church Terrell, comme Anna Julia Cooper, ont joué un rôle déterminant dans l'action féministe que nous avons menée en tenant compte de la plus grande intersectionnalité". Lors d'un vernissage à la Copley Library en 2019, Davis a indiqué que les femmes suffragettes, bien qu'elles aient été inspirées par l'activisme du mouvement anti-esclavagiste, n'ont pas été surprises par le fait que les femmes suffragettes n'ont pas protesté, et qu'elles ne sont pas plus mauvaises que les hommes.

Davis estime que les problèmes liés au racisme, au sectarisme et au classicisme doivent être résolus, car ces facteurs ne sont pas toujours identiques dans les meilleurs cas : les femmes naines sont très présentes dans le mouvement des femmes naines et dans le mouvement féministe, et dans le mouvement des femmes naines, elles sont discriminées sur la base de leur classe économique.

"Elk feminisme dat ons zal helpen om de wereld van vandaag te transformeren, moet in staat zijn om perspectieven op te nemen die de witte suprematie uitdagen" (Davis, 2019).

Points forts

- Angela Davis, en abrégé Angela Yvonne Davis, (née le 26 janvier 1944 à Birmingham, Ala., États-Unis), militante américaine de la cause noire qui a acquis une réputation internationale lors de son emprisonnement et de son procès pour conspiration en 1970-1972.
- En raison de ses opinions politiques et malgré d'excellents résultats en tant qu'enseignante au campus de Los Angeles de l'université, le California Board of Regents a refusé en 1970 de renouveler sa nomination en tant que maître de conférences en philosophie.
- En 1991, cependant, Davis est devenu professeur dans le domaine de l'histoire de la conscience à l'université de Californie, à Santa Cruz.
- En 1974, elle a publié Angela Davis : An Autobiography (réédité en 1988).

3. Mae Jemison (née en 1956)
Médecin américain et astronaute de la NASA

Mae Carol Jemison, née à Decatur le 17 octobre 1956, est une femme Américaine qui travaille dans le domaine de l'aviation civile. Elle est la première Afro-Américaine à faire partie d'une équipe de ruimte. En 1993, il a rejoint la NASA et est devenu astronaute en mission.

Jemison est membre du *groupe d'astronautes 12 de la NASA*. Ce groupe de 15 astronautes a commencé sa formation en juin 1987 et est devenu astronaute en août 1988. Sa première et dernière mission était la mission STS-47 avec la navette spatiale Endeavour et s'est déroulée le 12 septembre 1992. Au cours de cette mission, plusieurs expériences ont été réalisées dans le module Spacelab.

Après sa carrière à la NASA, Jemison est devenue professeur d'études militaires au Dartmouth College, où elle a mené des recherches sur les caractéristiques et les évolutions de la technologie interstellaire. Elle a également créé l'*Institut Jemison pour l'avancement de la technologie dans les pays en développement*. C'est à ce moment-là que le *groupe Jemison* a pris ses fonctions, en mettant l'accent sur l'utilisation de la technologie dans le domaine de la santé dans les pays en développement. Jemison s'implique également dans la défense des droits des femmes et des enfants. En 1994, Mae Jemison a lancé le *programme "Earth We Share"* pour les jeunes, dans lequel elle a présenté un projet socio-éducatif en relation avec sa mission dans le domaine de l'éducation.

Informations sur les personnes

Mae est née le 17 octobre à Decatur, en Alabama, mais son lieu de résidence est Chicago, en Illinois. Ses passe-temps sont la peinture, l'art graphique, la photographie, la natation, le ski, l'art afro-américain et le sport. Charlie et Dorothy Jemison ont grandi à Chicago.

Opleiding

Il a fait ses études en 1973 à la *Morgan Park High School* de Chicago. En 1977, il a étudié à l'université de Stanford où il a obtenu une *licence* en sciences de l'environnement et un doctorat en médecine à l'université de Cornell en 1981.

Points forts

- Mae Jemison, de son vrai nom Mae Carol Jemison, (née le 17 octobre 1956 à Decatur, Alabama, États-Unis), médecin américain et première femme afro-américaine à devenir astronaute.
- En 1977, Jemison entre à l'école de médecine de l'université Cornell à Ithaca, New York, où elle s'intéresse à la médecine internationale.
- Elle a obtenu son diplôme de médecine en 1981 et, après une courte période en tant que médecin généraliste dans un groupe médical de Los Angeles, elle est devenue médecin militaire pour le Peace Corps en Afrique de l'Ouest.

- En 1992, elle a passé plus d'une semaine en orbite autour de la Terre à bord de la navette spatiale Endeavour. À l'époque, elle était la seule femme astronaute afro-américaine.

4. Rosa L. Parks (1913-2005)

Militant afro-américain des droits civiques

*"Vous ne devez jamais avoir peur de ce que vous faites
quand c'est bien."*

Rosa Louise Parks-McCauley (Tuskegee (Alabama), 4 février 1913 -
Detroit (Michigan), 24 octobre 2005) est une activiste américaine de la
lutte contre le racisme. Il est connu pour sa condamnation en 1955, date à
laquelle il a quitté son lieu de travail dans le quartier de la réserve, à
l'opposé des passants blancs. Dit gebeurde toen het voor blanken
gereserveerde voorste deel van de bus vol raakte.

Biografie

Parks est né à Tuskegee, en Alabama. Il a travaillé pendant la plus grande
partie de sa vie en tant que naaister. Au début des années 50, il a été actif
au sein du mouvement afro-américain de lutte contre le racisme. Il travaille
également comme secrétaire secret pour la NAACP à Montgomery. Le 1er
décembre 1955, il a fait en sorte que sa place dans le bus "zwarte
gedeelte" soit occupée par des passants blancs et que le bus "zwarte
gedeelte" se mette à voler, en raison de l'humidité de l'Alabama. La
politique est acceptée et Parks reçoit un billet de 10 $ (plus 4 $ de frais de
griffes). Pour que ses efforts soient récompensés, il est réquisitionné et,

en février 1956, il est condamné à verser des indemnités pour l'ouverture de l'orde.

Martin Luther King s'est battu contre le zèle et a lancé le mouvement "Montgomery-busboycot", au cours duquel le service d'autobus a connu une défaillance et où il était nécessaire d'assurer le transport de personnes en fauteuil roulant et de personnes handicapées dans les bus. Cela a entraîné une augmentation des protestations contre la ségrégation. En outre, la plainte de Rosa Parks auprès de l'Amerikaanse Hooggerechtshof a été rejetée, ce qui a eu pour effet d'empêcher la femme d'entrer dans le bâtiment et de faire en sorte que la séparation entre les femmes et les hommes ne soit plus un problème.

Son rôle lui a valu d'être mis à l'écart et d'être confronté à des problèmes de santé, ce qui l'a conduit, au début des années 60, à se rendre à Detroit, où il a vécu jusqu'à sa mort. Entre 1965 et 1968, il a travaillé comme assistant de John Conyers, le chef de la Maison des Afro-Américains. En 2004, un rapport médical indique que Parks souffre de démence. Elle est décédée un an plus tard, à l'âge de 92 ans, dans sa tombe.

Points forts

- À l'âge de deux ans, peu après la naissance de son petit frère Sylvester, ses parents décident de se séparer. Séparés de leur père à partir de ce moment-là, les enfants déménagent avec leur mère pour vivre dans la ferme de leurs grands-parents maternels à Pine Level, Alabama, près de Montgomery.
- En 1932, à l'âge de 19 ans, Rosa épouse Raymond Parks, un barbier et un militant des droits civiques, qui l'encourage à retourner au lycée et à obtenir un diplôme.
- En 1987, elle a cofondé le Rosa and Raymond Parks Institute for Self-Development (Institut Rosa et Raymond Parks pour l'épanouissement personnel) afin de proposer une formation professionnelle aux jeunes et d'offrir aux adolescents la possibilité de découvrir l'histoire du mouvement des droits civiques.

5. Nellie Bly (1867-1922)

Journaliste, industriel, inventeur et bénévole américain.

"L'énergie correctement appliquée et dirigée peut tout accomplir."

Nellie Bly (Cochran's Mills, Pennsylvanie, 5 mai 1864 - New York, 27 janvier 1922) était le pseudonyme de la journaliste américaine **Elizabeth Jane Cochrane**. Il s'agissait d'un journaliste d'avant-garde qui s'est fait connaître par sa recherche du monde en 72 ans (plus rapide que la recherche du monde en quelques jours du célèbre avonturier Phileas Fogg de Jules Verne) et par une recherche sur les troubles mentaux afin de mieux comprendre la psychiatrie de l'intérieur. Il a été un pionnier sur son terrain et est à l'origine d'un nouveau type de journalisme. Il n'a pas seulement travaillé dans le domaine de l'écriture, mais aussi dans celui de l'industrie et de l'aide sociale.

Vroegege jaren

Il est né sous le nom d'**Elizabeth Jane Cochran** à Cochran's Mills, dans le canton de Burrell de la ville de Pittsburgh, dans le comté d'Armstrong, en Pennsylvanie. Son père, Michael Cochran, était un artisan et un ouvrier qualifié qui travaillait avec Mary Jane. Cochran a laissé à ses jeunes enfants un sentiment d'impuissance à l'égard de leur travail et de leur vie quotidienne, grâce à l'aide de la famille et à l'aide de la terre qui a permis à la famille de s'épanouir. En tant que jeune femme, elle a été nommée Pinky, parce qu'elle avait une très belle peau. Au cours de son séjour, il se rend compte qu'il n'est pas le seul à vouloir faire le tour du monde, il lève sa tête et l'envoie à **Cochrane**. Il s'est rendu dans une école à frais modérés, mais il a dû s'arrêter pendant un certain temps en raison des frais de scolarité.

En 1880, Elizabeth et sa famille se rendent à Pittsburgh. Une chronique extrêmement misogyne, intitulée "*What Girls Are Good For*" (*Waar meisjes goed voor zijn*), parue dans le *Pittsburgh Dispatch*, incite le hoofdredacteur à rédiger un article récent sous le pseudonyme de "Lonely Orphan Girl" ("Eenzaam weesmeisje"). Le rédacteur en chef George Madden était convaincu de l'intérêt et de l'enthousiasme de son personnage et plaçait une annonce dans laquelle il demandait à l'auteur d'ouvrir ses portes. Lorsqu'Elizabeth se rendit chez le médecin-chef, il lui donna une lettre pour qu'il écrive, sous le pseudonyme de "Lonely Orphan Girl". Lors de son premier article pour le *Dispatch*, intitulé "The Girl Puzzle" ("De meisjespuzzel"), Madden a fait un bond en avant. Il choisit pour lui le pseudonyme de "Nellie Bly", inspiré du titre du célèbre roman "Nelly Bly" de Stephen Foster. Il est évident qu'il voulait que son pseudonyme soit également appelé "Nelly Bly", mais son rédacteur en chef l'a fait passer pour "Nellie" et cette phrase est devenue une évidence.

Als schrijfster richtte Bly haar vroege werk bij de *Dispatch* op het lot van arbeidsters en schreef een reeks onderzoeksjournalistieke artikelen over vrouwelijke fabriekswerkers, mais par le biais de la rédaction, nous nous sommes tournés vers les pages les plus connues de la presse vénitienne, afin d'obtenir des informations sur le mode, le mode de vie et l'art de tuer, des thèmes typiques que les journalistes vénitiens ne peuvent ignorer. Lorsque le journaliste a été pris en charge, il l'a pris en main et l'a emmené au Mexique pour travailler comme correspondant dans le pays. Même s'il n'avait pas 21 ans, il a rédigé un rapport d'une demi-année sur la vie quotidienne et les habitudes des Mexicains. Ses reportages ont été publiés en 1888 sous forme de livre sous le titre *Six mois au Mexique*. Dans un reportage, il s'insurge contre les agissements d'un journaliste local qui a critiqué le régime mexicain et a dénoncé la dictature de Porfirio Díaz. Lorsque les autorités mexicaines ont accepté le reportage de Bly, elles l'ont renvoyé dans son pays. Eenmaal veilig thuis keurde ze Díaz af als een tirannieke tsaar die het Mexicaanse volk onderdrukte en de pers beheerste.

Verslag over een krankzinnigengesticht (en anglais)

En 1887, Bly a reçu le *Pittsburgh Dispatch* et s'est rendu à New York, mais il n'a pas pu s'empêcher de faire le tour des théâtres et des arts. Après avoir touché son salaire pendant quatre mois, il a décidé de travailler pour le *New York World, le* magazine de Joseph Pulitzer. Il lui confie une mission d'infiltration au cours de laquelle il s'efforce d'obtenir des informations sur l'état d'esprit des femmes et sur leur comportement au sein de l'*asile psychiatrique pour femmes de* Blackwell's Island.

Bly oefende zich een avond lang voor de spiegel in het nadoen van gezichtsuitdrukkingen van psychiatrische patiënten. Le deuxième jour, il a été logé dans une pension pour adultes. Ils sont allés au lit et ont demandé aux pensionnaires de leur indiquer qu'ils étaient en train de se faire soigner. Deze waarschuwden de volgende ochtend de politie. Elle a été créée et mise en place par la banque centrale. Daar deed ze alsof ze aan geheugenverlies leed. De rechter oordeelde dat ze gedrogeerd moest zijn.

Il a été interrogé par plusieurs personnes, qui ont toutes déclaré qu'il avait un problème psychologique. "Beslist dement," zei er één, "ik beschouw dit als een hopeloze zaak. Zij moet ergens worden ondergebracht waar iemand voor haar zorgt." Het hoofd van psychiatrische inrichting Bellevue Hospital beschreef haar als "ongetwijfeld gestoord". De zaak van het "knappe gekke meisje" trok de aandacht van de pers : "Wie is dat gestoorde meisje ?" vroeg *The Sun* zich af. *Le New York Times* se penche sur le cas d'un "ouvrier de l'ombre" qui a une "boucle d'oreille sauvage dans l'oreille" et sur sa demande désespérée : "Je ne veux pas qu'il y ait plus, je ne veux pas qu'il y ait plus".

Sous son nom de patiente dans un centre de soins, Bly s'est familiarisée avec les normes de santé actuelles. Les malades se nourrissent d'eau, se couchent sur le dos, se souviennent qu'il n'y a rien de plus que de l'eau et boivent de l'eau à volonté. Les patients qui ont besoin d'une aide pour s'en sortir, sont liés à des personnes âgées. Les produits sont conçus de

177

manière à ce qu'une grande partie de la journée soit passée sur des bancs durs dans une ruine bien chaude. Rond de eettafels lag overal afval en in het gebouw waren ratten. Een bad bestond er uit dat emmers met koud water over de patiënt werden leeggegoten. De oppassers waren onaangenaam en beledigend, ze vertelden de patiënten hun mond te houden en sloegen hen als ze dat niet deden. Bly raakte er door contacten met andere patiënten van overtuigd dat sommigen geestelijk net zo gezond waren as zijzelf. Il s'est exprimé sur ses observations dans le domaine des gestes :

Est-ce qu'il y a une différence entre le comportement d'une personne et celui d'un autre ? Ici, il y a un groupe de jeunes gens qui sont en train d'apprendre à se connaître. Je veux que les artistes de bureau qui me soutiennent pour mon père et dont les amis m'ont fait confiance, un groupe de jeunes gens volubiles et talentueux sur leur lieu de travail, s'occupent de leurs enfants, les aident, les conseillent et leur permettent de passer de la fin de l'année à la fin de l'année à la fin de l'année à la banque et à la caisse, qu'il n'ait pas à s'épancher ou à se déplacer dans ces lieux, qu'il n'ait pas à s'absenter et qu'il n'ait pas à se renseigner sur le monde ou sur ce qui s'y passe, qu'il n'ait pas à s'occuper de ses affaires et qu'il n'ait pas à s'occuper de ses affaires et de ses affaires, et qu'il n'ait pas à se plaindre de ce qui lui arrive. Deux mois plus tard, il est temps pour lui de faire une pause mentale et psychique.

...Mijn tanden klapperden en mijn ledematen waren ...verdoofd door de kou. Plots kreeg ik drie emmers ijskoud water ...waarvan een in mijn ogen, neus en mond.

A dix ans, Bly a été condamné pour avoir participé à la rédaction de *The World*. Son article, publié sous forme de livre sous le titre "*Dix jours dans une maison de fous*" (*Tien dagen in een gekkenhuis*), a suscité une grande émotion et a fait basculer sa vie. In verlegenheid gebrachte artsen en ander gestichtspersoneel probeerden omstandig uit te leggen hoe het kon dat zoveel deskundigen in de maling waren genomen. Een grand jury voerde een onderzoek uit naar de omstandigheden in het gesticht, waarbij Bly om advies werd gevraagd. In het juryrapport werd geadviseerd de veranderingen die de journaliste voorstelde door te voeren. Het Departement voor Liefdadigheidsinstellingen en Penitentiaire Inrichtingen verhoogde haar budget voor de krankzinnigenzorg met 850.000 $. Il a également indiqué que les inspections de routine étaient plus difficiles à réaliser et que tous les hommes ayant un handicap dans le domaine de la santé étaient autorisés à le faire.

Wereldreis

En 1888, le *New York World* demande à Bly, son rédacteur en chef, de faire un tour dans le monde pour étudier le roman *Reis, qui montre que le monde, dans les années les plus sombres,* n'est plus qu'une illusion. Un an plus tard, le 14 novembre 1889, à 9 h 40, à la tête de l'*Augusta Victoria*, un navire de la ligne Hambourg-Amérique, il entame un voyage de 40 071 km.

Il avait comme bagage la chemise qu'il avait déposée, un petit sac, une agrafe en bois et un petit sac avec ses articles de toilette. Ze droeg het meeste van haar geld (in totaal £200 in Engelse bankbiljetten en goud, daarnaast nog wat Amerikaanse valuta) in een tas die ze om haar nek had geknoopt.

Le magazine new-yorkais *Cosmopolitan* a parrainé sa propre rédactrice en chef, Elizabeth Bisland, pour faire connaître aussi bien l'époque de Phileas Fogg que celle de Bly. Bisland s'est engagée dans une démarche d'ouverture sur le monde. Afin d'éveiller l'intérêt pour ce sujet, *The World* a organisé une "Nellie Bly-Gokwedstrijd", au cours de laquelle des lecteurs ont été invités à réfléchir à la manière dont l'amour de Bly s'est manifesté au cours de la seconde guerre mondiale. Le prix du voyage était un voyage gratuit en Europe, mais il fallait payer pour que le voyage soit terminé.

Au cours de sa carrière, Bly est passé par l'Angleterre, la France (où Jules Verne s'est rendu à Amiens), Brindisi, le canal de Suez, Colombo (Ceylan), les détroits de Penang et Singapour, Hong Kong et le Japon. La mise en place d'un réseau efficace de câblage ondulé et d'un système de télégraphie électronique a permis à Bly d'obtenir des rapports d'information utiles, alors que les demandes de paiement par courrier réglementaire étaient les plus longues et qu'il fallait attendre plusieurs semaines pour qu'elles soient traitées.

Bly reisde met stoomschepen en het bestaande spoorwegennet, hetgeen af en toe vertragingen veroorzaakte, vooral in het Aziatische deel van haar reis. Dans le cadre de ces opérations, il a obtenu une licence en Chine et un visa à Singapour.

179

Le 21 janvier, il a quitté le Pacifique à San Francisco à bord de l'*Oceanic*
de la White Star Line, deux ans après le début du voyage. Mais *The
World-eigenaar* Pulitzer a affrété un vaisseau privé, dont le nom a été
changé en *Miss Nellie Bly Special*, pour que son voyage se termine et il
est parti dans le New Jersey le 25 janvier 1890 à 15 h 51.

"Deux jours, deux heures, un quart d'heure et deux secondes après son
départ de Hoboken, Bly s'est rendu à New York. Il a fait appel à des
spécialistes pour l'aider à trouver des solutions. Bisland se trouve sur
cette île, sur l'océan Atlantique, et se rend à New York un jour plus tard.
Net as Bly had zij een aansluiting gemist en moest aan boord gaan van
een langzaam, oud schip (de *Bothnia*) in plaats van een snel schip
(*Etruria*). Le record de Bly était un record du monde, même s'il a été battu
en quelques mois par George Francis Train, qui l'a battu en 67 jours.
Jusqu'en 1913, Andre Jaeger-Schmidt, Henry Frederick et John Henry
Mears ont battu le record, tandis que le premier a battu le record en 36
jours.

Latere jaren

En 1895, Nellie Bly rencontre Robert Seaman, un fabricant de matériel
électrique âgé de 40 ans de plus. Il se lance dans le journalisme et devient
directeur de la *société Iron Clad Manufacturing Co.* qui fabrique des
conteneurs en métal, notamment des moules et des clés de voûte. En
1904, il est remplacé par son mari. C'est au cours de cette même année
qu'*Iron Clad* a commencé à produire des cuves de stockage dont le
modèle était destiné à la production de 55 gallons, ce qui n'était pas du
tout le cas dans les pays voisins. Bien que l'on puisse dire que Nellie Bly a
fabriqué ce vêtement, il faut savoir que l'inventeur lui-même, Henry
Wehrhahn, a été désigné comme l'inventeur de l'appareil, et que c'est lui
qui l'a fabriqué (brevets américains 808.327 et 808.413). Nellie Bly était
elle-même un inventeur, et elle a obtenu le brevet américain 697.553 pour
un nouveau melkbus et le brevet américain 703.711 pour un
afvalopslagbus, en compagnie de sa femme Elizabeth Cochrane Seaman.
A l'époque, il était l'un des plus grands fabricants de vêtements des Etats-
Unis, mais la gestion des déchets par ses ouvriers l'a conduit à la faillite.

Il a travaillé pendant trois ans comme rédacteur en chef et a publié des
articles sur le front de l'Europe, dans le Eerste Wereldoorlog, sur le thème
de la parade des femmes de 1913. Son slogan pour la parade était "Les
suffragettes sont les supérieures des hommes" ("Suffragettes Staan

Boven Mannen"), mais il a aussi écrit "met een griezelige voorkennis" datant de la fin de l'année 1920, date à laquelle les vrouwen stemrecht zouden krijgen.

En 1916, un de ses parents a déposé un bébé auprès de Nelly pour qu'il soit adopté par quelqu'un d'autre. Il s'agit d'un enfant unique et difficile à vivre, car il est à moitié japonais. Il a été formé il y a quelques années dans une maison de retraite créée par l'*Église pour toutes les nations* à Manhattan.

Lorsque Bly, à l'aube de sa vie, s'est mariée, sa nièce Beatrice Brown a décidé de s'occuper de son enfant et de tous les autres bébés que son intérêt pour le sujet avait suscité. Son intérêt pour l'éducation peut être renforcé par ses inspirations profondes sur les organisations sociales de son époque.

Bly est mort en 1922, à 57 ans, après un long séjour à l'hôpital St. Mark de New York. Il a laissé une tombe dans le cimetière de Woodlawn dans le Bronx.

Points forts

- Nellie Bly, pseudonyme d'Elizabeth Cochrane, a commencé sa carrière en 1885 dans sa Pennsylvanie natale en tant que reporter pour le Pittsburgh Dispatch, auquel elle avait envoyé une lettre de colère au rédacteur en chef en réponse à un article que le journal avait publié sous le titre "What Girls Are Good For" (pas grand-chose, selon l'article).
- Ses premiers articles, sur les conditions de vie des jeunes filles ouvrières à Pittsburgh, la vie dans les bidonvilles et d'autres sujets similaires, l'ont marquée comme une journaliste ingénieuse et concernée.
- Le livre de Nellie Bly : Around the World in Seventy-two Days (1890) est un grand succès populaire, et le nom de Nellie Bly devient synonyme de reporter vedette féminin.

6. Marie Curie (1867-1934)

Première femme à remporter un prix Nobel

"Rien dans la vie n'est à craindre, il faut seulement le comprendre. Le moment est venu de comprendre davantage, afin d'avoir moins peur."

Maria Salomea (Marie) Skłodowska-Curie (Warschau, 7 novembre 1867 - Passy, 4 juillet 1934) était une scientifique et naturologue française. Il a été un pionnier dans le domaine de la radioactivité, a obtenu deux prix Nobel et a créé les éléments polonium et radium. Dans son pays natal, le Frankrijk, il est connu sous le nom de Marie Curie et il est aussi connu sous le nom de Madame Curie, ce qui est également le titre de sa biographie écrite par sa fille Ève.

Levensloop

Maria Skłodowska a été née le 7 novembre 1867 dans la région de la Russie en Pologne. Elle était la plus jeune des six enfants de Władysław Skłodowski (1832-1902) et Bronisława Boguska (1836-1878). Les deux parents étaient des membres actifs de familles fermées qui s'étaient retirées de la ville. Sa famille a été touchée par le décès en 1876 de sa fille Zofia, victime d'un vlektyfus, et deux ans plus tard, celui de son mari, atteint de tuberculose.

À l'âge de 15 ans, il passe avec succès l'examen de l'école intermédiaire, mais peu après, il est victime d'une dépression et son père le ramène dans sa famille sur le terrain où il passe un an à travailler. En 1863, à la suite d'une grève de la faim en Russie et d'un événement malheureux survenu au mois de janvier, l'enfant a été renvoyé en Pologne. Dans les universités, la langue russe était utilisée, les piscines étaient verbalisées et les femmes avaient le droit d'y aller. En 1883, Maria Skłodowska n'a pas été transférée à l'Université de Varsovie (qui n'était plus la Koninklijke). Pour pouvoir participer aux frais d'entretien de la maison (alors que son père avait perdu sa maison), elle travaillait comme enseignante. Au cours de ses études, il a rejoint la clandestiene Vliegende Universiteit van Warschau, une université "mobiele" de premier plan où les jeunes de Poolse wel in het door Rusland bezette Polen les konden krijgen.

Parijs

Avec son fils aîné, Bronisława (Bronia), Maria est victime d'un accident : Bronia se rend à Paris pour étudier la médecine, alors que Maria travaille comme infirmière. Avec son aide, elle se rendra à la fête de l'indépendance de son foyer à Frankrijk. Lorsque Bronia est devenue très douée, Maria s'est rendue à Parijs et a demandé à son ami de l'aider à mener à bien ses études. De 1886 à 1889, Maria travaille comme gouvernante dans la famille Żorawski, où elle est mariée au fils aîné Kazimierz Żorawski. La famille royale ne souhaite pas que son fils ait une relation avec une femme qui n'a pas d'argent. Il a quitté son poste de gouverneur, mais il a dû faire une autre demande auprès de la famille Fuchs à Sopot, dans la région d'Oostzeekust.

En 1891, elle se rend à Paris pour étudier la physique, la naturologie et la médecine à la Sorbonne avec Gabriel Lippmann et le professeur Paul Appell. En 1893, Maria Skłodowska a obtenu sa licence en naturologie en tant que meilleure élève de son année et, l'année suivante, elle a obtenu sa licence en sciences de la vie. Sur les conseils du professeur de naturologie Lippmann, il entreprend en 1894 une étude sur les effets magnétiques de l'acier, pour le compte de la *Société d'encouragement pour l'industrie nationale* (Genootschap ter bevordering van de nationale industrie). Le professeur Józef Kowalski l'a mis en contact avec le naturopathe Pierre Curie qui, à l'École de physique et de chimie, a entrepris une étude sur le magnétisme. Ils se sont rencontrés le 26 juillet 1895 (à la demande de Pierre Curie).

Radioactiviteit

En 1897, Marie Curie entreprend des recherches sur le magnétisme de l'uranium. A sa demande, elle entreprend des recherches sur le versant de l'uranium de Becquerel. Marie a découvert par la suite que ces éléments constituaient une partie intégrante de l'atome et a choisi le nom de radioactivité.

Le 25 juin 1903, il a publié à la Sorbonne son essai *Recherches sur les substances radioactives*, le premier essai dans le domaine de la naturologie réalisé par une femme. Il a obtenu son doctorat avec un titre *très honorable*. En cette même année, Marie et Pierre Curie reçoivent un titre du prix Nobel de la naturologie "pour leur recherche sur les phénomènes liés aux stratosphères découverts par Henri Becquerel". Becquerel s'oppose à l'autre volet du prix. Après l'obtention du prix Nobel, Pierre Curie a été nommé directeur du laboratoire de naturologie de la Sorbonne.

Alors que Marie Curie, dans les plus grandes académies, était devenue une scientifique de premier plan, personne n'a été surpris par l'importance de ses travaux. L'éminent physicien Lord Kelvin, qui est depuis longtemps un ami de Pierre Curie, publie sa théorie de la radioactivité. Dans une lettre ouverte du 9 août 1906 au *London Times,* il affirme que le radium n'est pas un élément, mais plutôt un mélange de gaz et d'hélium. Geprikkeld door deze kritiek zou Curie met de hulp van haar bevriende collega André-Louis Debierne na jaren naarstig onderzoek er in 1910 toch in slagen om radium als (apart) element in de Tabel van Mendelejev te plaatsen.

Après la mort de son fils Pierre Curie, le 11 mai 1906, le corps enseignant de la Sorbonne s'est uni à Marie Curie. Il est ensuite nommé lecteur. Hiermee était la première femme mariée à la Sorbonne. En 1910, Curie rédige le *Traité de radioactivité* (Verhandeling over radioactiviteit), dans lequel il présente à ses collègues les résultats de ses recherches sur la radioactivité. Au cours de cette même année, le radium a été isolé. C'est à
184

ce moment-là qu'elle a défini la valeur de la radioactivité, la curie, qui a été déterminée par elle et par son mari Pierre.

Langevin-affaire

En 1911, à l'occasion des élections à l'Académie française des sciences, il n'est pas parvenu à obtenir une nouvelle couverture, à l'exception de sa femme. Au cours d'une campagne d'information sur les élections, les conservateurs et les catholiques ont considéré la vrijzinnige Curie comme une athée sans foi ni loi, qui n'aurait pas pu devenir une Française à part entière grâce à sa piscine. On se demande alors si Curie était une jeune fille. C'est là qu'Édouard Branly, naturopathe et pionnier de la télégraphie moderne, a été arrêté. Pas 50 ans plus tard, une élève de Curie, Marguerite Perey, est nommée premier membre féminin de l'Académie.

En 1911, l'année de son deuxième prix Nobel, Curie a obtenu un poste au laboratoire du Leidse natuurkundige Heike Kamerlingh Onnes. L'objectif de cette recherche était d'étudier l'effet d'une faible température sur la radioactivité. L'appareil de radioprotection que vous avez utilisé jusqu'à présent se trouve dans le bâtiment du Rijksmuseum Boerhaave. Au cours de cette même année, elle a participé, avec le naturopathe français Paul Langevin, à l'Eerste Solvay Conferentie à Bruxelles. La relation qu'elle entretient avec le célèbre Langevin, qui est à la fois très sensible et très inquiet, a contribué à modifier considérablement l'opinion publique de l'intéressé. Lors de son procès à Parijs, un grand nombre d'entre eux se sont mis à réfléchir. Afin d'éviter les agressions verbales et physiques, il a demandé à son mari de s'en prendre à l'écrivain Camille Marbo et à son mari, le célèbre Émile Borel, qui l'ont aidé à s'en sortir. Elle sombre dans la dépression et laisse Skłodowska s'en sortir. Au cours de cette même année, Albert Einstein rédige une note de service dans laquelle il fait part de ses préoccupations concernant la façon dont il a été traité à Frankrijk pour les questions relatives à l'Académie et sa relation avec Paul Langevin.

Oorlogsjaren

Après la création de l'Eerste Wereldoorlog, Curie se rend au début de l'année 1914 à l'invitation du batailleur flamand Frans Daels et, à la demande de son avocat bénévole, le ministre français de l'agriculture Alexandre Miller, sur le front de l'agriculture à Westhoek. Sous l'impulsion de ses "ambulances radiologiques" (autobus équipés d'une dynamo et
185

d'un appareil à rayons X, qui deviendront plus tard "les petites Curies"),
Curie, accompagné de sa fille aînée Irène et de la femme du roi Kruis, est
devenu le plus grand soldat du monde dans les veldhospitalen du front.

En 1930, la direction de l'Institut du radium a été confiée à sa fille Irène
Curie, qui est devenue son directeur. Il est mort en 1934 au sanatorium
français de Sancellemoz, à 66 ans, d'une leucémie, qui s'est aggravée
après que son travail ait provoqué une énorme stralgie. L'homme a été
libéré à Sceaux. En 1995, les bâtiments de Pierre et Marie Curie ont été
inaugurés au Panthéon.

Werk

Maria Skłodowska s'est distinguée en tant que chercheuse en méta-
albédo, son premier projet où la radioactivité ne joue aucun rôle. En
décembre 1895, elle remet son mandat à Wilhelm Röntgen pour la
démonstration de la radioactivité. Peu de temps après, le Français Henri
Becquerel a découvert que les minéraux tels que l'uranium étaient
également une source d'énergie renouvelable. Afin de déterminer si
d'autres matériaux ont une caractéristique propre, Marie a testé plusieurs
substances différentes qu'elle a pu identifier. Elle a constaté que le
thorium, qui n'est pas l'uranium, l'élément le plus faible, était également
très actif.

Les matières radioactives les plus répandues, appelées uranium, sont
aussi bien l'uranine que le pekblende. Le pekblende est plus radioactif que
l'uranium et le thorium qui ont été utilisés par le passé, alors que d'autres
éléments radioactifs ne sont pas connus. La conclusion logique était qu'il
fallait produire des paillettes d'une autre substance radioactive,
onbekende, qui produirait beaucoup plus d'énergie que l'uranium. Par
ailleurs, la substance radioactive contenue dans le pekblende n'était
qu'une simple donnée que l'on pouvait retrouver dans n'importe quelle
analyse chimique et qui était entièrement anodine grâce à l'éléctromètre
de Pierre Curie.

À la sortie de l'école secondaire, Marie reçoit un mandat pour installer un
laboratoire primitif à l'extérieur de l'école, dans une salle oude et
surchauffée. Pierre et Marie Curie ont utilisé différentes techniques
chimiques sur la peau et n'ont utilisé que le résidu dont l'activité de
résistance est la plus forte. Au cours des années de travail en continu,
deux nouveaux éléments chimiques sont ajoutés en une seule fois.

Le premier élément était le polonium et le deuxième le radium, en raison de l'intense radioactivité de cet élément. Marie heeft het achteraf betreurd dat polonium veel minder toegepast werd dan radium. Cette personne a obtenu en 1903 la médaille Davy et en 1904 la médaille Matteucci. En 1914, l'Institut du Radium de Paris a été créé spécialement pour son travail.

Nobelprijzen

C'est avec Becquerel que l'homme d'affaires Curie a reçu en 1903 le prix Nobel de médecine naturelle. Grâce à la position de leader de Marie, Marie et Pierre Curie n'ont pas eu droit à un prix personnel.

Acht jaar later ontving Marie Curie opnieuw de Nobelprijs voor de Scheikunde, deze keer ongedeeld, "als erkenning voor haar diensten ter bevordering van de scheikunde door de ontdekking van de elementen radium en polonium, door de isolatie van radium en de studie van de aard en samenstelling van dit opmerkelijke element".

Marie Curie était la première femme à avoir obtenu un prix Nobel de la paix, l'un des quatre hommes ayant obtenu deux prix Nobel (les autres étaient Linus Pauling, John Bardeen et Frederick Sanger) et l'un des deux hommes ayant obtenu un prix Nobel dans deux disciplines (Linus Pauling était le dernier).

Postume erkenning

En 1995, Curie était la première femme à être admise au Panthéon de Paris, en raison de ses propres problèmes. Au cours d'une période d'hyperinflation, sa dette bancaire s'élevait à 20 000 000 d'euros. Avec son mari, il est devenu propriétaire d'un capital de 500 francs ; en 1997, il s'est vu attribuer une nouvelle part de 500 francs, avec, au premier plan, une représentation de l'étoile Curie et, au second plan, une étiquette avec une étampe et le symbole *Ra 226,0*, qui correspond à l'isotope 22688Ra. Sur cet isotope est basé un indice de radioactivité, le curie. L'indice de *curie* n'est pas basé sur le facteur de conversion, mais sur le becquerel. L'élément curium (Cm) est également présent dans l'eau.

En 1995, le fonds d'archives contenant toutes les informations et les documents de Marie et Pierre Curie a été transféré à la *Bibliothèque nationale de* Parijs par ses propriétaires. Lorsque ces documents ont été en contact permanent avec des matériaux radioactifs dans le laboratoire de Curie, ils sont devenus de plus en plus fragiles. Cela ne signifie pas que la radioactivité n'est pas un problème ; les personnes qui veulent se faire vacciner reçoivent un papier sur lequel elles peuvent lire que les risques pour leur santé sont importants.

Points forts

- Marie Curie était une physicienne française d'origine polonaise, célèbre pour ses travaux sur la radioactivité et deux fois lauréate du prix Nobel.
- Avec Henri Becquerel et son mari, Pierre Curie, elle a reçu le prix Nobel de physique en 1903.
- Elle est l'unique lauréate du prix Nobel de chimie en 1911.
- Marie Curie a été la première femme à recevoir un prix Nobel, et elle est la seule femme à avoir remporté le prix dans deux domaines différents.

7. Sacagawea (1788?-1812 ?)

Interprète et guide amérindien

Sacagawea (comté de Lemhi, vers 1788 - Fort Lisa (Nebraska),
décembre 1812), également appelée *Sacajawea* et *Sakakawea*, était une
femme indienne de la tribu Shoshone. Son homme et lui sont partis de
Fort Mandan pour participer à l'expédition de Lewis et Clark. Ils ont
participé à cette expédition en tant qu'observateurs et en tant qu'initiés
lors de la création du territoire occidental des États-Unis. Il est devenu,
dans les Pays-Bas, un symbole de la solidarité internationale et, depuis
2000, il est devenu l'un des principaux détenteurs d'un dollar américain.

Biografie

Sacagawea est née en tant que Shoshone. Lorsqu'elle a atteint l'âge de
deux ans et demi, elle a été invitée par les chefs de file de la tribu
nabatéenne des Hidatsa. Un an plus tard, il rencontre le roi de France
Toussaint Charbonneau. En 1804, son père a été recruté par Meriwether
Lewis et William Clark pour leur expédition, à laquelle Sacagawea a

également participé. En 1805, il découvre la Grande Océan. En septembre 1806, l'expédition se rend à Saint Louis pour la première fois.

Après le départ de l'expédition, Sacagawea et son homme ont passé dix ans chez les Hidatsa. Cette année-là, elle a été victime d'une agression de la part des kolonistes. En 1812, à Fort Lisa (Nebraska), sur les rives du Missouri, Sacagawea est victime d'un détournement de fonds alors qu'elle était âgée de 25 ans. Par la suite, il a également été signalé qu'il avait été tué par les Shoshones dans la réserve de Wind River, où il a été battu en 1884.

Points forts

- Sacagawea, également orthographié Sacajawea, se traduit par "Femme oiseau".
- Réduite en esclavage et emmenée dans leurs villages de huttes de terre de Knife River, près de l'actuelle ville de Bismarck, dans le Dakota du Nord, elle fut achetée par le commerçant de fourrures canadien-français Toussaint Charbonneau et devint l'une de ses épouses plurielles vers 1804.
- Sacagawea n'était pas le guide de l'expédition, comme certains l'ont dépeint à tort ; néanmoins, elle a reconnu des points de repère dans le sud-ouest du Montana et a informé Clark que le col de Bozeman était la meilleure route entre les rivières Missouri et Yellowstone sur leur chemin de retour.

8. Ruby Bridges (née en 1954)
Militant américain des droits civiques

*"Le racisme est une maladie d'adulte, et nous devrions
arrêter d'utiliser nos enfants pour la propager."*

Ruby Nell Bridges (8 septembre 1954) a été la première enfant de
couleur noire à être scolarisée à la William Frantz Public School de la
Nouvelle-Orléans, une école de base pour les enfants de couleur blanche.

Biografie

Ruby Nell Bridges est née à Tylertown, Mississippi, en tant que fille aînée
d'Aborn et Lucille Bridges. À l'âge de 18 ans, Ruby se rend à la Nouvelle-
Orléans, en Louisiane. Son père a travaillé dans une usine de traitement
des déchets comme employé dans une usine de traitement du benzène,
tandis que sa mère a travaillé pendant des jours pour aider la famille à
s'en sortir.

Début de la ségrégation dans les Pays-Bas

En 1960, les écoles de la Nouvelle-Orléans ont été marquées par des
traces de zébrures sur le sol. L'intégration des enfants nains dans les
écoles blanches peut également être envisagée. Un test indique que les

191

enfants nains ne doivent pas être manipulés. Ruby a participé à ce test, en compagnie de cinq autres enfants. Parmi ces trois enfants, deux ont quitté l'école, trois sont allés à l'école Mc Donaugh, Ruby a été la première à l'école publique William Frantz. Le père de Ruby a demandé à sa fille d'aller à l'école pour y étudier, mais son mari a estimé que c'était une bonne chose pour tous les enfants nains et a demandé à son homme de la remplacer.

Eerste schooldag

Il a été décidé qu'il s'agissait d'une question d'égalité entre les hommes et les femmes. C'est ainsi que Ruby a commencé sa scolarité dans sa nouvelle école. Le 14 novembre 1960, son école primaire est remplacée par l'école publique William Frantz. Ce jour-là, Ruby et son mari, escortés par des marshalls américains, se rendent pour la première fois à William Frantz. Dans l'enceinte de l'école, ils sont repérés par une minorité de personnes qui diffusent des slogans racistes. Ruby se rend compte plus tard que le volkstoeloop et le rumeurur de son père s'apprêtent à faire un Mardi Gras, mais Ruby ne se rend pas compte de tous les problèmes que son malheur lui cause. Avec sa mère, elle passe le jour suivant dans le bureau du directeur de l'école.

A partir du moment où Ruby était à l'école William Frantz, les enfants de sa famille ont été amenés à l'école. Tous les élèves ont demandé à ce qu'on leur donne une fille naine, Barbara Henry (originaire de Boston, Massachusetts). À partir du deuxième jour, ils se tournent vers Ruby, qui, à cette époque, est leur premier enfant.

La protestation et ses conséquences

L'immense protestation ne s'arrête pas à la sortie de l'école. Une jeune fille a demandé à Ruby de lui donner un coup de main, mais elle ne s'est pas approchée de l'école et n'a pu lui montrer que des choses qu'elle avait comprises. Il est sous la protection des maréchaux américains.

Les problèmes de la famille ne sont pas encore résolus. Le père de Ruby a été tué. L'avocat qui s'occupe de la famille n'est pas plus enthousiaste à l'idée que les enfants soient victimes d'abus. Ses grands-parents, qui avaient été tués il y a 25 ans dans une ferme du Mississippi, ont été surpris par la situation.

192

Des hommes de tout le pays offrent à la famille des cadeaux et des cadeaux de bienvenue. Un jour, le père de Ruby a reçu une bourse comme enfant à charge. D'autres passent aux mains des enfants de la famille de l'enfant ou de la famille de l'écuyer dans sa maison. L'aide-soignant Robert Coles donne à Ruby la chance de vivre sa première année chez William Frantz. Une semaine plus tard, il donne une leçon à Ruby et lui explique comment elle peut aller à l'école. Il rédige un livre pour que les enfants connaissent l'histoire de Ruby : "Bij het einde van het schooljaar was het protest grotendeels uitgedoofd and in september van het nieuwe schooljaar was het helemaal verdwenen. Ruby s'est jointe à d'autres enfants de la classe, dont certains sont des enfants noirs. Het leek of de moeilijke periode van de schoolintegratie van zwarte kinderen achter de rug was.

Gezin

Ruby trouwde en 1984 avec Malcolm Hall et ils ont eu quatre enfants. Ruby a travaillé quelques années en tant qu'employée de commerce, mais elle s'est occupée à plein temps de la maison de ses enfants. En 2005, Ruby Bridges a perdu sa maison à la suite de l'ouragan Katrina.

William Frantz

Lorsque Ruby, en 1993, a donné son accord pour que les parents de son frère surendetté soient nommés et envoyés à l'école, elle a commencé à se plaindre. Il faut qu'il y ait une personne de confiance dans l'école. Il était le contact entre les enfants et l'école, et Barbara Henry Ruby est apparue sur la page d'accueil du livre de Coles. Au cours de plusieurs années, elle a pris contact avec d'autres personnes. Nadien gingen ze samen langs scholen om hun verhaal te doen.De William Frantz Public School werd grotendeels verwoest door orkaan Katrina in 2005. L'école Ruby Bridges School of Community Services & Social Justice se situe dans le cadre de l'action de l'école et se concentre sur les problèmes récurrents dans lesquels des différences culturelles peuvent apparaître.

La Fondation Ruby Bridges

Deze stichting werd in 1999 door Ruby opgericht. La mission de l'association est de promouvoir la tolérance et le respect de tous les êtres humains. Elle dit elle-même ce qui suit : "Le racisme est un fléau pour les femmes, et nous devons faire en sorte que nos enfants puissent s'en servir pour se faire pardonner".

Points forts

- Ruby Bridges, de son vrai nom Ruby Nell Bridges, était l'aînée de huit enfants, née dans la pauvreté dans l'État du Mississippi.
- Sur les six étudiants afro-américains désignés pour intégrer l'école, Bridges est le seul à s'inscrire.
- Le 14 novembre 1960, son premier jour, elle est escortée à l'école par quatre marshals fédéraux.
- Bridges a passé toute la journée dans le bureau du principal, tandis que des parents furieux défilaient dans l'école pour retirer leurs enfants.

9. Greta Thunberg (née en 2003)

Activiste suédois pour le climat

"J'ai appris que vous n'êtes jamais trop petit pour faire la différence."

Greta Thunberg (Stockholm, 3 janvier 2003) est une activiste climatique zélandaise.

Nous avons été informés que le 9 septembre 2018, lors de la cérémonie d'ouverture de la session du parlement zweedois, une manifestation a eu lieu à l'occasion de ce même jour de l'année scolaire, au cours de laquelle un groupe de protestataires s'est rassemblé autour du poste du parlement zweedois pour protester contre le changement climatique. Na de verkiezingen staakte ze iedere vrijdag. En novembre 2018, dans un article d'opinion paru dans *The Guardian, il a* déclaré qu'il n'y avait pas lieu de s'inquiéter, car les politiciens n'étaient pas prêts à accepter l'accord de Parijs.

Inspiratie

Dans une interview avec Amy Goodman de *Democracy Now !* et plus tard sur sa page Facebook, Thunberg a indiqué que l'idée d'une prise de possession de l'école pour la première fois dans l'histoire de l'école était liée à la grève de l'école secondaire Stoneman Douglas le 14 février 2018, alors qu'un certain nombre de jeunes n'allaient plus à l'école. Kort nadat ze in mei 2018 een schrijfwedstrijd van *Svenska Dagbladet* had gewonnen, opperde Bo Thorén van de milieugroep *Fossil Free Dalsland* de mogelijkheid van een schoolstaking als actiemiddel. Greta a dit que c'était une bonne idée, mais elle est loin d'être à la hauteur des autres dirigeants du mouvement, et même de ses enfants. C'est à ce moment-là que le piquetage de l'entrée de la maison doit se faire.

Greta Thunberg a été libérée le 20 août 2018, le premier jour de sa protestation, par *We Don't Have Time*, une start-up technologique zweedoise dirigée par son PDG Ingmar Rentzhog et par son épouse Malena Ernman. L'association a pour objectif de fournir, via les médias sociaux, une aide aux investissements climatiques indépendants (Green New Deal). Greta Thunberg a été nommée conseillère spéciale pour les jeunes afin de contribuer à la réussite de l'organisation. En février 2019, l'organisation "*We Don't Have Time*" a demandé à ce que l'on tienne compte du nom de Greta Thunberg et de sa famille.

Activisme

Greta Thunberg kwam geregeld in de pers vanwege haar scherpe uitspraken op klimaatbijeenkomsten. Lors d'un acte d'humeur burgerlijke au parlement britannique le 31 octobre 2018, organisé par *Extinction Rebellion*, Greta Thunberg a parlé d'une "crise grave et persistante qui n'est jamais aussi grave qu'aujourd'hui, et que nos enfants gèrent comme de petits enfants". Op de TED-conferentie van 24 november 2018 in Stockholm stelde Thunberg "we hebben al dertig jaar pep-talk en positieve praatjes gehoord. Je suis désolée, mais c'est trop tard. S'il avait été mis en place, les émissions auraient été réduites à néant - et ce n'est pas un problème".

Lors de la conférence sur le climat de Katowice 2018, M. Thunberg a présenté l'essentiel de ces informations, en expliquant aux enfants du monde entier qu'ils étaient "capables de comprendre où ils se trouvaient" et que "les enfants n'étaient pas prêts à comprendre ce qui se passait. Zelfs die last laten jullie aan ons, kinderen, over".

Le 23 décembre 2018, il a été interviewé par Fareed Zakaria dans le cadre de l'émission *GPS* de CNN, dans laquelle des politiciens, des représentants des pouvoirs publics et des diplomates ont répondu à

196

l'appel. Le 23 janvier 2019, elle est arrivée à Davos, où elle a été invitée à participer au Forum économique mondial. Terwijl Thunberg koos voor een 32 uur durende treinreis, kwamen 1500 deelnemers hiernaartoe met privévliegtuigen.

Greta Thunberg a été choisie comme modèle de rôle pour les activités liées au climat des écoles (Spijbelen voor het klimaat) en Belgique, au Pays-Bas et en Suisse, en janvier 2019.

Le 21 février 2019, Greta Thunberg s'est rendue à Bruxelles pour participer, avec Anuna De Wever, Kyra Gantois et Adélaïde Charlier, les membres belges de *Youth for Climate, à l'ouverture du* prochain sommet sur le climat qui a eu lieu ce jour-là. La politique doit faire preuve d'imagination pour aider les jeunes à s'en sortir. En ce jour, Mme Thunberg a rencontré à Bruxelles la Commission européenne et son président Jean-Claude Juncker. Le vendredi 22 février 2019, Mme Thunberg, accompagnée d'Anuna De Wever, Kyra Gantois et Adélaïde Charlier, a participé au séminaire sur le climat à Paris et a été invitée par le président français Emmanuel Macron, en compagnie des délégations belge et française. Thunberg a rejoint, après une semaine de congé scolaire en Suède, les séminaires sur le climat d'Anvers le 28 février 2019 et de Hambourg le 1er mars 2019. Si Thunberg a été désigné à Berlijn pour la *Goldene Kamera-gala*, il a également participé le vendredi 29 mars à la *manifestation "Fridays for Future"*, au cours de laquelle il a rencontré environ 20 000 personnes sur la Brandenburger Tor.

Le jeudi 16 avril 2019, Thunberg se rendra à la réunion du Parlement européen à Straatsburg. Au Vlierwijk, dans le centre de Bruxelles, une exposition a été organisée par Thunberg, par le cinéaste Encq, ainsi que par Henk De Ruddere. Le mercredi 17 avril 2019, Thunberg a organisé sur la place Saint-Pierre à Rome une rencontre avec Paus Franciscus, dont il a fait l'objet d'une demande d'admission. Le lendemain, M. Thunberg a été invité, avec d'autres organisateurs de manifestations sur le climat (notamment Anuna De Wever), à s'exprimer devant le parlement italien. Le vendredi, il s'est rendu à Rome pour participer à une manifestation scolaire sur le climat, où il a rencontré 25 000 personnes sur la Piazza del Popolo. Le 21 avril, il a rencontré les acteurs du mouvement de la Rébellion de l'Extinction, qui se sont rendus à Londres pour une série d'actions. Le 23 avril 2019, Thunberg a prononcé un discours au parlement britannique.

Au début de l'année 2019, Thunberg lui a demandé de quitter l'école pendant un an (en Suède, la période scolaire s'étend jusqu'à la fin de l'année scolaire) et en août 2019, Thunberg a traversé l'océan Atlantique, de la ville anglaise de Plymouth jusqu'à New York, à bord du Malizia II, un zeiljacht d'un mètre de long, de type IMOCA 60, équipé de panneaux solaires et de turbines à eau. Le projet a été conçu comme un projet transatlantique neutre en CO_2 et comme une démonstration de la volonté de Thunberg de réduire les émissions de gaz à effet de serre. Une autre critique a été formulée, car la Commission a estimé que le seuil d'émission de CO_2 était trop élevé : pour que le seuil d'émission soit atteint, il faut que des véhicules soient mis en place en Europe et que les véhicules soient indemnisés, en particulier pour le CO_2 . La durée de l'opération est de 15 jours, du 14 au 28 août 2019. Mme Thunberg sera présente à la conférence du VN à New York le 23 septembre 2019 et participera également à la conférence du COP 25 à Santiago (Chili) du 2 au 13 décembre 2019. Lors de sa visite à New York, il a été accueilli par ses plus grands fans et activistes climatiques, notamment la très expérimentée Alexandria Villaseñor (médaillée de l'*US Youth Climate Strike* et ambassadrice de *Earth Uprising*) et la septuagénaire Xiye Bastida (l'une des organisatrices des *Fridays for Future New York City*). La question et la discussion ont été reprises régulièrement dans les journaux. Le vendredi 30 août et le vendredi 6 septembre, le parti a décidé d'organiser des cours sur le climat à New York. Le vendredi 13 septembre, M. Thunberg, accompagné de plusieurs autres activistes, a participé à une manifestation scolaire sur le climat à Washington, au Witte Huis, et le 14 septembre, il a été interviewé par Trevor Noah dans le Daily Show.

Le 23 septembre 2019, M. Thunberg, au klimaattop de New York, a demandé au secrétaire général António Guterres, de la Conférence générale des Nations unies, d'envoyer des représentants de tous les pays du monde et de tous les secteurs de l'économie pour qu'ils se prononcent sur leur responsabilité à l'égard de la crise climatique. Ils ont également été victimes d'un grand nombre de groupes de pression et de politiciens qui se sont opposés à un changement radical de climat.

In een open brief, samen met Adélaïde Charlier en Anuna De Wever op 1 december 2019, kondigen ze aan dat verdere acties ondernomen zullen worden om de politici te overtuigen om te gaan op de duidelijke vragen vanuit de wetenschappelijke wereld.

Dans le courant de l'année scolaire 2020-2021, Thunberg a l'intention d'aller à l'école.

Mentions légales et prix

Thunberg est devenue, début mars 2019 en Suède, la "femme de l'année", selon une enquête menée par le magazine zweedois *Aftonbladet. Expressen*, un autre magazine zweedois, a déclaré que Thunberg avait également été victime d'un meurtre cette année. Le 13 mars 2019, Greta Thunberg a été nommée au prix Nobel de la paix par trois chefs de file du parlement néerlandais, Freddy André Øvstegård et deux autres chefs de file du parti socialiste Linkse, avant d'être nommée début février par la politicienne du Danemark Lisa Badum. Le 30 mars 2019, Mme Thunberg a reçu à Berlijn, dans le cadre de la *Goldene Kamera-gala*, le *prix Klimaschutz* et, le douzième jour, elle a été désignée par l'*Association suédoise des femmes pour l'éducation* (SWEA International, Inc.) comme la femme la plus pauvre de l'année.

Le 2 avril 2019, Thunberg a remporté le *Prix Liberté* de la région française de Normandie, un prix décerné à des jeunes qui s'engagent pour la justice et la liberté. Le 12 avril, Thunberg et la Noorse milieuvereniging *Natur og Ungdom ont* remporté le Noorse Fritt Ords Pris.

Le 17 avril 2019, l'église Franciscus a ouvert ses portes sur la place Sint-Pieters. Zij nodigde hem uit "to join the Climate Strike" geschreven op een bord van de Laudato Si-generatie. Hij moedigde haar aan door te gaan met haar actie. Il a également participé au sénat de Rome et s'est joint à une manifestation sur le climat.

En août 2019, Thunberg a reçu le *prix "Game Changer Of The Year"* de la revue britannique GQ. Le 16 septembre, Thunberg (ainsi que *Fridays for Future*) a reçu à Washington le prix "Ambassadeurs van het Geweten" (*Ambassadeur de la conscience*) d'Amnesty International, remis par Kumi Naidoo, secrétaire général de l'organisation de défense des droits de l'homme.

En 2019, le *Nelloptodes gretae* est devenu l'un de ses géniteurs. En 2020 kreeg ook een slak een verwijzing naar Thunberg in zijn naam : *Craspedotropis gretathunbergae*.

L'année 2019 sera également marquée par les prix annuels du Conseil nordique, dont la coopération entre les parlements du Danemark, de la Finlande et de la Suède a été promue. Il a augmenté le montant de la subvention de 350 000 couronnes danoises (environ 46 800 euros) et s'est engagé à ce que la région du Nord, grâce à de bonnes idées pour le climat et le milieu, soit indépendante sur le plan énergétique.

Le 20 novembre 2019, M. Thunberg et Mme Divina Maloum recevront le Prix international des enfants. Le prix n'a pas été remis en jeu, car il est lié à un déplacement des États membres vers l'Europe par le biais d'une conférence sur le climat à Madrid en 2019.

Le 11 décembre 2019, Thunberg a été nommé *Persoon de l'année 2019* par le magazine Time.

En 2020, M. Thunberg a reçu un prix d'un million d'euros de la fondation Calouste Gulbenkian à Lissabon et a ajouté qu'il s'agissait d'une aide précieuse, à commencer par 100 000 euros pour l'*action Stop Ecocide* et la campagne SOS Amazonia de l'association brésilienne *Fridays for Future*.

En 2021 bracht de Zweedse post een postzegel uit met Thunberg op, binnen een reeks over het milieu.

Film

En 2020 est né *I am Greta* in de bioscopen, un film documentaire. Son parcours s'étend de son premier jour d'école jusqu'au moment où, en tant qu'activiste du monde occidental, il s'est rendu sur l'océan Atlantique en compagnie de son défenseur des droits de l'homme. À New York, il se rend à l'Assemblée des Nations Unies. Le film a remporté le prix du meilleur film au Zürich Film Festival 2020.

Familles et particuliers

La mère de Thunberg est Malena Ernman, une actrice zélandaise qui a participé à l'Eurovisiesongfestival 2009. Son père est Svante Thunberg, un acteur, né de Svante Arrhenius, un des fils de son grand-père. Arrhenius a obtenu en 1903 le prix Nobel de la science pour sa théorie sur la dissociation électrolytique.

Greta Thunberg a toujours été très attachée à son milieu et à sa culture. Afin d'éviter que les aliments ne se dégradent, elle s'est engagée dans une démarche végétalienne, a consommé des aliments et s'est sentie à l'aise avec les aliments.

Lors de la conférence TEDx qui s'est tenue à Stockholm en novembre 2018, elle a été diagnostiquée comme souffrant d'un syndrome obsessionnel-compulsif, de mutisme sélectif et du syndrome d'Asperger. Zij verklaart de verbetenheid van haar engagement ten dele vanuit haar autisme.

Points forts

- Greta Thunberg, de son vrai nom Greta Tintin Eleonora Ernman Thunberg, a été diagnostiquée avec le syndrome d'Asperger, qui est maintenant considéré comme un trouble du spectre autistique (TSA).
- Outre son action en faveur de l'environnement, Mme Thunberg a contribué à faire connaître le syndrome d'Asperger et à inspirer les personnes atteintes de ce trouble.
- Tout en reconnaissant que le syndrome d'Asperger l'avait gênée à certains égards, elle a également noté ses avantages, en tweetant à un moment donné : "Je suis Asperger et cela signifie que je suis parfois un peu différente de la norme. Et - dans les bonnes circonstances - être différent est un super pouvoir."
- No One Is Too Small to Make a Difference (2019) est un recueil de ses discours.
- Le documentaire I Am Greta est paru en 2020.

10.   Jane Goodall (née en 1934)
Primatologue, éthologue et anthropologue britannique

---

*"Le moins que je puisse faire est de parler pour ceux qui ne
peuvent pas parler pour eux-mêmes."*

Valerie Jane Morris-Goodall (Londres, 3 avril 1934) est une
anthropologue et biologiste anglaise, spécialisée en éthologie et
primatologie. Il est connu pour son étude approfondie du comportement
social et familial des chimpanzés, qu'il a étudiés dans le parc national de
Gombe Stream en Tanzanie. Il est directeur de l'Institut Jane Goodall et
du programme Roots & Shoots pour les jeunes.

Levensloop

Goodall était le premier enfant de Mortimer Herbert Morris-Goodall et de
Margaret Myfanwe "Vanne" Joseph. Sa fille Judy est née en 1938. Après
la naissance de leurs enfants, ils vivent à Bournemouth, en Angleterre,
auprès de leur père.

Goodall était depuis son enfance dans une famille. Il a travaillé comme
secrétaire pour l'anthropologue Louis Leakey au Kenya en 1957 et 1958.
Grâce à son action en faveur des enfants, Leakey s'est engagé dans une
recherche sur l'évolution des hommes. C'est ainsi qu'il a été décidé que
Goodall et les chimpanzés du parc national de Gombe Stream, à partir du
mois de juillet 1960, seraient les meilleurs. Cette étude a été menée

pendant plusieurs années et est en fait la plus longue étude sur les chimpanzés sauvages dans le monde.

Leakey a également demandé à Goodall de se rendre au Royaume Uni, où il a obtenu en 1965 son doctorat en éthologie au Newnham College de l'Université de Cambridge. Zij volbracht dit zonder ooit eerder te hebben gestudeerd.

Goodall a travaillé deux fois : la première fois en 1964 avec le photographe animalier Hugo van Lawick. Elle est morte en 1974. Son fils Grub est né en 1967. A cette époque, Goodall rencontrait Derek Bryceson, un membre du parlement de Tanzanie. Bryceson a été, du milieu des années 70 à sa mort en 1980, directeur des parcs nationaux de Tanzanie.

Bijdrage Wetenschappelijke (en anglais)

L'une des plus grandes réussites de Goodall a été d'obtenir que les chimpanzés fabriquent et utilisent des outils de travail. Certains chimpanzés utilisent des takjes et des twijgens pour se débarrasser de leurs déchets. Les torsades sont placées dans des sièges où les torsades sont placées. Les torsades sont ensuite placées dans des endroits où les insectes sont placés, puis elles sont manipulées et lues par les chimpanzés. Tot deze ontdekking werd gedacht dat alleen mensen werktuigen gebruikten.

En outre, il a été établi que les chimpanzés peuvent se vider, être en contact avec d'autres chimpanzés et groupes de chimpanzés.

En réponse à la pratique très répandue de la numération, Goodall a donné son nom à ses compagnons. Cette décision constitue une entorse à la tradition scientifique traditionnelle, qui s'est avérée très difficile à mettre en œuvre pour décrire le comportement des chimpanzés en termes de sentiments et d'émotions. Son comportement est très controversé et les éthologues le considèrent comme une menace grave.

Jane Goodall se consacre aux animaux et à leur protection (le projet Great Ape, connu sous le nom de Great Ape Project). Elle est ambassadrice des Nations Unies depuis 2002. Elle a été nommée dame-commandante de l'Ordre du Roi britannique (DBE) lors d'une cérémonie à Buckingham

Palace en 2004. En janvier 2006, Goodall a reçu de l'UNESCO, pour ses inspirations, le prix de la plus grande médaille de l'année.

Des films et de nombreux documentaires ont été réalisés sur lui et son travail. Il y a aussi une orchidée dans la maison : *Dendrobium goodallianum.*

Institut Jane Goodall

L'Institut Jane Goodall a été créé en 1977. Cet institut est implanté dans plus de 30 pays et se consacre à l'amélioration constante des chimpanzés et de leur habitat. L'Institut Jane Goodall travaille en collaboration avec d'autres organisations locales en Afrique.

Publiek optreden

Jane Goodall a présenté, lors de la conférence TED de mars 2007, un exposé sur les grandes différences et les petits écarts entre les hommes et les femmes. TED est l'une des manifestations où Mme Goodall a fait preuve d'une grande générosité. Ses activités publiques l'amènent également à s'exprimer dans de nombreux autres lieux, notamment au Commonwealth Club, dans plusieurs universités (internationales), dans des réserves naturelles et dans son propre Institut Jane Goodall.

Goodall s'exprime également sur l'impact négatif de l'homme sur la nature et le climat. Son propre institut se prononce en faveur d'un lien étroit entre l'homme et la nature.

Points forts

- Jane Goodall, de son vrai nom, s'est intéressée au comportement des animaux dès son plus jeune âge et a quitté l'école à 18 ans.
- Elle a travaillé comme secrétaire et comme assistante de production de films jusqu'à ce qu'elle parvienne à se rendre en Afrique. Une fois sur place, Goodall a commencé à assister le paléontologue et anthropologue Louis Leakey.
- En 1965, l'université de Cambridge a décerné à Mme Goodall un doctorat en éthologie ; elle était l'un des très rares candidats à recevoir un doctorat sans avoir d'abord obtenu une licence.

- Goodall a écrit un certain nombre de livres et d'articles sur divers aspects de son travail, notamment In the Shadow of Man (1971).
- Mme Goodall a continué à écrire et à donner des conférences sur les questions d'environnement et de conservation jusqu'au début du 21e siècle.

11.   Mary Seacole (1805-1881)

Infirmière et héroïne de la guerre de Crimée

Mary Jane Seacole (Kingston, 1805 - Londres, 14 mai 1881) était une écrivaine jamaïcaine et une femme d'affaires dans le Krimoorlog.

Leven in de Caraïben

Mary Jane Seacole est née à Kingston, fille du militaire américain James Grant et d'une jeune femme jamaïcaine. Son père était un généticien reconnu pour ses méthodes génétiques caribéennes et afrikaans. C'est à son père qu'il doit d'avoir recours à l'échange d'informations. En 1821, il obtient son premier contrat dans la ville de Londres pour se rendre, après quatre ans, en Jamaïque, où il travaille à la place de son mari. En 1836, il rencontre Edwin Horatio Hamilton Seacole, qui, d'après la biographie de Mary Seacole, Jane Robinson, était une sorte de fils de l'officier britannique Horatio Nelson.

En 1851, Mary Seacole se rendit à Panama, dans le quartier de Nieuw-Granada, où vivait son demi-frère. Peu de temps après son départ, son frère est décédé des suites d'une épidémie de choléra. Il a réussi avec beaucoup de succès à faire changer les choses et s'est retiré pendant un an en Jamaïque, puis deux ans plus tard au Panama, afin de faire changer les choses. Voor haar vertrek hoorde ze het nieuws over de uitgebroken Krimoorlog en besloot ze om zich als vrijwilliger op te geven om daar als verpleegster te werken.

Krimoorlog

Sur la base de ses propres fonds, il est transféré vers le Krim. À Londres, elle s'associe à Thomas Day, prend en charge les dépenses courantes et se rend à Constantinople. Lors d'un arrêt à l'île de Malte, Seacole rencontre un soldat qui n'a pas été touché par le front, ce qui lui permet de rédiger un rapport sur Florence Nightingale. Elle se rend à Balaklava en passant par la frontière britannique.

Met behulp van drijfhout en ijzeren platen bouwde ze te Kadikoi, op vijf kilometer afstand van Sebastopol, haar British Hotel. C'est dans cet établissement que Seacole a reçu ses patients. Il se rendit également à l'avant de l'hôtel en tant que vendeur afin d'offrir des boissons aux soldats. De même, dans la vallée de Sébastopol, il s'occupe de son matériel de travail. En 1856, lorsque la ville de Parijs a été créée et que les soldats ont quitté le pays, Mary Seacole est la dernière personne à avoir été embauchée dans la région. Au cours de sa période d'activité sur le Krim, elle s'est occupée de plusieurs de ses moyens financiers.

Latere leven

Après le décès de son père, il se rendit à Londres où il fut arrêté en août 1856. Un fonds a été créé pour lui permettre de faire des dons et un grand festival a été organisé dans les jardins royaux du Surrey afin d'obtenir de l'argent. En 1860, Mary Seacole s'est opposée au catholicisme et a quitté la Jamaïque. Lorsque, dix ans plus tard, elle se réfugie dans la ville du Royaume Uni, il est clair que son corps médical est en train de se détériorer sur le front de l'Ordre de Malte. En 1872, elle est devenue la masseuse personnelle de la princesse du Pays de Galles, Alexandra van Denemarken, qui s'est occupée de son fils. Seacole a succombé en 1881 à une apoplexie dans sa maison et a été enterrée dans l'église du cimetière catholique de Sainte-Marie à Kensal Green.

Points forts

- En 1836, Mary Grant épouse Edwin Horatio Seacole, et au cours de leurs voyages aux Bahamas, en Haïti et à Cuba, elle approfondit ses connaissances des médicaments et des traitements locaux.
- Après la mort de son mari en 1844, elle acquiert une nouvelle expérience d'infirmière lors d'une épidémie de choléra au Panama et, après son retour en Jamaïque, elle soigne les victimes de la fièvre jaune, dont beaucoup sont des soldats britanniques.
- Malgré son expérience, ses offres de service en tant qu'infirmière de l'armée sont refusées, et elle attribue ce refus aux préjugés raciaux.
- En 1855, avec l'aide d'un parent de son mari, elle se rend en Crimée en tant que sutler, mettant en place le British Hotel pour vendre de la nourriture, des fournitures et des médicaments aux troupes.

12.   Jane Austen (1775-1817)

Romancier anglais

---

*"Je dois apprendre à me contenter d'être plus heureux que
je ne le mérite."*

Jane Austen (Steventon, 16 décembre 1775 - Winchester, 18 juillet 1817)
était une grande écrivaine anglaise de romans, dont l'œuvre est devenue
l'un des piliers du canon littéraire occidental. La forme et l'aspect
dramatique de son œuvre contrastent fortement avec la vie terrifiante
qu'elle a vécue au travail.

Son réalisme, son commentaire sociétal et son recours à la reddition
indirecte, une forme d'expression peu répandue, sont autant d'éléments
qui font de lui l'un des écrivains les plus célèbres et les plus talentueux de
la littérature anglaise.

Levensloop

Austen groeide op in een hecht gezin in de lagere regionen van de Engelse adel. Il était entouré de son père et de ses frères. Il a également appris beaucoup de choses sur lui. L'expérience de sa famille est d'une importance cruciale pour le développement d'Austen en tant qu'écrivain professionnel. Austen s'est fait connaître en tant qu'écrivain et artiste, car il était âgé de plus de dix ans. À cette époque, elle a expérimenté plusieurs formes littéraires, notamment les romans brefs, alors que cette forme de littérature n'était que très rarement utilisée. Le seul roman bref qu'il a écrit est *Lady Susan*. Il a écrit (et publié) plusieurs grands romans et a commencé à en écrire un cinquième. De 1811 à 1816, elle remporte des succès en tant qu'écrivain avec les romans *Sense and Sensibility* (1811), *Pride and Prejudice* (1813), *Mansfield Park* (1814) et *Emma* (1816). Il n'a écrit que deux romans, *Northanger Abbey* et *Persuasion*, qui ont été publiés après coup en 1818. Un roman a été écrit par une personne qui avait besoin d'être rassurée sur son sort ; le dernier s'intitule *Sanditon*.

Les œuvres d'Austen constituent une réaction critique aux *romans sentimentaux*, un genre littéraire qui a connu une grande popularité dans la deuxième moitié du XIXe siècle. Ses ouvrages constituent un prolongement du mouvement vers le réalisme négatif de l'époque. Les intrigues d'Austen (essentiellement familiales) se situent à un moment où les hommes, à l'époque, étaient insensibles à la nécessité de garantir le statut social et la sécurité économique. Ses livres sont utilisés dans des ouvrages de référence, comme ceux de Samuel Johnson, l'un des plus grands inventeurs de son œuvre.

L'œuvre de Jane Austen, qui avait pour but de rendre publique son histoire, n'a reçu qu'un faible écho personnel et quelques critiques positives pendant sa jeunesse. Ce n'est qu'en 1869 que James Edward Austen-Leighs a publié l'ouvrage *Memoir of Jane Austen,* son neveu. Ce livre a été publié par un grand nombre de personnes, mais au milieu de la deuxième moitié de l'ère moderne, Austen était déjà considérée dans le monde universitaire comme un "grand écrivain anglais". Au cours de la deuxième moitié de la deuxième décennie, les connaissances sur l'œuvre d'Austen se sont accrues et elle a trouvé un grand nombre de fans, qui sont eux-mêmes des "Janeites". Son œuvre a été étudiée et filmée, notamment dans le film *Becoming Jane* avec Anne Hathaway dans le rôle principal. Dans le film *Miss Austen regrets* avec Olivia Williams dans le rôle principal, son propre héritage (de ce qui était connu de lui) est central. Ses livres ont été publiés dans de nombreux pays, mais ses activités télévisées et ses films ont été les principaux vecteurs de sa popularité. Dans *Love Finds You in Charm (Ohio)* uit 2015 leest het Amish meisje Emma Miller Austen-boeken.

Brieven

Il y a peu d'informations sur la vie de Jane Austen. Un très grand nombre de mariages personnels et de mariages de sa famille ont été enregistrés (sur un total de 160 mariages sur 3000). Sa fille Cassandra, à qui l'on doit les plus gros briefs de la famille, a vérifié le plus grand nombre de briefs de Janes et a censuré le petit nombre de briefs qui ont été vérifiés, et d'autres briefs ont été vérifiés par l'amiral Francis Austen, le frère de Janes. L'essentiel du matériel biographique, qui date de la première moitié de sa vie, provient de sa famille et présente l'aspect subjectif de cette famille, en particulier de "la vieille et rustique tante Jane". Les personnes interrogées n'ont que peu d'autres informations à fournir.

Famille

Les enfants de Jane Austen, William George Austen (1731-1805) et sa fille Cassandra (1739-1827), sont issus de familles différentes. George faisait partie d'une famille de marchands de loups qui, par l'intermédiaire de son père, était engagée dans les rangs les plus élevés du pays. Cassandra était un membre de la grande famille Leigh, un baronnet de Stoneleigh. Elle est née le 26 avril 1764 à Bath. De 1765 à 1801, en raison d'une grande partie du patrimoine de Janes, le père George a été prédique dans les paroisses anglicanes de Steventon, Hampshire, et dans un village voisin. De 1773 à 1796, il a fait appel à ses talents de propriétaire terrien et à une dizaine de jeunes gens pour les aider à s'épanouir et à s'intégrer dans la société.

La famille d'Austens était très nombreuse : deux frères (James (1765-1819), George (1766-1838), Edward (1767-1852), Henry Thomas (1771-1850), Francis William (Frank) (1774-1865), Charles John (1779-1852)) et une fille, Cassandra Elizabeth (1773-1845), qui n'était pas une Jane ongehuwd. Cassandra était la meilleure amie de Jane et sa conseillère pendant sa jeunesse. Parmi ses trois frères, Jane a rencontré Henry, qui est devenu plus tard banquier et, après la faillite de la banque, prédikant anglican. Henry était également l'agent littéraire de son frère. Dans le cadre de son grand cercle d'amis et de connaissances à Londres, on trouve des banquiers, des menuisiers, des ouvriers, des sculpteurs et des

211

acteurs, et il donne à Jane un rôle de premier plan dans une organisation sociale qui, normalement, pour lui, devrait être créée dans le Hampshire. Le frère de Janes, George, a quitté la maison à l'âge de neuf ans et a vécu au sein d'une famille unie, car, comme l'écrit Le Faye dans son biographe, George était "anormal" et "onderhevig aanvallen". Il était aussi un idiot. Charles et Frank font partie de la marine et sont les premiers à avoir le rang d'amiral. Edward a été nommé par son neveu Thomas Knight ; il est devenu propriétaire d'un terrain et a pris son nom en 1812.

Points forts

- Le premier de ses romans publiés de son vivant, Sense and Sensibility, avait été commencé vers 1795 sous la forme d'un roman en lettres intitulé "Elinor and Marianne", du nom de ses héroïnes. Entre-temps, en 1811, Austen avait commencé Mansfield Park, qui fut terminé en 1813 et publié en 1814.
- De tous les romans d'Austen, Emma est celui dont le ton est le plus systématiquement comique.
- La popularité durable des livres d'Austen se reflète dans les nombreuses adaptations de ses œuvres au cinéma et à la télévision.
- Orgueil et préjugés a notamment été adapté en film en 1940 avec Greer Garson et Laurence Olivier, en mini-série (1995) avec Jennifer Ehle et Colin Firth, et en film (2005) avec Keira Knightley et Matthew Macfadyen.

13. Coco Chanel (1883-1971)
Créateur de mode français

"L'acte le plus courageux est encore de penser par soi-même. A haute voix."

Coco Chanel (de son vrai nom **Gabrielle Chasnel**) (Saumur, 19 août 1883 - Parijs, 10 janvier 1971) est une créatrice française de mode féminine et l'exploitante de la marque Chanel. Dans le cadre de l'Eerste Wereldoorlog, Chanel s'associe à plusieurs autres créateurs, dont Paul Poiret, pour que la figure emblématique de la mode toenmalige soit transformée en un style féminin plus décontracté et sportif. Chanel est considérée comme le plus grand créateur de mode du monde. Elle n'est pas seulement connue pour ses vêtements, mais aussi pour ses serviettes, ses accessoires pour les mains et ses parfums. Son parfum Chanel N°5, qui a connu un grand succès, est devenu un produit emblématique. Chanel s'est imposé comme l'un des principaux créateurs de mode sur la liste des personnalités les plus influentes du 20e siècle, selon *Time*.

Levenstijd

Au cours des deux dernières années, Chanel était connue comme la "reine de la mode". "Elegant zijn est geen kwestie van een nieuwe jurk aantrekken. Je bent elegant, omdat je elegant bent." En 1918, ze kreeg ze een gebouw aan de *31 rue Cambon* in Parijs in handen. En 1921, il ouvre sa première "modeboetiek" et y vend des vêtements et des accessoires. Entre 1921 et 1926, Chanel a une relation avec le peintre Pierre Reverdy. En 1927, elle construit deux maisons dans la rue Cambon, les numéros 23 à 31. Elle était une femme de la *Garçonne* : elle portait des robes truies et des robes en plooirokken de grande taille et versait des haricots en cloche et en bandeau.

Son grand rival Paul Poiret, qui a fait la pluie et le beau temps avec des créations originales, a fait de Chanel le stijl *misérable du luxe*. Il a fait passer ses collections exotiques à travers une avondjurkje minimaliste et zen, l'un des plus beaux exemples de Chanel.

Chanel a lancé en mai 1921 son parfum Chanel N°5, l'un des parfums les plus populaires et, en fait, le premier parfum d'avant-garde que les femmes ne peuvent pas utiliser. Chanel s'en souvient : "Een vrouw moet ruiken als een vrouw en niet als een roos".

Dans les années 50, il a introduit le deux-pièces, connu sous le nom de chanelpakje, et le handtas avec une échelle de 2,55 (jusqu'à son introduction en février 1955). Il s'agit là de l'un des plus grands succès de l'histoire.

Son nom était alors associé à d'autres grands noms du monde de la mode, comme sa tijdgenote Elsa Schiaparelli, dont le nom est resté dans les mémoires.

Chanel est installé depuis 87 ans dans une suite de l'Hôtel Ritz à Paris. L'image de Chanel en matière de mode a été reprise par son impérial Chanel, grâce au couturier Karl Lagerfeld (1933-2019).

Collaboration

Chanel a entretenu une relation avec Walter Schellenberg, général-major du Reichssicherheitshauptamt, à l'époque de la prise du pouvoir par les Allemands en France. Dans sa biographie intitulée *Sleeping with the Enemy : Coco Chanel's Secret War* (2011), Hal Vaughan indique que Chanel a collaboré avec le bailleur de fonds danois et qu'elle a eu une relation avec le baron Hans Günther von Dincklage, un officier danois qui "était en contact étroit avec Adolf Hitler et Joseph Goebbels". Selon l'écrivain Franck Ferrand, qui a travaillé pour la revue documentaire française *L'ombre d'un doute*, un document du ministère français de la Défense indique que Chanel, sous l'égide de *Westminster*, travaillait pour l'Abwehr, l'agence militaire du Danemark. D'après Vaughan, Chanel a fait en sorte que son fils André Palasse puisse quitter le service militaire. Plus tard, elle a dû faire face à ses relations avec les nazis pour que le parfum Chanel n°5, qu'elle avait créé en 1924, soit vendu à la famille Joodse Wertheimer.

En septembre 1944, Chanel a été condamné à mort, mais il n'a été libéré que dans quelques mois. Elle est victime de l'influence de son ami Winston Churchill. Il se rend avec von Dincklage au Pays de Galles, avant d'être renvoyé à Paris en 1953 ou 1954.

Dans les films

Le film *Coco avant Chanel* (2009) retrace l'histoire de Chanel, qui est devenu un célèbre couturier. Il est interprété par Audrey Tautou. Le film *Coco Chanel & Igor Stravinsky* est également sorti en 2008, dans le cadre du livre *Coco & Igor* de Chris Greenhalgh. Ce film est très intéressant du point de vue technique pour *Coco avant Chanel* et permet de mieux comprendre ce qui se passe. Chanel est représentée ici par Anna Mouglalis.

Points forts

- Coco Chanel est née dans la pauvreté, dans la campagne française ; sa mère est morte et son père l'a abandonnée dans un orphelinat.
- Les créations élégamment décontractées de Coco Chanel ont inspiré les femmes de la mode à abandonner les vêtements compliqués et inconfortables - tels que les jupons et les corsets - qui prévalaient dans l'habillement du XIXe siècle.
- Après sa mort en 1971, la maison de couture Chanel a été dirigée par une série de designers, le mandat de Karl Lagerfeld (1983-2019) étant le plus long et le plus influent.
- La compréhension avisée de Chanel des besoins des femmes en matière de mode, son ambition entreprenante et les aspects romantiques de sa vie - son ascension des haillons à la richesse et ses

aventures amoureuses sensationnelles - ont continué à inspirer de nombreux livres biographiques, films et pièces de théâtre, notamment la comédie musicale Coco, jouée à Broadway en 1970 par Katharine Hepburn.

14.   Frida Kahlo (1907-1954)

Peintre mexicain

"Je ne peins pas des rêves ou des cauchemars, je peins ma propre réalité."

Magdalena Carmen Frida Kahlo y Calderón (Coyoacán, 6 juillet 1907 - aldaar, 13 juillet 1954) était une artiste surréaliste mexicaine.

Biografie

Kahlo est née à Coyoacán, dans un quartier de Mexico. Sa mère était la catholique Matilde Calderón. Son père, Guillermo (Wilhelm) Kahlo, était un protestant Duitse. Pour Kahlo lui-même, il s'agissait d'un jeune homme de nationalité hongroise, mais cela ne correspondait pas à la réalité. Il a eu plusieurs enfants, dont deux d'entre eux ont rencontré María Cardena. Il a travaillé comme photographe, pour des projets d'architecture et surtout pour le gouvernement de Porfirio Díaz, où il s'est montré très actif. Au cours de la Révolution mexicaine, il s'est efforcé d'ouvrir les portes de la ville.

En 1913, Frida a été victime d'un attentat à la pudeur de la part de son entourage. C'est le début d'un grand nombre de complexes que Frida va créer au cours de sa vie. L'un des plus grands noms de l'artiste date de 1930 et l'amène à s'asseoir sur un banc, son père étant en plus de cela, ce qui n'atténue pas son handicap. Il est soutenu par son maître Diego Rivera.

Lorsque son père s'est inscrit en 1922 à la prestigieuse École nationale de médecine, il a décidé de poursuivre ses études de médecine. Les auteurs veulent un nouveau Mexique, en faisant en sorte que les normes culturelles européennes, qui étaient auparavant contradictoires, soient remplacées par la culture mexicaine et un "mexicanisme" plus authentique. Son dernier enfant a été élevé par l'une des filles de l'école.

Le 17 septembre 1925, l'autobus dans lequel Kahlo, âgée de dix ans, et son ami Alejandro Gómes se rendirent à Mexico, fut endommagé par un tramway. Un petit coup de couteau dans le corps de la femme, à l'intérieur de son corps, par le biais de son coude, l'a fait sortir de son vagin. Ses rubans et son haut sont abîmés, sa chemise est abîmée sur plusieurs épaisseurs, son tapis est abîmé sur plusieurs épaisseurs, et sa tête est traitée. Maandenlang moest ze in bed blijven, ingekapseld in pleisters en verband, vechtend tegen de pijn. Elle a besoin de se faire soigner. La mère de Kahlo a fait en sorte que le lit de l'enfant soit vaste et que Kahlo elle-même puisse s'en servir. En dépit de l'obstacle que constituent les corsets et les rondelles, elle s'installe dans son appartement et se fait des amis. En raison du fait que les enfants ont des problèmes, il n'y a pas d'enfants qui peuvent se plaindre. Un changement d'attitude a entraîné une mauvaise surprise.

En 1928, Kahlo est devenue membre du Parti communiste mexicain (PCM).

Le 21 août 1929, il rencontre le jeune Diego Rivera, âgé de 21 ans, communiste et, à ce moment-là, un homme d'affaires bisexuel. L'ex-voyante de Diego, Lupe Marin, lui a demandé de lui verser son argent. Cristina, la fille de Kahlo, a appris au cours de l'année 1934 qu'elle avait rencontré Diego Rivera. Kahlo se marie avec Diego, mais le 8 décembre 1940, il est victime d'une violente grève. Dans son contrat de travail, Kahlo a été informée qu'elle n'avait jamais rencontré son mari.

En 1951 werd ze geciteerd in de krant Novedades de México : "Ik heb twee zware ongelukken doorstaan in mijn leven ; een waarin een tram me aanreed... het andere ongeluk is Diego."

En 1930, il emmène son fils à Detroit, où Diego réalise une fresque pour le Detroit Institute of Arts. En septembre, sa mère s'en va. À la fin de 1932, il n'a plus qu'une deuxième médaille.

Kahlo et Rivera ont eu de nombreuses relations amicales, tant avec les hommes qu'avec les femmes. Parmi ses amis, on trouve l'architecte paysagiste japonais et américain Isamu Noguchi, dont le révolutionnaire russe Léon Trotski a été renversé en 1937 par l'Union soviétique au Mexique, et le photographe hongrois et new-yorkais Nickolas Muray (1892-1965), qui a réalisé un grand nombre de photos de Kahlo.

Cet homme a été très actif au sein du parti communiste. Même si Trotski et les autres se sont mis à travailler à la maison, ils sont tous deux devenus membres du parti. Kahlo, quant à elle, est très active sur le plan politique : pendant quelques semaines, elle a participé à une manifestation contre l'invasion américaine au Guatemala.

Kahlo a survécu en 1954, une semaine après son 47e anniversaire. Elle a écrit une lettre avec la phrase suivante : "J'espère que l'endroit est vierge et que je n'ai pas besoin de me cacher".

Werk

L'œuvre de Frida Kahlo est marquée par des couleurs vives, qui contrastent avec un visage plus large. Ze schuwde de controverse niet. Dans un récit sur la vie de l'actrice Dorothy Hale, le moment de sa mort est décrit de façon très réaliste et détaillée. Dans ses portfolios, les femmes se retrouvent à la porte d'entrée. Elle raconte son angoisse et sa peur de perdre la tête. Kahlo a 143 tableaux à son actif, dont 55 sont des portraits personnels.

Il est devenu très populaire ou tout simplement célèbre en tant que femme de Diego Rivera ; en novembre 1938, il a réalisé sa première exposition individuelle dans la galerie du marchand d'art Julien Levy à New York. En 1953, il a organisé sa première exposition au Mexique grâce à Cola Alvarez Bravo.

La classification en tant que surréaliste relève d'André Breton, fondateur du mouvement surréaliste dans l'art. Kahlo s'est elle-même inspirée de ce concept, en précisant que ce n'est pas ses rêves qui l'intéressent, mais sa propre réalité. En janvier 1939, il se rend à Parijs pour exposer ses
219

œuvres, à la demande de Breton. Il n'a pas profité du milieu surréaliste de la ville, qui l'a rendu opaque et injuste. Lorsque, sous l'impulsion de Marcel Duchamp, il a ouvert sa tente le 10 mars, il a gagné la loge de Wassily Kandinsky et de Pablo Picasso. Le Louvre présente son autoportrait *Autorretrato - El marco* ("het kader") et le magazine Vogue place sa main (avec des fleurs) sur le drapeau.

La présente brochure présente les principaux dessins de Frida Kahlo. Elle contient des illustrations, des études et des dessins à l'eau.

Nagedachtenis en invloed

Le musée Frida Kahlomuseum a été créé en 1959 dans la grande maison de Mexico-Stad où Kahlo est née et où il a été surmonté par la création de la "maison bleue". Ce musée a été créé à l'initiative de Diego Rivera en 1957.

C'est en 1960 que la maison bleue a été reconnue par des toeristen du pays. Sa notoriété internationale s'accroît considérablement à partir de 1980, avec comme événement marquant une exposition à la galerie Whitechapel à Londres en 1982, avec Kahlo et la photographe Tina Modotti. De Mexicaanse overheid organisa des overzichtstentoonstellingen en 1974, 1983 et 2004 parallèlement à des événements dans les Verenigde Staten, au Japon, au Royaume Uni et en Espagne ; mais le plus grand et le plus populaire des tentoonstelling fut celui qui eut lieu lors de sa plus grande fête en 2007.

En 2002, le film *Frida* a été réalisé sur la vie de Frida Kahlo avec Salma Hayek dans le rôle principal.

Frida Kahlo est aujourd'hui considérée comme un symbole du féminisme. Sa vie de femme était une source d'inspiration pour toutes les femmes du monde. C'est pourquoi Kahlo s'est efforcée de faire en sorte que son corps et son esprit soient en harmonie.

Au cours de sa jeunesse, Frida a participé activement à l'éducation de son fils. En février 1933, le Detroit News note que Frida n'est plus "la fille d'un maître-musulman qui l'amuse avec des œuvres d'art". Le prix le plus élevé qu'il a obtenu pendant sa jeunesse pour un tableau a été payé 400 dollars américains. Aujourd'hui, Diego Rivera est aussi connu comme l'homme de

Frida Kahlo. Ses œuvres sont reconnues et sont vendues pour plusieurs millions de dollars.

Points forts

- Frida Kahlo, de son vrai nom Frida Kahlo de Rivera, est née d'un père allemand d'origine hongroise et d'une mère mexicaine d'origine espagnole et amérindienne.
- Après avoir subi une fausse couche à Détroit et plus tard la mort de sa mère, Kahlo a peint certaines de ses œuvres les plus déchirantes.
- En 1943, elle est nommée professeur de peinture à La Esmeralda, l'école des beaux-arts du ministère de l'éducation.
- Le musée Frida Kahlo a ouvert au public en 1958, un an après la mort de Rivera.

15. Mary Anning (1799-1847)

Collectionneur de fossiles, marchand et paléontologue britannique.

*"Il est grand et lourd mais... c'est le premier et le seul
découvert en Europe."*

Mary Anning (Lyme Regis (Dorset), 21 mai 1799 - aldaar, 9 mars 1847)
était un chercheur de fossiles et paléontologue anglais, notamment connu
pour ses travaux sur l'*Ichthyosaurus* et le *Plesiosaurus*. Il se consacre
depuis longtemps à la recherche de fossiles dans les falaises de Lyme
Regis, qui s'étendent de la Côte jurassique à la Côte zoologique.

Fossielen zoeken als werk (en anglais)

Anning est né au sein d'une famille hétéroclite. Son père Richard était un
homme d'affaires qui, en raison de son travail dans le domaine de la
prospection, n'a pas pu s'empêcher de faire de la prospection. Lorsqu'il a
été emporté par la tuberculose en 1811, Mary et son frère Joseph ont
commencé à travailler à plein temps dans les mines pour gagner de
l'argent. Au début du 19e siècle, l'exploitation des fossiles est en plein

essor, et il est très difficile de faire en sorte que les fossiles deviennent un élément important pour la biologie et la géologie. Alors qu'Anning, dans un premier temps, cherchait à obtenir de l'argent, elle s'est mise en rapport avec des chercheurs chevronnés à cette époque, qui ont découvert les fossiles.

Annings vondsten

En 1811, Anning s'est vu confier un *Ichthyosaurus* presque complet, quelques mois après la mort de son père. L'année suivante, le frère de l'homme a établi le calendrier de la fosse, mais une tempête a entraîné la perte du reste de la fosse. Ce n'est pas le premier ichtyosaure à avoir été découvert, il s'agit d'une découverte faite au Pays de Galles en 1699. Il s'agissait d'une découverte importante, qui a été publiée dans les *Philosophical Transactions* of the Royal Society. Anning a ensuite découvert deux autres espèces d'ichtyosaures.

En 1823, Anning est le propriétaire d'une fossile d'un *plésiosaure qui,* selon William Conybeare, est considéré comme un *plésiosaure dolichodeirus*, mais qui n'est pas l'holotype du taxon *plésiosaurus*. Il y a également une fossile de *Diapedium politum*, un straalvinvis, qui a été découvert en 1828. Au cours de la même année, il a découvert le premier ptérosaure dans le Duitsland (*Pterodactylus macronyx*, transformé par Richard Owen en *Dimorphodon macronyx*), cette fossile était le premier ptérosaure complet à avoir été découvert en Angleterre. Il s'agit des trois observations les plus importantes d'Anning, mais aussi de nombreuses autres observations plus importantes de fossiles.

Critères d'évaluation de l'enseignement et de l'apprentissage

Lorsque Anning a découvert ses fossiles, elle s'est montrée très enthousiaste et a fait preuve d'un grand respect pour la nature de ses fossiles. Il s'agissait d'un autodidacte qui, à l'état pur, s'est fait un devoir de faire connaître ses vestiges, d'en prendre connaissance et de les localiser avec précision. C'est notamment grâce aux fossiles d'Annings que les biologistes ont pu se faire une idée très précise de la manière dont les espèces issues de l'évolution géologique peuvent être mises en valeur avant que de nouvelles espèces n'apparaissent. Cette question devrait être abordée sous l'angle du lamarckisme et de la théorie de l'évolution.

Au cours de sa vie, Anning a été reconnu comme une autorité en matière de paléontologie. Il a été, grâce à son travail, nommé à la tête de la Geological Society et a obtenu une bourse annuelle de la British Association for the Advancement of Science pour pouvoir continuer son travail. Een echt lidmaatschap van een society was voor vrouwen in die tijd niet gebruikelijk.

Mary Anning stierf op 47-jarige leeftijd aan borstkanker.

Points forts

- Les nouvelles des fouilles de fossiles d'Anning ont fait d'elle une célébrité et ont incité les paléontologues, les collectionneurs et les touristes à descendre à Lyme Regis pour lui acheter des produits.
- Mary Anning a mis au jour un ptérosaure en 1828, connu sous le nom de Pterodactylus (ou Dimorphodon) macronyx. Il s'agit du premier spécimen de ptérosaure découvert en dehors de l'Allemagne.
- En 1829, elle a déterré le squelette de Squaloraja, un poisson fossile que l'on pense être un membre d'un groupe de transition entre les requins et les raies.
- Ses fouilles ont contribué à la carrière de nombreux scientifiques britanniques en leur fournissant des spécimens à étudier et en encadrant une partie importante de l'histoire géologique de la Terre.

16. Amelia Earhart (1897-1937)
Aviateur américain

---

*"Les femmes doivent essayer de faire les choses comme
les hommes ont essayé. Lorsqu'elles échouent, leur échec
ne doit être qu'un défi pour les autres."*

Amelia Earhart (Atchison, 24 juillet 1897 - Grote Oceaan ?, vermist sinds
2 juli 1937, doodverklaard op 5 januari 1939) était un beroemde
Amerikaanse vliegenierster.

En janvier 1935, il est devenu le premier à travailler en solo sur le Grand
Océan, mais il est également devenu célèbre parce qu'en 1932, il a été le
premier à piloter l'Atlantische Oceaan. Il est resté seul à la barre pendant
toute la durée de l'opération. En 1928, l'océan est devenu un passage
obligé pour les voyageurs. C'est également à cette époque qu'elle devient
la première femme. Début juillet 1937, avec le navigateur Fred Noonan, ils
se lancent à l'assaut de la plus grande tempête du monde. L'arrêt de la
course, longue de 47 000 kilomètres, n'est pas encore décidé. Ce qu'il
avait prévu, c'est qu'il n'y avait pas de problème.

A Sint-Denijs-Westrem, une route menant à la maison a été tracée.

Biografie

Earhart est née comme fille du juriste Edwart Earhart et d'Amelia Otis.
Amelia était un *garçon manqué* ; elle portait des vêtements et s'habillait
avec un vêtement de sport. Elle a également reçu des lettres de
recommandation sur les femmes dans les postes de travail. En 1915, il a
quitté l'école secondaire et, à partir de 1917, il a travaillé à Boston en tant
que membre de l'armée et travailleur social. En 1919, il entreprend des
études de médecine à l'université Columbia de New York, qu'il abandonne
un an plus tard, après avoir quitté l'université à Los Angeles.

Début de la carrière

En 1920, il s'installe pour la première fois dans une auberge de jeunesse.
À partir de ce moment-là, il n'a plus qu'une seule chose à faire : voler de
ses propres ailes. Sa carrière a débuté en 1921 à Los Angeles, où elle a
été nommée par Neta Snook. Quelques années plus tard, il obtient, grâce
à des fonds publics et à des dons, sa première voiture, un Kinner Airster,
qui lui permet d'établir un record de popularité pour les femmes. En 1924,
ses enfants sont arrêtés. Il se rend avec son mari à l'aéroport et, pour qu'il
puisse faire une partie de son travail, il perd sa voiture et s'installe dans un
véhicule de sport. Quatre ans plus tard, il achète un avion Avro Avian et
devient le premier pilote à effectuer un vol intercontinental. Lors de
l'inauguration de l'hôtel Stevens à Chicago, le 2 mai 1927, elle est l'une
des premières personnes à avoir été embauchée et ses prestations ont
été reconnues. À partir de ce moment-là, ses propres records d'audience
et de popularité sont verbalisés, par le biais d'un mariage et de cascades
personnelles réalisées par le publicitaire George Palmer Putnam, comme
il l'a fait en 1931.

Eerste trans-Atlantische oversteek (en anglais)

Nadat Charles Lindbergh een solovlucht over de Atlantische Oceaan
maakte in 1927 toonde Amy Phipps Guest (1873-1959) belangstelling om
als eerste vrouw over de Atlantische Oceaan te vliegen of gevlogen te
worden. Lorsque la conclusion a été tirée, il est apparu que le sursaut de
la victime était trop important et qu'elle avait besoin d'être sponsorisée par
une autre femme. C'est le kapitein Hilton H. Railey qui, en avril 1928, a tué
Earhart sur son lieu de travail et lui a fait comprendre qu'elle était une
femme de mauvaise vie.

Les coordinateurs de projet, dont George Palmer Putnam, s'efforcent de faire en sorte que le pilote Wilmer Stultz et le copilote/mécanicien Louis Gordon deviennent des passagers. Il s'agit de la première fois qu'un trio de musiciens se produit dans une salle de concert. Le trio a décollé le 17 juin 1928 du port de Trepassey (sur la côte de Terre-Neuve) à bord d'un Fokker F.VIIb/3m et a atterri exactement 20 heures et 40 minutes plus tard à Burry Port, près de Llanelli au Pays de Galles. Over de vlucht zei ze : "Stulz deed al het vliegwerk, hij moest wel. Ik was slechts bagage, net een zak aardappelen.", en voegde daaraan toe : "... misschien zal ik ooit proberen om het in mijn eentje te vliegen."

À New York, Earhart, Stulz et Gordon ont participé à un défilé de téléscripteurs et ont été accueillis par le président Calvin Coolidge au Witte Huis.

Solovlucht Atlantische Oceaan (en anglais)

Son nom est devenu plus connu en 1932, année où il est devenu la première femme et la deuxième personne à effectuer une traversée en solitaire de l'océan Atlantique, quelques années avant Lindbergh. Le vol est effectué par un Lockheed Vega de Harbor Grace (Terre-Neuve) à Londonderry (Pays-Bas).

Le 11 janvier 1935, il est la première personne à voyager en solo sur le Stille Oceaan, de Honolulu (Hawaï) à Oakland (Californie). Plus tard dans la même année, il navigue en solo de Los Angeles à Mexico-Stad et ensuite à Newark. En juillet 1936, il prend un Lockheed 10E 'Electra', conçu par l'université de Purdue, et commence à voyager dans le monde entier.

> *"Begrijp alsjeblieft dat ik me heel goed bewust ben van de risico's. Je ferai ce qu'il faut pour que je fasse ce qu'il faut. Les femmes doivent examiner les questions, mais les hommes aussi. Als ze falen, is hun mislukking alleen maar een uitdaging voor anderen. "*
> (Amelia Earhart, 1937)

Le voyage de Earharts n'est pas le premier voyage dans le monde, mais le plus long : 47 000 km, sur une route circulaire. Le 17 mars 1937, le premier groupe de passagers de son voyage, d'Oakland à Honolulu, a quitté le navire. Lorsque, dix jours plus tard, la ville se libère, il crée un groupe de musiciens pour lui donner un coup de main. L'appareil est très

endommagé et doit être remplacé par un avion en Californie pour être
préparé, car la situation s'est détériorée. Earhart a fait une deuxième
escale à Miami et est partie de l'ouest vers l'ouest pendant quelques jours.
Fred Noonan, un ancien pilote de l'armée de l'air, devient son navigateur.
Il est parti le 1er juin et, après plusieurs arrêts en Amérique du Sud, en
Afrique, au Moyen-Orient et en Afrique du Sud, il est arrivé le 29 juin à la
Nouvelle-Guinée. Ils ont parcouru plus de 35 000 km. Les 12 000 km
restants se situent au-dessus de la Grande Mer.

Laatste vlucht

Le 2 juillet 1937, Earhart s'envole avec son navigateur Fred Noonan. Leur
destination était Howland, une petite terre d'une longueur de quelques
kilomètres, à 6 mètres de l'aiguille. Une zone d'atterrissage a été
aménagée sur cette île, spécialement pour le record. L'île se trouve à
4110 km de distance. Le dernier contact positif et visuel a eu lieu à 1300
km, lorsque l'équipage a survolé les îles Nikumaroro. Une partie de la
flotte américaine, la rivière *Itasca*, a été déplacée par Howland pour
permettre à Earharts de se rendre sur l'île.

Il est clair que Earhart et Noonan n'ont pas eu beaucoup de pratique de la
radionavigation. Les fréquences utilisées par Earhart n'étaient pas
adaptées à l'obtention de la meilleure information possible et la diffusion
des informations qu'elle recevait était très difficile. Earhart se rendit à
Nieuw-Guinea pour participer à l'opération de sauvetage et d'évacuation
qui avait permis à l'*Itasca* d'atteindre son but. Après une période de deux
heures au cours de laquelle une liaison radio de deux heures a été établie,
le contact radio avec l'*Itasca* a été rompu. Een gezamenlijke zoektocht
door marine en kustwacht leverde geen spoor van de vliegeniers of hun
toestel op. Earharts et Noonans lot is sindsdien het onderwerp van veel
geruchten en speculaties.

Une étude récente montre qu'Earhart est passée des îles Nukumanu à
ses pieds et qu'elle s'est envolée vers un point situé à 160 km au nord-
nord-ouest du village de Howland. Les personnes interrogées ont indiqué
qu'il s'agissait d'une erreur de manipulation de la part de l'hôtel, avec des
marques d'acier dans le sol. Le groupe de travail de l'*International Group
for Historic Aircraft Recovery* (TIGHAR) affirme que l'avion a été retrouvé
sur l'île de Nikumaroro (dans les Kiribati) et que Earhart et Noonan ont été
oubliés. L'étude de ce pays a permis d'identifier les éléments qui
permettent d'appliquer cette théorie.

Une autre théorie veut que Earhart et Noonan aient été victimes des Japonais lorsqu'ils se sont rendus sur l'île de Saipan, où les Mariannes ont créé une zone d'ombre. Ils doivent être exécutés à la suite d'un acte d'espionnage.

Verborgen tijdfout

Een nieuwe, kwantitatieve theorie die gebruikmaakt van de theorie en de praktijk van de navigatiewetenschap in de jaren dertig, leidt tot de conclusie dat navigator Noonan op het traject van Gagan op Buka naar de Nukumanu-eilanden zijn positie bepaald heeft op de ondergaande zon en dat hij daarvoor de luchtbelsextant gebruikt heeft in combinatie met voorberekening uit *H.O. Pub. no. 208, Navigation Tables for Mariners and Aviators*, die hij vanaf het verschijnen van de eerste editie uit 1928 op al zijn reizen meenam. Lorsque, le 2 juillet 1937, à l'occasion d'une opération de sauvetage dans l'ouest de l'Angleterre, sa position fut modifiée et qu'il commença à travailler sur le projet Howland, il introduisit un nouveau système de mesure de la distance, sans chronomètres ni horloges, mais avec un système d'affichage de la distance. Le problème était le changement de référence : pour un luchtbelsextant, il s'agit de l'horizon de l'objet d'art au milieu de la zone d'exposition ; pour un zeemanssextant, il s'agit de l'horizon au milieu de la zone d'exposition. De afwijking van de geografische lengte die aan de hand van de waarneming werd berekend, bedroeg ten opzichte van de ware lengte 16 km.

L'opération d'évacuation des eaux pour le vol d'entraînement a duré dix minutes et quelques secondes, et pour que les hommes de l'équipe de Howland puissent se déplacer en toute sécurité, la position de l'avion se trouvait à 26 km de l'aéroport. Le vaisseau ne se trouvait pas à l'intérieur de l'espace aérien et, en raison de la complexité des communications radio et de l'absence d'appareils de mesure de la richesse radiographique, il n'était pas possible de le faire fonctionner à l'extérieur du vaisseau et de le faire fonctionner sur l'île. Vers 20 h 17 (GMT), Earhart (sur un pont de 1 000 pieds) se dirige vers la position de Howland, à 26 km à l'ouest, et s'éloigne. Het aangekondigde vervolg van het radiobericht werd niet ontvangen, zodat moet worden aangenomen dat toen wegens brandstofgebrek op zee geland moest worden. Een overeenkomstig tijdstip volgt uit een onderzoek naar de brandstofvoorraad aan boord en de brandstofhuishouding. Het navigatiemodel dat voor de theorie gebruikt is, levert in combinatie met de opgetekende radioberichtgeving een berekende landingsplaats 203 km noordelijk van de evenaar en 300 km oostelijk van de antimeridiaan van Greenwich, bij 177 graden 19 minuten westerlengte en 1 graad 49 minuten noorderbreedte, 137 km noordnoordwestelijk van de ware positie van Howland.

Dans un article paru dans le *European Journal of Navigation* de décembre 2011, il a été dit que la distance parcourue était de 4410 km au maximum. Il est donc évident que d'autres îles que Howland et Baker peuvent être touchées. La dernière zone d'atterrissage se trouve au 117-10-W / 01-31-N, à 100 km au nord-ouest de Howland, à une altitude de 323 degrés.

Les recherches sur Amelia Earhart

En 2018, Richard Jantz, antropolologue américain et membre émérite de l'Académie des sciences, a déclaré que les bateaux de l'ère moderne de 1940 qui se trouvaient sur l'île de Nikumaroro avaient été abandonnés. Il a ajouté à la main de son ordinateur des informations sur l'évolution de l'art qui, à l'origine, avaient été enregistrées, et a ajouté que 99 % de ces informations étaient celles d'Amelia Earhart.
 En juillet 2019, Robert Ballard a décidé de lancer une expédition pour retrouver le vaisseau. En août de cette même année, le projet a été lancé.

Points forts

- Déterminée à justifier la renommée que sa traversée de 1928 lui avait apportée, Earhart traverse l'Atlantique seule les 20 et 21 mai 1932.
- Son vol à bord de son Lockheed Vega de Harbour Grace, Terre-Neuve, à Londonderry, Irlande du Nord, a été effectué en un temps record de 14 heures 56 minutes malgré un certain nombre de problèmes.
- La disparition d'Amelia Earhart lors d'un vol autour du monde en 1937 est devenue un mystère durable, alimentant de nombreuses spéculations. Notamment, certains croyaient qu'elle et Noonan s'étaient écrasés sur une autre île après avoir échoué à localiser Howland, et d'autres affirmaient qu'ils avaient été capturés par les Japonais.
- La plupart des experts croient que l'avion d'Earhart s'est écrasé dans le Pacifique près de Howland après être tombé en panne de carburant.

17.   Emmeline Pankhurst (1858-1928)
Activiste politique britannique

"Je préfère être un rebelle qu'un esclave."

Emmeline Pankhurst (née Emmeline Goulden), (Moss Side
(Manchester), 14 juillet 1858 - Londres, 14 juin 1928) était l'une des
figures de proue du mouvement des suffragettes britanniques. Son nom
est plus que tout autre lié à la lutte pour le droit des femmes au Groot-
Brittannië, et au nom d'un certain nombre d'organisations qui ont participé
à l'élaboration du droit des femmes. Pankhurst est née avec l'avocat
Richard Marsden Pankhurst (1834-1898), dont l'œuvre a été volontiers
reprise.

Mme Pankhurst a été désignée en 1894 comme "Poor Law Guardian", un
travailleur social en quelque sorte onbezoldigd. Son implication dans le
conflit armé l'a amenée à s'inquiéter de l'absence de droit de vote dans la
lutte pour la justice sociale. En 1903, elle a créé la *Woman's Social and
Political Union*. Ce mouvement, auquel participent également ses enfants
Christabel et Sylvia, est connu pour ses actions militantes. Les tactiques
de Pankhursts visant à faire respecter l'autorité de la loi sur la liberté de la
presse lui ont fait perdre sa place dans le monde, mais elle a obtenu un
meilleur traitement que la plupart des autres groupes, en raison de son
statut élevé. Enkele keren werd haar echter onder dwang voedsel
toegediend om een hongerstaking te beëindigen.

Lorsque, en 1914, l'Eerste Wereldoorlog a été publié, les activités en faveur du droit des femmes ont été mises en place, car Pankhurst avait décidé que niets de overwinning van haar land mocht tegenhouden. Elle a commencé à faire en sorte que les femmes, dans les usines, s'installent sur les sièges des hommes, afin que ces derniers puissent se déplacer vers l'avant. In het hele land hield ze speeches. Les militants de la lutte contre le terrorisme prononcent des discours d'honneur - un symbole de liberté - à l'intention de tous les hommes qui passent au front. En 1914, le mouvement international de défense des droits des femmes a également été lancé.

En mars 1918, le gouvernement britannique a commencé à appliquer le droit du travail (droit d'action) dans la République fédérale d'Allemagne et en Irlande. Bien que la *loi sur la représentation du peuple* de 1918 n'ait pas eu d'effet sur les femmes de moins de 30 ans, et encore moins sur une femme d'origine étrangère, et que tous les hommes de moins de 21 ans aient été exclus, les suffragettes ont fait de cette loi une victoire importante. En novembre 1918, les femmes de 21 ans ont obtenu le droit de devenir membres du parlement (passief kiesrecht), ce qui a permis aux femmes de se faire entendre à l'église et de se faire entendre par elles-mêmes. En 1928, les femmes de l'Union Royale ont été victimes d'une douzaine de discriminations sexuelles en tant qu'hommes.

Emmeline Pankhurst s'est éteinte le 14 juin 1928, à 69 ans, après que le 2 juillet 1928, sa vie a été bouleversée. Il a été enterré au cimetière de Brompton, à Londres.

Points forts

- En 1879, Emmeline Goulden épouse Richard Marsden Pankhurst, avocat, ami de John Stuart Mill et auteur du premier projet de loi sur le suffrage féminin en Grande-Bretagne (fin des années 1860) et des lois sur les biens des femmes mariées (1870, 1882).
- Elle a fondé la Women's Franchise League, qui a obtenu (1894) pour les femmes mariées le droit de voter aux élections locales (mais pas à la Chambre des communes).
- À partir de 1895, elle occupe une succession de postes municipaux à Manchester, mais son énergie est de plus en plus sollicitée par la Women's Social and Political Union (WSPU), qu'elle fonde en 1903 à Manchester.

- En 1926, de retour en Angleterre, elle est choisie comme candidate conservatrice pour une circonscription de l'est de Londres, mais sa santé se dégrade avant qu'elle puisse être élue.
- L'autobiographie de Pankhurst, My Own Story, est parue en 1914.

18.   Anne Frank (1929-1945)

Journaliste germano-néerlandais

---

*"Comme c'est merveilleux que personne ne doive attendre
un seul instant avant de commencer à améliorer le
monde."*

Annelies Marie (Anne) Frank (Francfort-sur-le-Main, 12 juin 1929 -
Bergen-Belsen, février 1945) était une jeune femme de deux ans, puis de
trois ans, qui a été condamnée à la peine de mort par le livre de chevet
qu'elle a publié dans le Deuxième Livre du Monde, où elle a été
condamnée dans l'enceinte de l'hôtel de ville du Prinsengracht à
Amsterdam. Il a été tué en février 1945 lors d'un vlektyfus dans le camp
de concentration de Bergen-Belsen. Sa date officielle d'entrée en service
est fixée au 31 mars 1945. Son livre de poche a été publié à l'origine et
est l'un des livres les plus vendus dans le monde. Le livre d'Anne Frank
est un symbole international de l'Holocauste, de la mort de plusieurs
millions de jeunes gens pendant la Seconde Guerre mondiale.

Les plus grands levensjaren

Anne Frank est née le 12 juin 1929 à Francfort-sur-le-Main (Allemagne), fille cadette d'Otto Frank et d'Edith Frank-Holländer. Sa fille Margot était âgée de moins de dix ans à ce moment-là. La famille Frank était jeune et vivait dans une maison en ruine située au Marbachweg 307, à l'écart de la ville. Alors qu'Otto travaille pour la banque Michael Frank, la banque de la famille, Margot et Anne rencontrent leurs enfants dans la rue. Certains étaient catholiques, d'autres protestants ou juifs. Les fêtes d'aujourd'hui ont été marquées par une nouvelle ère. Margot est devenue membre de la communauté de l'un de ses amis et, lorsque la famille Frank Chanoeka est devenue plus âgée, les enfants de la communauté se sont retrouvés dans la même situation.

Annes ouders waren gealarmeerd toen in de zomer van 1932 groepen van de Sturmabteilung, getooid met hakenkruizen door de straten van Frankfurt am Main marcheerden. Luidkeels zongen ze : "Als het Jodenbloed van het mes af spat, dan gaat het eens zo goed" Le Nationaal Socialistische Duitse Arbeiders Partij (NSDAP) d'Adolf Hitler est le plus grand parti de Duitsland et détient 37% des sièges lors des élections de juillet 1932. Un an et demi plus tard, Adolf Hitler se rendait au Duitsland. L'homme d'affaires Frank a décidé d'émigrer.

De Duitsland à Amsterdam

Annes vader Otto verhuisde in juli 1933 van het Duitse Frankfurt am Main naar Amsterdam om aan toenemende anti-Joodse maatregelen van de nazi's te ontkomen. Le fait qu'à la suite de la crise économique, la banque de la famille Frank ait été mise à contribution était un motif supplémentaire. Au centre d'Amsterdam, Otto crée sa propre entreprise, Opekta, une filiale de la société Opekta GmbH, créée en 1928 à Keulen. La mère d'Anne, Edith Frank, et sa fille Margot ont commencé à travailler en 1933 à Amsterdam, et Anne elle-même est partie en février 1934 à l'époque de sa grand-mère, Rosa Holländer-Stern, à Aken. Sa naissance a eu lieu au 37-2 de la place Merwede, dans une nouvelle ville d'Amsterdam où, en raison de la crise économique, de nombreuses maisons ont été abandonnées et où de nombreuses autres associations de la famille Duits-Jood ont été créées. (Woningcorporatie Ymere a acquis l'appartement en 2004 et l'a restauré en collaboration avec l'Anne Frank Stichting. In 2016 is het appartement van de Anne Frank Stichting).

Un jeune homme en bonne santé

Margot est allée à l'école Jekers (Jekerstraat 84), Anne à l'école
Montessoris (Niersstraat 41), où elle a commencé à travailler à l'école
maternelle. Les enfants apprennent le néerlandais et s'adaptent
rapidement à leur nouvelle vie. Anne avait, tout comme elle, un groupe
d'amis et d'amies, comme Hanneli Goslar et Sanne Ledermann, qui, tout
comme Anne Frank et sa famille, ont quitté le Duitsland pour les Pays-
Bas. Anne Frank est née dans un pays libéré. Les Francs s'en remettent
aux traditions et aux traditions juives, mais ils n'acceptent pas les textes à
caractère religieux. Le vendredi, la famille Frank a été mise sous tutelle
par les Goslar et les deux hommes se sont retrouvés ensemble. Les
parents d'Anne se souviennent avec émotion des événements qui se
déroulent dans le pays nazi, mais ils n'ont jamais rien dit à leurs enfants.
Anne a vécu des années difficiles. Elle s'est entretenue avec ses amis et
ses amies, s'est rendue avec sa famille sur la plage ou dans une famille
du Pays de Galles, et en hiver, elle est partie en vacances.

Anne se souvient que son père, en novembre 1938, était très sombre.
Dans la nuit du 9 au 10 novembre 1938, la Nuit de cristal a eu lieu au
Danemark, un pogrom organisé par les nazis. Dans tout le Duitsland, des
jeunes ont été agressés, des synagogues ont été mises en place, près de
7000 boutiques de jeunes ont été détruites et plusieurs maisons de jeunes
ont été détruites. Les deux familles du couple ont quitté les Etats-Unis,
après que Rosa Holländer, mère d'Anne, ait été arrêtée en mars 1939 par
la famille Frank sur la place Merwedeplein. Elle a pris sa retraite en 1942
à Amsterdam.

Pays-Bas

Nadat in mei 1940 het Duitse leger Nederland had bezet, volgde de een
na de andere maatregel anti-Joodse. De même, à partir de janvier 1941,
les personnes accusées par les nazis d'être des Joden n'ont pas eu droit à
un bioscope. En 1941, Anne est sortie de l'école primaire et s'est rendue à
la première classe du Lycée de la Jeunesse. A partir de ce moment-là,
l'école de Joden est obligée de se rendre dans une école non juive. De
même, son zus est resté à l'écart du Joods Lyceum.

Les personnes de confession juive, dont Anne Frank et sa famille, ont
reçu le 25 novembre 1941, en application de la nouvelle *loi sur les droits
de l'homme, la* nationalité juive qu'elles n'avaient plus. La famille était à ce
moment-là en situation irrégulière. La nationalité néerlandaise n'a pas été

modifiée, car elle ne concerne que les personnes âgées. Son père a acquis la nationalité danoise en 1949 et a été naturalisé néerlandais.

Les jeunes sont de plus en plus souvent confrontés à une vie ouverte. C'est ainsi qu'Anne Frank, tout comme d'autres jeunes gens aux Pays-Bas, a été victime d'un meurtre le 1er mai 1942.

Le 12 juin 1942, Anne Frank avait dix ans. Son plus beau sac à dos était un coffre-fort en bois, dans lequel elle a écrit, un jour donné, ses dernières paroles : "Je voudrais que vous puissiez faire tout ce que vous voulez, car je n'ai jamais rien donné à personne et je voudrais que vous ayez une bonne chance pour moi". Quelques semaines plus tard, le 6 juillet 1942, Anne et sa famille se rendent à la maison d'arrêt (Het Achterhuis), parce que son patron avait demandé le jour même une opération pour aller "travailler" au Pays-Bas. Het Achterhuis was onderdeel van het bedrijfspand *Opekta* van haar vader Otto Frank aan de Prinsengracht 263. La distance entre la maison et la maison de retraite peut être réduite à une feuille de papier. Dans la maison et dans le magazine, des personnes ont travaillé, dont quelques unes ont été nommées par les auteurs : les quatre aides, Miep Gies, Bep Voskuijl, Johannes Kleiman, Victor Kugler et le chef de Bep Voskuijl que le magazine a désigné.

Ondergedoken in het Achterhuis (en anglais)

L'école située à l'extrémité du terrain vague au cœur d'Amsterdam a été désignée par son nom sous le nom de "Het Achterhuis", qui deviendra plus tard le titre de son livre de chevet publié par la suite. Anne Frank a travaillé dans cette maison avec ses parents et ses enfants du 6 juillet 1942 au 4 août 1944. Elle est entourée d'une dizaine de personnes : la famille Frank, Hermann van Pels, Auguste van Pels et son fils Peter van Pels (qui ont servi de modèle à la famille Van Daan dans le livre), ainsi que Fritz Pfeffer, un tandart juif (qui a servi de modèle au personnage Dussel dans le livre). La famille Van Pels et Fritz Pfeffer étaient des amis de la famille Frank et de la famille Duitse Joden, qui ont quitté le pays.

Dans cette maison, Anne Frank et d'autres personnes ont été victimes d'une mutilation pendant une longue période. Anne regrette ses amies et le fait qu'elles n'aient plus rien à se mettre sous la dent. Le journal de bord de ces personnes est devenu très important. Anne nous parle de sa vie quotidienne dans la maison de retraite, de l'angoisse qu'elle éprouve à l'idée d'avoir à faire face à la situation, de son sentiment d'appartenance à

238

l'égard de Peter, des difficultés rencontrées par ses parents et d'autres membres de la famille et de son désir de devenir écrivain. "Het fijnste van alles vind ik nog dat ik dat wat ik denk en voel tenminste nog op kan schrijven, anders zou ik compleet stikken", schreef Anne op 16 maart 1944 in haar dagboek. Le seul élément naturel qu'Anne Frank a pu découvrir dans sa maison était un gâteau de Noël qui se trouvait dans son jardin. Des dizaines d'années plus tard, ce boom est appelé Anne Frankboom. Après l'intervention du ministre Bolkestein sur Radio Oranje à Londres, le 28 mars 1944, pour que les livres de poche soient publiés dans les journaux, Anne a écrit son livre de poche sur une feuille de papier de verre, mais son nouveau livre de poche n'a pas été publié. Anne a écrit ici : "Naturellement, les oiseaux se précipitent directement sur mon bureau. Stel je eens voor hoe interessant het zou zijn als ik een roman van het Achterhuis uit zou geven." En dix semaines, il a volé 324 fois, mais après son arrestation, il n'a pas pu se procurer le livre. Le premier jour d'audience de l'Annes est le 1er août 1944.

Ontdekking

Drie dagen later werden de onderduikers na meer dan twee jaar (25 maanden) ontdekt. Ils ont été arrêtés le 4 août 1944 par le *Sicherheitsdienst* et des agents politiques néerlandais. Le SS-Hauptscharführer Karl Silberbauer avait la direction. Lange tijd werd gedacht dat de onderduikers verraden waren, al was niet bekend door wie. En 2016, la Fondation Anne Frank a publié les résultats d'une nouvelle enquête, dans laquelle il a été constaté que les auteurs de l'attentat avaient disparu depuis longtemps.

Les photos du journal (les notes et les images) ont été remises lors de l'arrestation sur le lieu de l'accident par deux personnes qui ont aidé les auteurs de l'attentat : Miep Gies et Bep Voskuijl (qui a servi de modèle à Elly Vossen dans le livre de bord). Miep Gies verstopte ze in haar bureaula in de hoop ze ooit aan Anne terug te kunnen geven.

Après que la situation se soit détériorée, les auteurs et deux autres assistants, Victor Kugler et Johannes Kleiman, se sont rendus à l'hôpital SD de l'Euterpestraat d'Amsterdam-Zuid. Après un certain temps passé dans une chambre avec d'autres personnes, Kugler et Kleiman sont allés à la Maison de l'Egalité sur l'Amstelveenseweg. C'est la dernière fois que les meurtriers (à l'instar d'Otto Frank, que le journal de bord mentionne) se font des amis. Les tueurs ont été arrêtés à l'aéroport de Kleine-Gartmanplantsoen.

Déportation

Le 8 août 1944, les quatre membres de l'équipage ont été transférés de l'hôpital à la gare centrale d'Amsterdam et ont été transférés dans un camp. Au milieu de l'année, le soldat a été transféré au camp de Westerbork.

Omdat ze zich niet vrijwillig voor 'tewerkstelling in Duitsland' (in werkelijkheid : voor massavernietiging) hadden gemeld maar waren ondergedoken werden ze in de strafbarak gezet. Les personnes qui se trouvent dans la zone de conflit sont moins nombreuses et travaillent plus durement que les autres. Votre travail est basé sur le démontage des batteries déchargées dans les barils de la barre 56.

Le 3 septembre 1944, plusieurs hommes ont été transportés par treillis jusqu'au pont. Un pilote de sélection emmène les soldats de l'armée de l'air jusqu'à la zone de combat, où il trouve les noms sur sa liste. Les autres membres de l'équipe de l'hôpital s'y rendent également. C'était le dernier voyage que l'on pouvait faire de Westerbork à Auschwitz.

Le 5 septembre, le camp de concentration d'Auschwitz-Birkenau a ouvert ses portes. Les acht onderduikers doorstonden de beruchte selectie voor de gaskamers. Très souvent, les hommes des deux groupes sont tués. Otto Frank, Hermann van Pels, Peter van Pels et Fritz Pfeffer ont été transférés au camp de concentration d'Auschwitz I. Anne, Margot, sa mère Edith et Auguste van Pels ont été transférés dans le camp de Birkenau. Au bout d'un moment, Anne s'enfuit. Elle a été placée dans le *bloc Krätzeblok* (bloc d'écrasement), un endroit où le reste du camp s'était réfugié à cause d'un gros problème. Margot est partie avec sa femme.

Consultez le site

Le 28 octobre 1944, un transport de 1308 personnes quitte Birkenau pour rejoindre le camp de concentration de Bergen-Belsen. Anne et Margot ont également été tuées à cette occasion. Edith a été tuée et enterrée le 6 janvier 1945. À Bergen-Belsen, Anne et Margot ont été blessées et sont allées à la prison, où elles sont restées jusqu'à la fin de la journée. Elles sont victimes d'un coup dur. En février 1945, Margot est décédée, puis Anne quelques jours plus tard, à la suite d'un accident vasculaire cérébral. Au cours de cette période, 17 000 personnes ont été détenues à Bergen-Belsen. L'administration du camp n'était pas plus étendue, car les données exactes d'Anne et Margot n'étaient pas disponibles. Het Rode Kruis nam in 1954 (dus negen jaar na hun overlijden) aan dat het 'ergens tussen 1 en 31 maart' geweest moest zijn. De officiële overlijdensakte uit datzelfde jaar vermeldt 31 maart 1945. Dans *De Dagboeken van Anne Frank* schreven de historici David Barnouw en Gerrold van der Stroom in 1986 dat Anne en haar zus Margot waarschijnlijk eind februari, begin maart 1945 overleden. Ils s'appuient sur la déclaration écrite de Lientje Brilleslijper du 11 novembre 1945, dans laquelle elle mentionne que "la date du début du mois de février 1945 est dépassée". Lientje Brilleslijper et son fils Janny avaient emmené Anne et Margot à Bergen-Belsen pendant la dernière période. De même, le documentariste Willy Lindwer (*De laatste zeven maanden*, 1988), interviewé par Janny Brilleslijper, s'est rendu de la fin février à la fin mars 1945, en passant par la biographie de Melissa Müller et d'autres journalistes et historiens. Plus tard, l'interview a été réalisée à une date ultérieure, en février. Sa mère, Edith, est morte en janvier 1945 à Auschwitz, victime d'une attaque et d'un attentat. Otto Frank est le seul à avoir été victime de l'Holocauste, parmi les quatre délinquants de la maison.

Dagboek : Het Achterhuis

Anne Frank a écrit son livre de chevet sous la forme d'une lettre à Kitty, une amie fictive. Elle écrit : "Je voudrais que vous puissiez faire tout ce que vous voulez, même si je n'ai jamais eu de problème avec personne, et je voudrais que vous soyez un bon ami pour moi".

Nadat de schrijfster en haar familie verraden waren en gedeporteerd, heeft helpter Miep Gies de dagboekpapieren bewaarden. Alleen Annes vader Otto overleefde het vernietigingskamp. Miep Gies remet le livre de poche à l'avocat de l'écrivain. Otto Frank a publié le livre en 1947 sous le titre *Het Achterhuis*. Il ne s'agit pas seulement de la version d'Agnès, mais aussi des documents originaux d'Agnès, qu'Otto a déposés à partir du 29 mars 1944. De même, il a trouvé des indices qui montrent qu'Anne, dans sa propre version, avait été victime d'une agression, mais il n'en a pas tenu compte. Het Achterhuis is sindsdien een de meest gelezen boeken ter wereld geworden.

Het Achterhuis is een boek gebaseerd op dagboekaantekeningen.

Ander literair werk

Anne Frank a publié dans la maison *d'Anne Frank* 34 témoignages de son enfance, qui ont été diffusés dans la maison d'Anne Frank et dans ses propres journaux, et qui ont été publiés sous le titre *Verhaaltjes, et diffusés dans la maison d'Anne Frank.*

En 2004, le *Mooie-zinnenboek* a été publié. À la demande de son père, Anne a créé (dans un livre de poche) des fragments des nombreux ouvrages qu'elle a publiés sur son bureau. Il s'agit de fragments et de versets que l'on retrouve dans les autres livres. Ce livre est un fac-similé du manuscrit d'origine d'Anne, avec le texte original. Le manuscrit a été conservé dans la Maison d'Anne Frank et dans le pays, mais il n'a pas été mis à jour.

Il y a également plusieurs livres d'Anne verschens qui n'ont pas été distribués. Le livre "*Verhaaltjes*" se trouve sur le site de la maison, *ainsi que des extraits de la maison.*

Herinneringscentra

L'histoire d'Anne Frank est portée par plusieurs fondations et musées. En 1963, Otto Frank a ouvert le Fonds Anne Frank, créé à Bazel. Le fonds soutient les auteurs des écrits d'Anne Frank et s'occupe de la diffusion du livre de poche dans différents domaines. Le fonds finance des projets dans le monde entier dans les domaines de la violence domestique, du racisme, de la discrimination et de l'antisémitisme, et il est géré par la Bildungsstätte Anne Frank à Francfort-sur-le-Main. Le Centre Anne Frank pour le respect mutuel est actif dans les Pays-Bas, où il a son siège à New York.

Points forts

- Le 12 juin 1942, Anne Frank, de son vrai nom Annelies Marie Frank, reçoit pour son 13e anniversaire un journal à carreaux rouges et blancs.
- Des amis qui ont fouillé la cachette après la capture de la famille ont ensuite donné à Otto Frank les papiers laissés par la Gestapo.

- Parmi eux, il a trouvé le journal d'Anne, qui a été publié sous le titre Anne Frank : le journal d'une jeune fille (initialement en néerlandais, 1947).
- Le Journal, qui a été traduit dans plus de 65 langues, est le journal le plus lu de l'Holocauste, et Anne est probablement la plus connue des victimes de l'Holocauste.
- Le Journal a également été transformé en une pièce de théâtre qui a été créée à Broadway en octobre 1955 et qui a remporté en 1956 le Tony Award de la meilleure pièce et le prix Pulitzer du meilleur drame.

16 femmes influentes

1. Benazir Bhutto (1953-2007)
Ancien Premier ministre du Pakistan

---

*"Vous pouvez emprisonner un homme, mais pas une idée.
Vous pouvez exiler un homme, mais pas une idée. Vous
pouvez tuer un homme, mais pas une idée."*

Benazir Bhutto of **Bhoetto** (Karachi, 21 juin 1953 - Rawalpindi, 27
décembre 2007) était une femme politique pakistanaise. Elle a été premier
ministre du pays de 1988 à 1990 et de 1993 à 1996.

Il était l'aîné des enfants de l'ex-premier ministre et ex-président Ali
Bhutto, décédé le 4 avril 1979, et l'un des principaux conseillers du
président pakistanais actuel, Pervez Musharraf.

Après avoir participé à un débat sur les élections pakistanaises de 2008, il
a joué le rôle d'opposant dans un débat sur l'avenir.

Achtergrond

Benazir Bhutto est née en 1953 à Karachi. Elle est la fille aînée du
ministre-président Zulfikar Ali Bhutto, de confession sindhie, et de Begum
Nusrat Ispahani, une Pakistanaise de confession irakienne et koerde.

Vroiege carrière

Benazir Bhutto est née dans une famille modeste, mais elle a étudié à l'université de Harvard et à l'université d'Oxford. En 1977, après avoir fait ses études, il est parti au Pakistan pour un an. En mars 1978, son père a été tué. A la suite de cet événement, Zulfaqar Ali a demandé à sa femme de prendre en charge sa carrière politique. Son père et sa mère, Begum Nusrat Bhutto, lui ont confié la direction du Pakistan Peoples Party (PPP). Les deux femmes ont été arrêtées par le président Zia-ul-Haq. Zia était une femme que Zulfaqar Ali Bhutto avait aidée et qu'il avait ensuite perdue.

En 1984, Benazir s'est rendue au Groot-Brittannië pour un traitement médical. Elle souffrait d'un trouble chronique de l'humeur et avait été condamnée à une peine de prison.

Verzet

En 1986, ils sont partis au Pakistan, où la situation a été jugée très grave et où la décision prise à l'encontre du dictateur Zia-ul-Haq a été prise. Benazir et Nusrat namen de leiding van het verzet op zich en na het vliegtuigongeluk van Zia-ul-Haq (augustus 1988) werden er vrije verkiezingen gehouden. Ces mesures ont été prises par le PPP central (islamiste-socialiste), dont Benazir Bhutto était la première ministre. Elle était ainsi la première femme à occuper le poste de premier ministre d'une république islamique. Son régime a été miné par la corruption et la politique de la famille. En 1990, il a été renversé par le président Ghulam Ishaq Khan.

Regering

Nadat premier Nawaz Sharif en 1993, om dezelfde redenen als Bhutto, was ontslagen, werd Bhutto opnieuw minister-president.

Son deuxième gouvernement (une coalition entre le PPP et la Ligue musulmane) a été créé en 1997 par la Ligue musulmane et le premier ministre Nawaz Sharif.

Emancipatiepolitiek

Benazir Bhutto est connue comme la protectrice des droits des musulmans au Pakistan. Lors de son camp d'entraînement, elle a fait valoir son opinion sur les droits des musulmans et a dénoncé les actes de discrimination à l'encontre des musulmans pakistanais. Afin de renforcer la position des femmes, Bhutto a planifié la création de bureaux politiques, de banques de droits et de banques d'investissement pour les femmes. En dépit de ces plans, elle n'a pas réussi à obtenir les autorisations nécessaires à l'amélioration de la situation des femmes. Au cours de ses campagnes de sensibilisation, il a également fait en sorte que les controverses sur l'utilisation de la charia par les femmes non amies soient levées, mais son parti n'a pas voulu que cette décision soit prise en raison de la résistance des groupes d'opposition. En 2008, il a été l'un des sept lauréats du Prix des droits de l'homme des Nations unies.

Recherche sur l'utilisation des armes à feu

De Zwitserse justitie deed, nadat er er in 1998 ongeveer twintig miljoen Zwitserse franken op Zwitserse bankrekeningen van Bhutto en haar familie waren gevonden, jarenlang onderzoek naar mogelijk door haar en haar echtgenoot (Asif Ali Zardari) begane witwaspraktijken van smeergelden door middel van Zwitserse banken. En 2003, les deux hommes sont sortis de l'ombre, mais comme ils ont été placés dans une situation plus difficile, l'enquête a été suspendue en 2004. Bhutto, qui était déjà en possession de ses armes, a déclaré que la guerre était une affaire politique. En 2007, l'enquête de justice a été menée auprès de ses victimes. Deze stopzetting gold niet voor haar echtgenoot.

Ballingschap

Bhutto vestigde zich in 1999 in Dubai om gerechtelijke vervolging te ontlopen. Son fils aîné, Asif Ali Zardari, a lui aussi été victime de la corruption. En décembre 2004, il a été condamné à un an de prison pour avoir commis des actes de corruption.

Bhutto et Sharif, dont la démocratie n'est pas la seule à être en place, ont participé depuis 1999 à de nombreux débats sur le retrait du président Musharraf et l'adoption de nouvelles mesures. Les deux ex-premiers ministres ont signé une "Charte de la démocratie", qui est leur manuel pour les prochaines élections.

En 2007, Musharraf a été accusé de corruption, ce qui l'a conduit à se
retourner contre le parti de Benazir Bhutto lors des élections
présidentielles, alors que cette dernière avait quitté le Pakistan le 18
octobre 2007. Suite à son agonie, elle a publié un rapport sur sa vie, qui
compte plus de 140 victimes.

Le 8 novembre 2007, Bhutto a été arrêtée par le président Musharraf,
officieusement pour garantir son droit à la vie privée. En pratique,
l'arrestation a été décidée pour permettre l'organisation d'une
manifestation contre le président Pervez Musharraf.

Aanslag

Un an et demi plus tard, le 27 décembre 2007, Benazir Bhutto, âgée de 54
ans, a été mise au courant de l'évolution de sa situation, car elle avait été
victime d'un acte de vandalisme dans le cadre d'une manifestation
politique du Parti du peuple pakistanais à Rawalpindi.

Nadat Bhutto, dans sa voiture de sport, a été pris en charge et a décidé de
se rendre à l'hôpital. À ce moment-là, un homme a rencontré une femme.
C'est ainsi que s'est ouvert le chemin d'une personne qui a été victime
d'une agression, et que deux autres personnes sont venues s'installer sur
le lieu de l'agression. Bhutto a été arrêtée directement à la maison de
retraite de Rawalpindi. Een persvoorlichter verklaarde dat haar dood, om
18.16 uur lokale tijd, het gevolg was van een beschadiging van haar
halswervels door een intredende kogel.

La liqueur de Benazir Bhutto est apparue le 28 décembre 2007 dans sa
famille à Garhi Khuda Bakhsh.

Nasleep

Direct na de moord op Bhutto braken in diverse Pakistaanse steden rellen
uit door boze aanhangers van Bhutto die de regering van Musharraf
beschuldigden van nalatigheid en pogingen de aanslag te verdoezelen.
De moordaanslag bracht bij veel politici over de gehele wereld een grote
schok teweeg, en werd met afschuw veroordeeld. Un jour plus tard, le 28
décembre, le groupe de terreur islamiste Al-Qaïda a ouvert le feu. Le
ministère pakistanais des Affaires intérieures, à Islamabad, a constaté que
le télégramme d'Al-Qaïda que Baitullah Mehsud a transmis à la presse

était en cours de traitement. Il n'y a pas de raison de croire qu'Al-Qaïda a fait une erreur de manipulation. Son fils, Bilawal Bhutto Zardari, a été nommé président du Parti du peuple du Pakistan.

Points forts

- Benazir Bhutto est une femme politique pakistanaise qui est devenue la première femme à diriger une nation musulmane dans l'histoire moderne. Elle a été Premier ministre du Pakistan pendant deux mandats, de 1988 à 1990 et de 1993 à 1996.
- Après l'exécution de son père en 1979 sous le régime du dictateur militaire Mohammad Zia-ul-Haq, Bhutto est devenue la chef titulaire du parti de son père, le Parti du peuple pakistanais (PPP), et a été fréquemment assignée à résidence de 1979 à 1984.
- Légalement séparé et libéré des restrictions imposées au PPP par la direction de Bhutto, le PPPP a participé aux élections de 2002, dans lesquelles il a obtenu un fort score. Toutefois, les conditions posées par Bhutto pour coopérer avec le gouvernement militaire - que toutes les accusations portées contre elle et contre son mari soient retirées - ont continué d'être refusées.

2. Betty Friedan (1921-2006)
Écrivain et militante féministe américaine

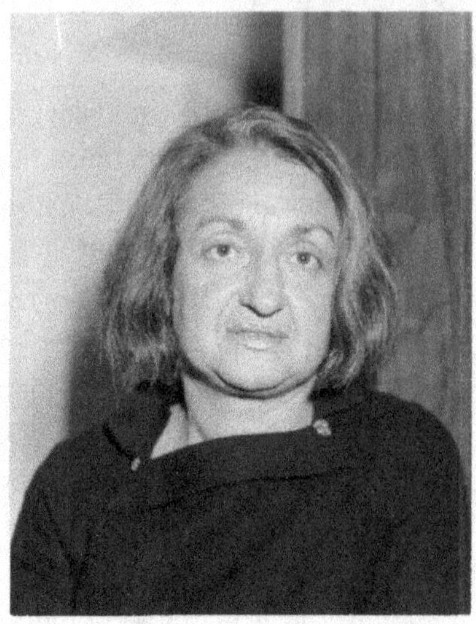

---

*"Il est plus facile de vivre à travers quelqu'un d'autre que
de devenir soi-même complet."*

Betty Friedan, née sous le nom de *Bettye Naomi Goldstein* (Peoria
(Illinois), 4 février 1921 - Washington D.C., 4 février 2006) était une
féministe, une activiste sociale et une publiciste américaine.

Levensloop

Friedan était dans sa puberté un activiste marxiste et radicaliste de la
jeunesse. C'est sur le campus de la High School Smith College, où elle a
étudié, qu'elle a obtenu son propre mandat. Il étudie la psychologie à
l'université de Berkeley en Californie, mais ne parvient pas à trouver une
place dans son programme. Peu de temps après, il est devenu journaliste
pour les journaux à sensation et les journaux à sensation. En 1947, il a
rencontré Carl Friedan, ce qu'il a fait en 1967. Lors de son 85e
anniversaire, elle est victime d'une crise cardiaque.

Le mystique féminin

En 1952, alors qu'elle était plus jeune que son aînée, elle a été renvoyée de sa famille. En 1958, il a été renvoyé de l'école secondaire, où il a suivi des cours de formation. Après avoir constaté que son opinion sur les nombreuses années de sa carrière professionnelle était fondée, il a écrit un article pour un magazine, qui a été publié à la suite d'une tentative d'écriture d'un livre. En outre, il a utilisé ce matériel comme base pour la rédaction d'un ouvrage.

C'est en 1963 qu'est paru cet ouvrage, un ouvrage féministe de référence, *Le Mystère féminin*. Le premier tirage a atteint 1,3 million d'exemplaires et c'était le livre le plus vendu de cette année-là. Ce livre décrit le rôle de la femme de la classe moyenne dans le domaine de l'industrie : la maison d'habitation et l'appartement qui la réunit, la *chambre d'habitation*. Ce best-seller est souvent cité comme le point de départ du deuxième golf féministe.

Activisme

En 1966, Friedan a créé la National Organization for Women (NOW) et, en 1969, avec Bernard Nathanson et Larry Lader, le groupe de presse NARAL, qui a mis en place une stratégie de lutte contre les avortements forcés dans les États fédérés.

Nadien bleef ze tot op hoge leeftijd actief als feministe, onder meer als (mede)oprichter en voorzitter van vele vrouwenorganisaties. In tegenstelling tot Nathanson bleef ze ook actief in de pro-abortusbeweging.

Points forts

- Bettye Goldstein a obtenu en 1942 un diplôme de psychologie au Smith College et, après une année d'études supérieures à l'université de Californie, à Berkeley, elle s'est installée à New York.
- The Feminine Mystique (1963), qui explore les causes des frustrations des femmes modernes dans des rôles traditionnels, a été un best-seller immédiat et controversé et a été traduit dans un certain nombre de langues étrangères.
- Membre fondateur du National Women's Political Caucus (1971), elle a déclaré qu'il était organisé "pour faire de la politique, pas du café".

- En 1976, Friedan a publié It Changed My Life : Writings on the Women's Movement et en 1981 The Second Stage, une évaluation de l'état du mouvement des femmes.
- The Fountain of Age (1993) traite de la psychologie de la vieillesse et préconise une révision de la vision de la société selon laquelle le vieillissement est synonyme de perte et d'épuisement.

3. Grace Hopper (1906-1992)
Mathématicien, informaticien et officier de marine

"Le leadership est une voie à double sens, la loyauté vers
le haut et la loyauté vers le bas. Respect pour ses
supérieurs ; soin pour son équipage."

Grace Brewster Murray Hopper (New York, 9 décembre 1906 - Arlington
(Virginie), 1er janvier 1992) est une femme politique américaine, pionnière
de l'informatique, naturologue et officier (contre-amiral) de la marine
américaine. Il est notamment à l'origine des premiers programmes pour la
calculatrice Mark I et du premier compilateur électronique pour un
programme sur son nom.

Levensloop

Hopper a obtenu sa licence en sciences de l'eau et en sciences naturelles
au Vassar College en 1928 ; après ses études, il a été nommé membre de
la société académique ΦBK (Phi-Beta-Kappa) en raison de ses talents en
sciences de l'environnement. Il étudie à Yale et obtient en 1930 un master

dans deux domaines différents. En 1934, elle est la première femme des Pays-Bas à avoir obtenu un diplôme en sciences. Sa dissertation porte le titre de *New Types of Irreducibility Criteria (Nouveaux types de critères d'irréductibilité)* et s'appuie sur les critères d'irréductibilité les plus courants. À partir de 1931, Hopper se spécialise dans l'enseignement de l'économie à Vassar ; à partir de 1941, il devient professeur d'université.

En 1943, il est entré dans la réserve navale américaine et a été formé dans un laboratoire d'informatique. Il travaille alors avec Howard Aiken sur la calculatrice Mark I. Il est le premier à travailler sur cette machine. Il est la première personne à qui il a enseigné un programme. Il a quitté la marine à la fin du journal, mais a ensuite travaillé à la conception des machines à calculer Mark II et Mark III.

En 1949, il a travaillé pour Eckert-Mauchly Computer Corporation, où il a pris la tête de l'entreprise, au moment où cette dernière était en charge de l'UNIVAC I. Il a été chargé de ce projet. Au début des années 50, l'entreprise est rachetée par la Remington Rand Corporation, qui lui confie la publication de son premier travail dans le domaine des compilateurs. Son compilateur est le compilateur A, dont la première version est A-0. Les versions ultérieures sont vendues sur le marché sous les noms de ARITH-MATIC, MATH-MATIC et (vooral) FLOW-MATIC.

Un an plus tard, il se rendait à la marine, où il était chargé d'élaborer un logiciel de validation pour le nouveau langage de programmation COBOL. La définition du COBOL a été étendue par la communauté CODASYL, mais il s'agissait en fait d'un mélange de Hoppers FLOW-MATIC et de plusieurs composants du COMTRAN (l'équivalent du FLOW-MATIC chez IBM). En dehors de l'implication des comités et de tous les autres services administratifs, il est clair que l'idée de Hoppers était de programmer un ordinateur dans une langue qui s'inspire d'une langue naturelle, comme l'anglais, et non dans une machine ou dans tout ce qui peut s'y apparenter (comme les assembleurs qui travaillent à cette époque). Il est également très important de préciser que le COBOL est basé sur sa philosophie et ses idées.

Hopper est entré dans la Réserve nationale en 1966, avec le grade de commandant. En août 1967, il est à nouveau affecté à un service actif pendant une période de dix mois - qui sera plus tard interrompue par un changement d'affectation pour cause de décès. En 1973, l'officier Elmo R. Zumwalt Jr. lui a donné l'ordre de devenir capitaine.

254

À la fin des années 70, le projet s'est orienté vers les tests d'ordinateurs réalisés par des gestionnaires, notamment pour les programmes et avec des noms tirés de COBOL et FORTRAN. Le programme d'essai de la marine pour l'équipage, qui a permis aux programmes de s'imposer dans ces domaines, a abouti à une grande convergence des différents dialectes de programmation, tels que ceux utilisés par les entreprises commerciales. Ces séries de tests (ainsi que les résultats obtenus) ont été réalisées dans les années 80 par le National Bureau of Standards (NIST).

En mars 1983, Hopper est apparu à la télévision dans l'émission *60 Minutes*. Il a été interviewé par Philip Crane, directeur de la Maison des Afghans aux États-Unis. Le président Ronald Reagan a demandé à l'armée américaine de se transformer en commodore, ce qui a été fait par le général Besluit de Bevelvoerder. En 1985 werd deze rang omgezet in Rear Admiral (lower half). En 1986, il est devenu (onvrijwillig) membre de la marine.

Il a ensuite été nommé consultant principal chez Digital Equipment Corporation, un poste qu'il a occupé pendant le reste de sa vie. Sa principale activité dans ce domaine a été de devenir un "ambassadeur de bonne volonté". Il a été chargé de l'organisation du circuit des lézardes et a tenu des discours sur les débuts prometteurs des ordinateurs, sur sa carrière et sur ce que les développeurs d'ordinateurs peuvent faire pour améliorer le bien-être de leurs clients. Il est l'un des principaux acteurs de la recherche et du développement de Digitals, et il s'engage à respecter les normes en vigueur en matière d'ovulation. Dans ces lieux, les employés sont souvent en uniforme, en grande tenue.

Grace Hopper a eu 85 ans le jour de l'an 1992 et a été graciée par un militaire au cimetière national d'Arlington. Au début de l'année, il vivait à Arlington (Virginie). Sur South Joyce Street, au-dessus de sa maison, se trouve un petit parc qui a été aménagé par le comté d'Arlington : le parc Grace Murray Hopper.

Points forts

- Elle devient lieutenant et est affectée au projet de calcul du Bureau of Ordnance à l'université de Harvard (1944), où elle travaille sur le Mark I, la première calculatrice automatique à grande échelle et un précurseur des ordinateurs électroniques.

- Elle a écrit le premier manuel d'ordinateur, A Manual of Operation for the Automatic Sequence Controlled Calculator (1946), qui décrit le fonctionnement du Mark I et constitue le premier traitement approfondi de la programmation d'un ordinateur.
- Le développement par Grace Hopper de compilateurs pour le COBOL et sa défense vigoureuse de ce langage ont conduit à son utilisation généralisée dans les années 1960.
- Hopper a pris sa retraite de la marine avec le grade de commandant en 1966, mais elle a été rappelée au service actif l'année suivante pour aider à normaliser les langages informatiques de la marine.

4. Margaret Thatcher (1925-2013)
La première femme à devenir Premier ministre du Royaume-Uni

Lorsque les gens sont libres de choisir, ils choisissent la liberté.

La baronne Margaret Hilda Thatcher, (Grantham, Angleterre, 13 octobre 1925 - Londres, Angleterre, 8 avril 2013) était une femme politique britannique du Parti conservateur et, de 1979 à 1990, le premier ministre le plus influent du Royaume Uni.

Thatchers vader était winkelier en burgemeester van Grantham in Lincolnshire. Il a été admis au Somerville College (Université d'Oxford) pour devenir professeur et a été de 1959 à 1992 membre de la Lagerhuis. De 1970 à 1974, il est ministre de l'Enseignement et de la Recherche au sein du cabinet Heath. En 1975, Thatcher est devenu le premier chef de parti vrouwelijke du Parti conservateur et a été nommé chef de l'opposition à l'Assemblée nationale. En 1979, Thatcher gagne les élections et devient le premier ministre du Parti travailliste, James Callaghan. Thatcher devient alors le premier ministre vrouwelijke de la République tchèque. Lors des élections de 1983 et 1987, elle a été nommée pour un deuxième et troisième mandat. En 1990, Thatcher est devenue partisane et première ministre et a été remplacée par John Major.

En 1992, Thatcher a été nommée baronne et elle a été condamnée à la peine de mort à la Hogerhuis.

Thatcher est, au cours de sa vie, classée dans les catégories suivantes : Lid van de Eerbaarste Privy Council van Hare Majesteit - Member in de Orde of Merit - Dame van Justitie in de Orde van Sint-Jan - Dame Ridder in de Orde van de Kousenband.

Buitenlandse orden : Presidential Medal of Freedom - Grootkruis in de Orde van de Goede Hoop - Groot Lint in de Orde van de Kostbare Kroon - Grote Orde van Koning Dimitar Zvonimir - Orde van de Witte Leeuw, eerste klasse - Dame Grootkruis in de Koninklijke Orde van Frans I.

Afkomst

Margaret Thatcher a été baptisée Margaret Roberts et est née à Grantham, dans le Lincolnshire, une région de l'Angleterre. Son père s'appelait Alfred Roberts et était originaire du Northamptonshire. Sa mère est Beatrice Ethel (née Stephenson) et vit dans le Lincolnshire. Il a fait naître son enfant à Grantham, où son père avait deux enfants. Margaret et sa fille Muriel s'installent dans l'appartement du plus grand de ces deux-là. Son père était aussi bien actif dans la politique locale que dans l'église chrétienne, où il était respectivement conseiller municipal et prédicant méthodiste. Margaret a été confiée à un méthodiste chevronné. Son père était un membre d'une famille libérale, mais il était aussi un homme d'*église*, même s'il était impliqué dans la politique locale. Il a été en 1945-46 bourgmestre de Grantham. En 1952, il a perdu sa position en tant que membre du parti travailliste, alors que ce dernier avait perdu la main dans la circonscription de Grantham.

École et université de taille moyenne

Roberts a fréquenté l'école primaire de Huntingtower Road et a gagné une bourse pour l'école de filles de Kesteven et Grantham. Ses bulletins scolaires indiquent qu'elle travaillait dur et qu'elle était très verbale ; ses activités scolaires comprennent entre autres le piano, le hockey, les récitals de poésie, les jeux et les jeux de société. En 1942-1943, elle était hoofdmeisje (*fille de tête*). Au cours de sa dernière année, elle a obtenu une bourse pour étudier au Somerville College, un collège de jeunes de l'université d'Oxford. Dans un premier temps, il a été libéré, mais à moins qu'un autre problème ne se pose, il n'a pas été épargné. Au début de 1943, il s'est rendu à Oxford, où il a obtenu en 1947, avec mention "Second Class Honours", une licence en sciences de la physique. Au cours de sa dernière année, il s'est spécialisé, sous la supervision de Dorothy Hodgkin, dans le domaine de la radiographie et de la cristallographie. Il n'a pas participé à la formation d'étudiants adultes au Somerville College.

En 1946, Roberts a été nommé membre de l'Association conservatrice de l'Université d'Oxford. L'université a également publié des ouvrages politiques, notamment *La route du servage de* Friedrich von Hayeks (1944), dans lesquels l'économie est influencée par la surchauffe, comme une nouvelle agrafe sur le chemin vers un État autoritaire.

Werkzaam leven

Après ses études, Roberts s'est rendu en 1947 à Colchester, dans l'Essex, où il a travaillé comme ingénieur chimiste chez BX Plastics. Il est membre de l'Association conservatrice locale. En 1948, il participe à la conférence de Llandudno en tant que président de l'Association conservatrice des diplômés universitaires.

Kwalificatie als kandidaat voor het Lagerhuis (La qualité comme critère de sélection)

L'un de ses amis à Oxford était auparavant l'ami du président de l'association conservatrice de Dartford, dans le Kent. C'est là que le Parti conservateur recherchait des candidats pour l'élection présidentielle britannique. Les dirigeants de cette association ont dû faire face à l'indécision de Roberts en matière de politique, ce qui a permis à son parti de se démarquer. En janvier 1951, il a été élu.

Campagnes à Dartford

En février 1951, après un jour où il avait été accepté comme employé de Dartford, Denis Thatcher, un homme d'affaires prospère, jeune et motivé, se rend à la gare pour faire un voyage dans l'Essex. En raison de l'augmentation de la demande, Roberts se rendit à Dartford, où il devint, au cours de sa retraite, un ingénieur en chimie pour le compte de J. Lyon en Co. à Hammersmith. Il fait partie de l'équipe des émulateurs qui ont travaillé pour lui.

Lors des élections législatives de février 1950 et d'octobre 1951, il est candidat dans le district travailliste de Dartford, où il se présente comme le plus jeune et le seul membre du parti travailliste. Les deux partis sont sous l'emprise de Norman Dodds, mais les travaillistes ne parviennent pas à réduire la pression exercée sur eux en février 1950 (6 000 personnes) et en octobre 1951 (1 000 personnes). Au cours de ces campagnes, le gouvernement a fait appel à son homme le plus influent, Denis Thatcher, qui s'est présenté en décembre 1951 à la table des négociations. Denis betaalde de les études de zijn vrouw om toe te kunnen treden tot de Orde van Advocaten ; Thatcher kwalificeerde zich in 1953 als advocaat en specialiseerde zich in belastingrecht. C'est au cours de cette même année que ses enfants, Carol et Mark, sont nés.

Couvercle de l'hôtel de ville

Après avoir fait ses études à Dartford, Thatcher a commencé à chercher un quartier dans lequel il avait la possibilité d'obtenir une place dans le Lagerhuis. En 1955, Roberts a été élu député d'Orpington, mais en avril 1958, il a été élu dans le district de Finchley. En 1959, il est nommé à la tête de la Lagerhuis, après une dure bataille. Son premier discours porte sur la loi de 1960 relative aux organismes publics (admission aux réunions), qui prévoit que les autorités locales doivent veiller à ce que les réunions soient ouvertes à tous. En 1961, il s'est retiré de la position officielle du Parti conservateur en faveur de la lutte contre le "birchisme".

En octobre 1961, Thatcher s'engage dans la vie politique, après avoir plaidé en faveur de l'égalité des chances dans la maison de retraite. Sous le règne d'Harold Macmillan, il est nommé parlementaire secrétaire du ministère des Affaires intérieures et des Affaires nationales. Après les élections de 1964, il a été nommé conseiller en matière d'investissement immobilier et de politique sociale, en raison de la volonté de son parti de faire en sorte que les citoyens aient le droit d'ouvrir leur maison d'habitation. En 1966, il est devenu membre de l'équipe du Trésor américain. En tant que conseiller financier, il s'oppose aux contrôles des prix et de l'argent des travaillistes, avec pour argument que ces contrôles peuvent avoir des conséquences sur l'économie.

Ministre

Dans le cabinet du ministre-président Edward Heath, il a occupé de 1970 à 1974 le poste de ministre de l'Intérieur et des Affaires sociales. En tant que ministre de l'Intérieur, il s'est occupé de l'octroi gratuit d'allocations pour les enfants des écoles primaires. Elle a ainsi obtenu le titre de "Thatcher la voleuse de lait".

Partijleider Conservatieve Partij

En 1975, il devient membre du Parti conservateur et gagne le droit de vote. En 1979, il a gagné, en tant que leader de l'opposition, une motion de rejet contre le gouvernement de James Callaghan, qui avait conclu un pacte avec le Parti libéral, avec une augmentation de 311 voix contre 310. De hierop volgende algemene verkiezingen wist ze te winnen, waarna ze Eerste Minister werd. Elle a été nommée en 1983 et en 1987. Depuis 1988, il est le premier ministre britannique le plus ancien depuis 1827. Pour être précis, il a vécu un an, deux mois et 26 jours. La République tchèque a connu une situation économique difficile jusqu'à ce que Thatcher prenne la parole. L'industrie est en crise et les conflits sociaux persistants entravent le développement de l'économie. L'inflation est élevée et le revenu national brut est réduit au minimum. Son attachement rigoureux à l'idée de la liberté et de la justice sociale, le fait qu'il soit ensuite devenu un véritable thatchérisme, et le fait qu'il soit devenu le meilleur moyen de privatiser de nombreuses entreprises publiques, ont mis sa carrière en conflit avec les opposants et les travaillistes Michael Foot et Neil Kinnock.

Falklandoorlog

Le 2 avril 1982, l'Argentine, qui avait déjà pris des mesures contre les Malouines, a ouvert la porte à ces pays britanniques. Thatcher a réagi rapidement en mettant en place un système d'alerte. Le 21 mai 1982, Britten débarque à Port San Carlos. Deux ans et demi plus tard, les pays du Sud deviennent des héros. Au total, 236 Britten et 655 Argentiens sont morts. A l'aube du jour, Thatcher est le premier ministre britannique le plus populaire depuis la Deuxième Guerre mondiale. Erna a été très impressionnée. Thatcher se sert de sa popularité pour faire échouer les négociations parlementaires qu'elle a gagnées en 1983.

Mijnwerkersstaking

C'est ainsi que Thatcher a fait en sorte que de nombreuses victimes de la guerre soient éliminées. Les liens entre les travailleurs, sous l'égide du radical Arthur Scargill, organisent en 1984 une grande grève nationale. Un hiver s'est alors écoulé, marqué par des affrontements violents entre les militants et la politique. Neuf mois plus tard, les hommes sont devenus plus forts.

IRA-aanslag

Thatcher s'est évanouie le 12 octobre 1984 après avoir été victime d'une attaque de l'IRA. Ce jour-là, à 2 h 54, une bombe a explosé au Grand Hotel de Brighton, où elle a été arrêtée, tout comme de nombreux autres membres de son parti, par un groupe de partisans de l'époque. Au moment de l'annonce, Thatcher travaillait dans sa suite pour la première fois. A ce moment-là, elle se rendit dans une chambre à coucher, qui avait été endommagée par l'explosion. Plusieurs personnes ont décidé de se retirer, mais les deux hommes et leur fils ont été tués. Thatcher demanda plus tard à son mari de lui dire que s'il se rendait à la salle d'attente avec la bombe, il n'aurait plus qu'à s'asseoir et à s'agenouiller. Thatcher déclara que le congrès de ce jour-là, à 09h30, devait être ouvert. Au milieu de la journée, à 14 h 30, elle a donné son accord pour que le congrès soit ouvert.

L'image de marque de l'entreprise

Le Conseil de l'Europe était déjà sous le joug des institutions européennes, mais Mme Thatcher n'a pas voulu de cette forme de supranationalisme et s'est tournée vers les États de l'Union européenne. Avec le président américain Ronald Reagan, il l'a vu de près. En Europe, il se sent moins coupable. Son slogan "I want my money back" n'a pas été suivi d'actions très dures visant à compenser les pertes de revenus dans les domaines sociaux et fonciers en Europe.

Le gouvernement de Thatcher a soutenu la coalition avec les Rodes Khmers, qui ont été attaqués par des troupes communistes vietnamiennes en 1979. Lors du conflit sino-russe, les communistes vietnamiens se sont rangés du côté de l'Union soviétique, tandis que le Rode Khmer se rangeait du côté de la Chine. Grâce à l'impulsion du gouvernement Thatcher, la coalition autour de Pol Pot a obtenu le statut officiel de Cambodgien au sein des Nations unies. Daarnaast steunde de regering van Thatcher de coalitie rond de Rode Khmer met geld, voedsel en trainers. En 1991, le gouvernement a décidé que les troupes de la coalition créées par le Rode Khmer avaient été formées par le SAS à l'origine. L'administration britannique s'est contentée des aspects niet-communistes de la coalition, mais le Rode Khmer avait une grande influence sur l'administration britannique. Thatcher beweerde dat "*de meer redelijke mensen van de Rode Khmer een bepaalde rol zullen moeten spelen in de toekomstige regering*". De 1975 à 1979, le Rode Khmer a perdu deux millions de personnes à la suite d'un conflit.

Taxe sur les sondages

En 1990, des voix se sont élevées dans le Royaume Uni pour demander à Thatcher d'appliquer une taxe sur les *votes, la poll tax*. Cette décision a eu des répercussions sur son avenir : le Parti conservateur et les conservateurs verschiens ont fait pression sur Thatcher pour qu'elle devienne membre du Parti conservateur. Lors de la première ronde des débats sur le parti conservateur, il y avait plus d'hommes que Michael Heseltine, qui, quelques années plus tard, n'était plus vice-Premier ministre, mais ce changement était très important pour la défense des droits de l'homme. Daarop besloot Thatcher, deels op advies van haar echtgenoot, dat aftreden eervoller was dan verslagen worden. Lors de sa dernière visite dans sa cabine, il a été transféré pour la deuxième fois dans l'espace ouvert : la première fois, c'était lorsque son fils Mark Thatcher était mort il y a dix ans, lors de la cérémonie d'ouverture du Parijs-Dakar en Algérie. La présidence du parti et le poste de premier ministre reviennent à John Major, ministre des finances de Thatcher.

Au cours de sa vie politique

Na haar aftreden hield Thatcher lezingen over heel de wereld. En 2001, elle a été victime d'un attentat à la pudeur. Le 13 octobre 2005, elle a célébré son 80e anniversaire par un dîner réunissant 650 personnes, dont la reine Elizabeth II, le premier ministre travailliste Tony Blair, la reine Shirley Bassey et l'actrice Joan Collins.

Le 7 décembre 2005, il a été placé en observation pendant une nuit dans la maison de retraite pour éviter qu'il n'y ait un doute sur l'identité de la personne qui l'a tué. Sa fille Carol Thatcher est consciente du fait que la maladie de son mari est très grave. D'autres personnes lui ont dit qu'il avait été victime de la maladie d'Alzheimer. Ce fait a été révélé en 2008 par sa fille Carol dans son livre : Une partie de natation dans le bocal à poissons rouges : A Memoir'.

Après le décès de Pinochet le 11 décembre 2006, qui a été condamné pour son comportement politique lors de l'attaque des Malouines, il a été décidé que l'homme était en danger. En 2007, Thatcher a été nommée baronne Thatcher of Kesteven pour le Parti conservateur à la Chambre des députés.

Au milieu de l'année 2008, une controverse a éclaté au sein de l'Union européenne sur le fait qu'il n'était pas possible d'obtenir un certificat d'état sur sa tête. Cette affaire a été portée à l'attention de Winston Churchill et des dirigeants de la famille royale.

Le 8 avril 2013, Thatcher a été victime d'un attentat à l'hôtel londonien The Ritz. Elle obtient, par le biais de l'autorité britannique, une cérémonie de remise des clés avec de nombreux militaires dans la cathédrale St. Pauls, où elle avait elle-même élu domicile. Le service de l'état civil, qui a eu lieu le 17 avril, s'est vu attribuer le même statut que celui de la princesse Diana en 1997 et celui de la reine Elizabeth en 2002. Plus de 2 300 personnes ont bénéficié de la protection de la loi, notamment la reine Elizabeth II et son fils Philip. Au total, 170 pays ont été dotés de vertébrés. Ils n'ont pas été épargnés par la guerre.

Les réactions à l'annonce de Thatcher ont été, en général dans l'Union européenne, très variées. Elle a été reconnue comme l'un des meilleurs dirigeants de la République tchèque, mais il y a eu aussi des réactions plus vives de la classe ouvrière et de ses alliés, qui se sont ralliés à sa politique économique. Des critiques se sont élevées au milieu d'une campagne sur les médias sociaux pour dénoncer le mensonge "Ding-Dong ! La sorcière est morte" dans le film Le Magicien d'Oz, en anglais et en français. Le rôle a été joué par des acteurs, parmi lesquels Ruth Duccini et Jerry Maren, qui avaient obtenu le numéro d'enregistrement dans le film précédent, et qui ont été désignés comme étant des acteurs à part entière et respectueux. Les partisans de Margaret Thatcher se sont eux-mêmes inspirés du numéro "I'm in Love with Margaret Thatcher" des Notsensibles. Ce numéro a été placé à 35 reprises.

Nog in de maand van haar overlijden werd het plan bekendgemaakt om in Londen een museum annex bibliotheek ter ere van Thatcher te stichten. Le centre porte le nom de *Margaret Thatcher Centre* et est situé dans l'université de Buckingham.

Points forts

- Margaret Thatcher a mené les conservateurs à une victoire électorale décisive en 1979, à la suite d'une série de grèves importantes au cours de l'hiver précédent (l'"hiver du mécontentement") sous le gouvernement travailliste de James Callaghan.
- Thatcher est entrée en fonction en promettant de réduire le pouvoir des syndicats, qui avaient montré leur capacité à paralyser le pays pendant six semaines de grève au cours de l'hiver 1978-1979.
- La seconde moitié du mandat de Thatcher est marquée par une controverse inextinguible sur les relations de la Grande-Bretagne avec la Communauté européenne (CE). En 1984, Margaret Thatcher réussit, au milieu d'une opposition féroce, à réduire de façon drastique la contribution de la Grande-Bretagne au budget de la CE.

5. Kamala Harris (née en 1964)
Vice-président des États-Unis

"J'espère qu'en étant une "première", j'inspire les jeunes à poursuivre leurs rêves."

Kamala Devi Harris (Oakland (Californie), 20 octobre 1964) est une femme politique américaine et, depuis le 20 janvier 2021, la 49e vice-présidente des États-Unis. Il est membre du Parti démocrate et a été, lors de son investiture, le premier Afro-Américain, le premier Aziatique-Américain et le premier vice-président vrouilléen. Il a également été maire de San Francisco de 2004 à 2011, procureur général de la Californie de 2011 à 2017 et sénateur de la Californie de 2017 à 2021.

Biografie

Harris est né le 20 octobre 1964 à Oakland. Son père, Shyamala Gopalan, un Tamoul, était un kankeronderzoeker qui a émigré en 1960 de l'Inde vers les Etats-Unis. Son père, Donald J. Harris, a émigré en 1961 de la Jamaïque. Il a fait ses études d'économie à l'Université de Californie - Berkeley. Harris s'identifie comme un Afro- et un Indien-Américain.

Les parents d'Harris se sont rendus compte que Kamala Harris était âgée de 7 ans, et que Kamala et sa fille Maya, qui est une jeune fille, ont passé une semaine avec leur père. Ils se retrouvent à Berkeley. Lorsque Harris a

12 ans, il se rend à Montréal, où son père fait un stage et prend des cours. Il passe à l'école en 1981 à l'école secondaire Westmount.

Harris a étudié l'économie et les sciences politiques à l'université Howard de Washington. En tant qu'étudiant, il a été actif au sein du club de débat, du groupe d'étudiants et de la *sororité* afro-américaine Alpha Kappa Alpha. Elle a manifesté contre l'apartheid et a organisé des programmes de tutorat pour les jeunes de la rue.

Après avoir étudié à Howard, Harris est parti pour la Californie, où il a obtenu en 1989 un diplôme de droit au Hastings College of the Law de San Francisco. Il a été envoyé au barreau et, de 1990 à 1998, il a travaillé comme *procureur adjoint* dans le comté d'Alameda. À cette époque, il a rencontré Willie Brown, âgé de 30 ans, le premier vice-président de l'Assemblée de l'État de Californie. Brown a invité Harris à rejoindre son réseau politique et lui a donné en 1994 un poste de premier plan. En 1996, Brown a été nommé bourgmestre de San Francisco et a quitté la ville.

De 1998 à 2000, Harris a travaillé pour le *procureur de* San Francisco, où il a été victime d'un attentat à la pudeur. De 2000 à 2003, Harris a été nommé procureur de la ville. En 2003, il se fait passer pour le procureur général de San Francisco. Sa campagne a coûté plus de 600.000 dollars, a été plus longue que prévu et s'est déroulée dans des conditions très difficiles. Après une campagne turbulente, Harris a gagné la confiance de 56 % des clients. En 2007, il a été révoqué à nouveau, en tant que membre de la famille.

Procureur-général de Californie (2011-2017)

En novembre 2008, Harris a demandé à ce qu'il soit nommé procureur *général* de l'État de Californie. Elle a été nommée par les sénateurs Dianne Feinstein et Barbara Boxer et par la présidente de la Chambre des représentants Nancy Pelosi. Dans le vote par correspondance, elle représente 33,6 % des électeurs, soit le pourcentage le plus élevé de tous les candidats. Au dernier tour, Harris s'oppose au Républicain Steve Cooley, député de Los Angeles à l'esprit ouvert. Il a remporté un verdict de 46,1 % des suffrages, soit 0,8 % de plus que son adversaire. Le 3 janvier 2011, Jerry Brown, le gouverneur de l'État, a été élu. Il a été réélu en 2014 et est resté en fonction jusqu'en janvier 2017. Il a été élu par Xavier Becerra. Harris était à la fois le premier Afro-Américain vrouillé et le

267

premier Aziatique-Américain à occuper le poste de procureur général en Californie.

En septembre 2014 werd gespeculeerd dat ze kandidaat was om Eric Holder op te volgen als minister van Justitie (*United States Attorney General*). Uiteindelijk stelde president Barack Obama op deze post Loretta Lynch aan.

Sénateur (2017-2021)

Lorsque Barbara Boxer, sénatrice californienne depuis 24 ans, a déclaré qu'elle ne pourrait pas se présenter en 2016, Harris était le premier à s'engager dans cette voie. Le 13 janvier 2015, sa campagne électorale a commencé officiellement. Harris est devenu le chef de file et s'est imposé tant au sein de son parti qu'en tant que nouveau gouverneur. Il a été le premier à se présenter aux élections et a battu la candidate de son parti, Loretta Sanchez, lors de la dernière élection en novembre 2016, avec 63 % des voix.

Harris a quitté le Sénat le 3 janvier 2017. Au Sénat, elle est membre du Congressional Black Caucus, du Congressional Asian Pacific American Caucus et du Congressional Caucus for Women's Issues. Il est réparti entre plusieurs commissions, notamment la commission des droits de l'homme, la commission sur la violence domestique et les abus sexuels et la commission sur la justice. Dans les derniers mois de son mandat, Harris est devenu, au Sénat, un critique reconnu de la politique de Trump et de son ministre. Wel steunde Harris de beslissing om de Amerikaanse ambassade naar Jeruzalem te verplaatsen.

Op 18 januari 2021 trad zij terug als senator.

Présidentsverkiezingen 2020

Kort na de verkiezing van de Republikein Donald Trump tot president van de Verenigde Staten bij de presidentsverkiezingen van 2016 werd gespeculeerd over een eventuele kandidatuur van Harris om Trump te verslaan bij de volgende presidentsverkiezingen. En juin 2018, les autorités ont indiqué que cette candidature n'était "pas recevable". Le 21 janvier 2019, il a décidé d'approuver officieusement sa candidature. Au cours des 24 dernières heures qui ont suivi la présentation de sa candidature, Harris a battu le record de Bernie Sanders en 2016 en ce qui concerne les plus gros dons versés le jour même de la présentation de sa candidature. Le 27 janvier 2019, plus de 20 000 personnes participeront à sa première campagne-événement dans sa ville natale d'Oakland, en Californie.

Avec sa candidature, Harris est devenu l'un des candidats aux élections présidentielles démocrates de 2020. Lors du premier débat avec plusieurs candidats démocrates, elle a déclaré que son ancien vice-président et favori, Joe Biden, avait fait preuve d'une "grande habileté", en raison des positions prises par Bidens dans les années 70 sur le busing, un moyen de lutter contre la ségrégation dans les écoles. Au cours du débat, Harris a gagné 6 à 9 pour cent des voix. Dans le deuxième débat, qui s'est déroulé en août 2019, Harris a critiqué les candidates Tulsi Gabbard et Biden sur leur rôle de procureur général en Californie, ce qui a entraîné une augmentation de sa popularité dans les sondages. Au cours des derniers mois, son score dans les sondages d'opinion s'est élevé à plusieurs points. Au cours d'une période où les progrès sont de plus en plus critiques à l'égard de l'évolution de la situation en matière de droits de l'homme, ils le sont encore plus à l'égard de la situation difficile qu'il a connue en tant que procureur général de Californie. En 2014, il a été nommé procureur général de la Californie. Il n'a pas été nommé à la tête de la banque centrale de Californie.

De même, ils ont refusé - tout comme Sanders et Elizabeth Warren - de se prononcer sur le rôle militaire des États-Unis en faveur d'Israël. Harris estime que le voile d'Israël ne doit pas être considéré comme un danger pour la santé.

Le 3 décembre 2019, Harris est sorti de la course à la présidence du Parti démocrate, sans que sa campagne n'ait bénéficié d'un financement plus important. En mars 2020, Harris a été nommé, après Joe Biden, président du Parti démocrate.

Candidature à la vice-présidence aux côtés de Joe Biden (2020)

En mai 2019, alors que ni Harris ni Biden n'avaient présenté leur candidature au poste de président, certains dirigeants du Congressional Black Caucus ont indiqué que la candidature de Biden et de Harris était la combinaison idéale pour le président Trump et le vice-président Mike Pence. Bien que Biden ait été élu lors des premières élections, sa candidature a été repoussée une deuxième fois après sa victoire lors des élections en Caroline du Sud, où il a été élu par les Afro-Américains. Quelques jours plus tard, Biden est également le grand vainqueur du Super Tuesday, au cours duquel il devient le principal candidat démocrate à l'élection présidentielle. En mars 2020, alors que Bernie Sanders et lui-même n'étaient plus dans la course pour la nomination des démocrates, Biden a déclaré dans un débat télévisé qu'une femme pourrait devenir son colistier.

Le 17 avril 2020, Harris a réagi aux spéculations des médias concernant une éventuelle candidature à la vice-présidence. Il a déclaré qu'il avait été déçu par le fait que Biden avait décidé d'être son colistier. Lorsque, vers 2020, des manifestations ont été organisées sur la tête de l'homme noir George Floyd, à la suite d'une arrestation politique, Biden s'est empressé de demander à une femme noire de devenir vice-présidente, ce que les partisans de Harris et de Val Demings ont fait.

Le 12 juin 2020, le *New York Times* publie une nouvelle selon laquelle Harris est devenu le favori pour devenir le colistier de Bidens. Le 26 juin 2020, CNN a annoncé que Harris était l'un des principaux favoris dans une liste de plusieurs candidats potentiels, à l'instar d'Elizabeth Warren, Val Demings et Keisha Lance Bottoms.

Le 11 août 2020, M. Biden a annoncé qu'il avait choisi Harris comme colistier et vice-président. Il était ainsi le premier Afro-Américain et le premier Zaïrois à avoir été désigné par un grand parti américain comme candidat à la vice-présidence.

Vice-président (2021)

Le 20 janvier 2021, il deviendra le 49e vice-président des Pays-Bas. Il sera le premier Afro-Américain, le premier Indien-Américain et le premier vice-président vrouilléen.

Points forts

- Kamala Harris a siégé au Sénat américain (2017-2021) et a été procureur général de Californie (2011-2017).
- Kamala Harris, de son vrai nom Kamala Devi Harris, est devenue l'une des principales avocates de la réforme de la justice sociale après la

mort, en mai 2020, de George Floyd, un Afro-Américain qui avait été placé en garde à vue.

- En novembre 2020, Kamala Harris est devenue la première femme noire à être élue 49e vice-présidente des États-Unis (2021 -) dans l'administration démocrate du président Joe Biden.

6. Sally Ride (1951-2012)

Astronaute américain

*"C'est facile de dormir en flottant - c'est très confortable.
Mais il faut faire attention à ne pas flotter sur quelqu'un
ou quelque chose !"*

Sally Kristen Ride (Los Angeles, 26 mai 1951 - La Jolla, 23 juillet 2012) est une astronaute américaine de la NASA, spécialiste de la natation et de l'astronautique. En 1983, elle était la première femme américaine dans l'armée ; le jour suivant, elle était la dernière femme américaine dans l'armée.

Jeunes gens

Il était la plus âgée des deux filles dans la communauté où ses parents étaient actifs dans l'église presbytérienne. Son père était enseignant dans une école de Santa Monica et sa mère était enseignante dans une école privée. Sa jeune fille, Karen, est dominante dans sa propre communauté.

Ride a suivi une formation à la Portola Middle School et à la Westlake School for Girls à Los Angeles (tegenwoordig de Harvard-Westlake School). Outre le fait qu'elle s'intéressait au monde de l'éducation, elle était aussi une experte en matière d'éducation. Sa formation continue l'a

272

conduit au Swarthmore College et à l'université de Stanford. Il a obtenu une licence en langue anglaise et en sciences naturelles, un master en sciences naturelles et un doctorat. Au cours de ses études, il a fait des recherches sur l'astrophysique et le laser électronique.

Carrière

Ride est l'un des 8 000 hommes qui ont participé à une campagne de recrutement dans le cadre du programme américain de recherche sur les ruines. En 1978, il a commencé à travailler à la NASA. Au début de sa carrière à la NASA, il a été chargé de la gestion de la deuxième et de la dernière mission de la navette spatiale (STS-2 et STS-3). Il a ensuite été chargé de la mise en place du Canadarm.

En 1983, l'équipage a été chargé d'assister à la mission STS-7 à bord du Challenger. Le 18 juin 1983, il est devenu la première femme américaine à se présenter à l'inspection. Elle n'était pas non plus la première Américaine à entrer dans la cage ; les kosmonautes russes Valentina Teresjkova et Svetlana Savitskaja l'ont précédée. Au cours de cette mission, qui consiste à placer deux satellites dans une baie où l'air est aspiré et où des expériences pharmaceutiques sont menées, Ride a fait appel à son propre Canadarm.

En 1984, Ride a participé à une deuxième mission, STS-41-G, même à bord du Challenger. Au total, il a passé 343 heures dans la rue. Il n'a pas eu à faire face à la dernière mission, qui a duré près d'un an. Mais lorsque le Challenger est arrivé en janvier 1986, sa maladie a été résolue. Il a été transféré à une commission chargée d'examiner la rampe d'accès. Après que la mission ait été menée à bien, Ride a été transféré au centre de contrôle de la NASA à Washington DC. C'est à ce moment-là qu'il s'est occupé de la planification stratégique de missions complexes. Il est également responsable de la gestion de l'Office of Exploration de la NASA.

Na NASA

En 1987, il a quitté Ride NASA pour travailler au Center for International Security and Arms Control de l'université de Stanford. En 1989, il est devenu professeur de naturologie à l'université de Californie - San Diego et directeur du California Space Institute.

En 2003, elle a été nommée pour l'aider dans sa mission sur la rampe de lancement de la navette spatiale Columbia. À sa dernière année, Ride était présidente et PDG de sa propre entreprise Sally Ride Science, qu'elle avait créée en 2001. Au début de l'année, elle était membre du comité d'examen des plans de vols spatiaux habités des États-Unis.

Ride a rédigé plusieurs livres sur le thème de la ruimtevaart ou sur l'aide à apporter. Ces livres sont tous destinés aux enfants.

En 1982, Ride a rencontré le médecin-astronaute Steven Hawley, mais ce dernier a perdu son emploi en 1987. En 1985, Ride s'associe à Tam O'Shaughnessy, un ami de son enfance. Ce n'est pas à cause de son âge qu'il est connu. Ride a eu 61 ans et a été victime d'un accident de voiture.

Prijzen en eerbetoon

Au cours de sa carrière, Ride a reçu de nombreux prix, notamment le Jefferson Award for Public Service, le Von Braun Award, le Lindbergh Eagle et le Theodore Roosevelt Award de la NCAA.

Elle est inscrite au National Women's Hall of Fame et au Astronaut Hall of Fame. Elle a également reçu à plusieurs reprises la National Spaceflight Medal. Dans les Pays-Bas, deux écoles primaires ont été créées à son intention : l'école élémentaire Sally K. Ride à The Woodlands, au Texas, et l'école élémentaire Sally K. Ride à Germantown, dans le Maryland.

Le 6 décembre 2006, Ride a été admis au California Hall of Fame. En 2013, le président Barack Obama lui a décerné la médaille présidentielle de la liberté, la plus haute distinction décernée à un hamburger par le gouvernement des États fédérés d'Amérique.

Points forts

- Sally Ride s'est montrée très prometteuse en tant que joueuse de tennis, mais elle a finalement abandonné ses projets de jouer professionnellement et a fréquenté l'université de Stanford, où elle a obtenu des licences en anglais et en physique (1973).
- En 1978, alors qu'elle était doctorante et assistante d'enseignement en physique des lasers à Stanford, elle a été sélectionnée par la

National Aeronautics and Space Administration (NASA) comme l'une des six candidates astronautes.

- Sally Ride a obtenu un doctorat en astrophysique et a commencé ses cours de formation et d'évaluation la même année.
- Le 18 juin 1983, Ride est devenue la première Américaine dans l'espace en se plaçant en orbite à bord de la navette Challenger.

7. Audrey Hepburn (1929-1993)

Actrice américaine

"En vieillissant, vous découvrirez que vous avez deux mains. L'une pour vous aider vous-même, l'autre pour aider les autres."

Audrey Hepburn, de son vrai nom **Audrey Kathleen van Heemstra Hepburn-Ruston**, (Elsène, 4 mai 1929 - Tolochenaz, 20 janvier 1993), était une actrice, danseuse (qui n'était pas elle-même actrice) et ambassadrice du Fonds des Nations Unies pour l'enfance (Unicef) née en Belgique. Au début et à la fin de la seconde guerre mondiale, elle était un personnage de premier plan.

En 1953, elle a remporté un Oscar, un BAFTA Award et un Golden Globe pour son rôle dans *Vacances romaines*. Hepburn est ainsi la seule actrice à qui ces trois films ont valu d'être récompensée pour sa propre carrière. Au total, elle a reçu sept BAFTA, un record pour une femme, et a été nommée pour la cinquième fois pour un Oscar. Il est l'un des artistes qui ont remporté un Oscar, un BAFTA, un Emmy et un Tony Award. De plus, il a reçu le Cecil B. DeMille Award, le Screen Actors Guild Life Achievement Award, le Special Tony Ward et, en 1992, le BAFTA Lifetime Achievement Award. Il a joué dans les films *Sabrina* (1954), *The Nun's Story* (1959), *Breakfast at Tiffany's* (1961), *Charade* (1963), *My Fair Lady* (1964), *Wait Until Dark* (1967) et d'autres.

Jeugd in België (1929-1935)

Hepburn est née en Belgique sous le nom d'Audrey Kathleen van Heemstra Ruston. Elle est la fille du banquier britannique Joseph Anthony Ruston et de la Néerlandaise Ella Barones van Heemstra. Il a toujours été de nationalité britannique.

Le père de Hepburn, Joseph Victor Anthony Ruston, était un fils né en 1889 en Bohême (Tsjechië) d'un père anglais et d'une mère danoise. Après son mariage avec Ella van Heemstra, il a transformé son nom de famille en celui de Hepburn-Ruston. C'est à ce moment-là que les enfants de la famille ont reçu le nom de *Hepburn*.

La mère de Hepburn était la fille d'Aarnoud van Heemstra, ancien bourgmestre d'Arnhem et gouverneur du Suriname, et qui était originaire d'une ville de Frise. Hepburn avait deux demi-frères, Alexander et Ian Quarles van Ufford, issus du premier mariage de son père avec l'aristocrate néerlandais Hendrik Gustaaf Adolf Quarles van Ufford.

Hepburn a effectué son premier déménagement dans la Keienveldstraat 48 à Elseneur. Après avoir été deux ans, il se rendit à la Elsensteenweg 311 et à la Bronstraat 99 à Sint-Gillis. À partir de janvier 1932, il habite une villa dans le quartier de Linkebeek (rue Beuken 129). Pendant cette période, il se rend avec son mari dans des ballets et des concerts. C'est à cette occasion qu'*Adriaantje a été* nommée.

Jaren en Angleterre (1935-1940)

Ses parents se rendent à Londres et adhèrent à la British Union of Fascists (BUF). Audrey et ses frères se retrouvent dans la villa Beukenhof (Rozendaalselaan 32) à Velp, à l'instar de leurs grands-parents. Son père a obtenu à Londres des fonds pour le BUF en et son père était rédacteur pour le parti du BUF, *les Blackshirt*. En 1935, Ella van Heemstra a participé au Reichsparteitag à Neurenberg, où elle a rencontré Adolf Hitler.

L'année 1939 est marquée par de nombreux conflits entre les deux parents, au cours desquels Audrey a été victime d'une agression et a été condamnée à la peine de mort. Son père a vécu plusieurs années aux Pays-Bas, mais Audrey a été envoyée par son père à Londres et en 1937, son père l'a envoyée dans une école privée à Elham dans le Kent. Elle se rendit à Folkstone sans ballet.

Verblijf in Nederland tijdens de Tweede Wereldoorlog (1940-1945) (en anglais)

Après l'invalidation de la Pologne en septembre 1939 et l'attaque de l'armée britannique contre le Danemark, Audrey, par l'intermédiaire de son père, se rendit aux Pays-Bas pour vérifier que le pays neutre, à l'exception de la Pologne, ne pouvait pas survivre et pour obtenir la reconnaissance de la nationalité néerlandaise. Son père, qui est un agent volage de l'armée néerlandaise, a été placé par l'agence britannique MI5 dans les geôles et a été renvoyé de l'hôpital.

Audrey, dont le père est allé à l'école sous le nom d'Edda van Heemstra, s'est installée à Arnhem dans la 5e classe de l'école Openbare Lagere n° 21 et a pu se familiariser avec la langue et les coutumes néerlandaises, mais elle s'en défend.

La jeune femme vivait à Arnhem dans un appartement de la rue Sickeszlaan 7, mais elle a ensuite quitté l'appartement de la rue Jansbinnensingel 8a. En 1942, Audrey est partie de chez son grand-père pour se rendre à la fin de son séjour à Velp, à la Villa Beukenhof, sur la Rozendaalselaan 32. Audrey est restée à Velp pendant l'hiver et a aidé le Dr. Visser 't Hooft, l'avocat local, à s'occuper des problèmes. Elle a également travaillé avec le Rode Kruis, où elle a ensuite été nommée ambassadrice de l'Unicef.

A cette époque, il n'y avait pas non plus de place pour les hommes et les femmes de Velpse. L'objectif était d'atteindre le but recherché, en confiant un rôle important aux artistes de la maison de Velp (notamment le Dr Visser 't Hooft) et à la maison de retraite de Velp.

Il a travaillé à l'école de musique d'Arnhem, sur le boulevard Heuvelink 2, de 1939 à 1945, où il a été balletlessen sous la direction de Winja Marova. Au cours du Tweede Wereldoorlog, les malheurs se sont multipliés avec l'ouverture de l'école de ballet. Il s'est rendu à la Nederlandsche Kultuurkamer, qui l'a accueilli dans sa salle de spectacle, où il a été nommé à l'école de ballet.

278

Son mari a fait en sorte que sa femme n'ait pas besoin d'un coup de main pour que sa fille se retrouve sous le nom d'Edda, et qu'elle ne soit pas obligée d'accepter le nom d'Audrey Hepburn-Ruston, qui est un nom très anglais.

Au cours de la période d'enregistrement, Barry Paris, l'un de ses biographes, a indiqué qu'elle avait été victime d'une erreur de manipulation et qu'elle avait eu recours à la publication pour obtenir de l'argent pour sa retraite. Le Musée Airborne d'Oosterbeek a conclu en 2016 qu'il n'y avait pas d'autres informations concernant la décision de Hepburn d'être active dans le combat.

Un grand nombre de V1 ont été installés dans le bâtiment, mais ils sont très peu utilisés et sont très mal entretenus. Ook alle troepenverplaatsingen via de Hoofdweg, en de tweede helft van de oorlog de vestiging van verschillende diensten vanuit Den Haag in geconfisqueerde villa's rondom haar woning, de bommen- en granaatregens over het dorp, de continue dreiging van inbeslagname van de woning, het veelvuldig moeten vluchten naar de schuilkelder. De même, selon ses propres dires, il était entendu qu'un certain nombre de hamburgers de qualité supérieure devaient être jetés dans la gueule du loup, et qu'ils devaient être jetés avec les autres hamburgers sur un autre côté de la rue. En 1944, il a été victime d'une agression et les membres de la police allemande ont été condamnés à travailler dans les prisons du Danemark, mais ils n'ont pas réussi à s'en sortir, car ils ont été victimes d'une agression pendant un mois dans le quartier de leur maison. Le demi-frère de Hepburn, Ian Quarles van Ufford, a été retrouvé le soir même dans une razzia et a été placé à Berlijn dans un camp de travail de Duits.

Après le débarquement des soldats en Normandie le jour J, les tensions sont devenues plus fortes, car Arnhem a été détruite par les soldats pendant l'opération Market Garden. Il me semble que Velp a été victime d'un grand nombre d'incidents au cours desquels elle s'est battue pour tout ce que les soldats britanniques ont fait, pour que les Duitsers et les hamburgers ne se fassent pas de soucis, et pour que, selon ses propres dires, elle se soit retrouvée un jour sur un char des Duitse et qu'elle se soit retrouvée à la tête d'un kogelregen et d'un corps.

Au cours de la dernière année de l'enregistrement, la distribution a permis d'obtenir des informations sur la neutralité de la Suède et sur les schémas zimbabwéens. Audrey Hepburn était echter toen al zo verzwakt, dat zij niet meer kon dansen of danslessen kon geven. Dans le Tweede Wereldoorlog, elle est reconnue coupable d'avoir été victime d'une hémorragie aiguë, de problèmes respiratoires et d'oedèmes, alors qu'à la fin du journal, elle se sentait plus mal, parce que sa famille lui a dit qu'elle était plus heureuse qu'elle ne l'était elle-même.

Après le mariage, les gens ont commencé à s'inquiéter pour leur santé. Lors d'une interview, Hepburn a indiqué que son corps était très épais et qu'elle n'était pas satisfaite de sa dernière blessure, car elle s'était fait suicider par son masque de protection. Cette expérience lui a inspiré un travail ultérieur pour l'Unicef.

Hepburn a fait en sorte que ses journaux d'orgue ne soient pas seulement une source d'inspiration, mais aussi une source d'inspiration pour la fabrication de pièces de théâtre, dont un grand nombre ont été publiées.

À la fin du mois d'octobre 1945, Hepburn, à l'instigation de son père, se rend à Amsterdam avec sa femme, où elle se produit en ballet avec Sonia Gaskell et en chant avec l'acteur anglais Felix Aylmer. Dans une interview ultérieure, Sonia Gaskell a indiqué qu'il s'agissait d'un "problème technique et non d'une question de personnalité : il faut que son propre style soit respecté". Na het overlijden van Gaskells echtgenoot woonde Hepburn enkele maanden bij haar in en verzorgde in haar plaats eigen programma's met eigen muziek, eigen choreografie en eigen kostuums.

Mise à jour du journal de bord

Lors d'une interview télévisée en 1983 avec Henk van der Meijden, il a déclaré à propos de la nature de ses activités : "Je n'en ai pas besoin, mon enfance est marquée par ces activités". Ces sentiments profonds sont à l'origine de la façon dont il réagit aux questions posées lors d'interviews, où il s'efforce d'obtenir des réponses à ses questions.

Le début d'une carrière et une carrière à Broadway (1945-1953)

Au cours de sa carrière, elle a obtenu un poste d'hôtesse de l'air de la compagnie KLM aux *Pays-Bas*. Le régisseur de ce film néerlandais de 1948, Charles Huguenot van der Linden, prétendra plus tard qu'il a été choisi par Hepburn comme interprète. Hij hield haar zes maanden onder contract in de hoop haar te casten in een grote film. Ce contrat n'a pas été respecté et Hepburn a quitté Amsterdam pour se rendre à Londres.

Hepburn s'est rendue avec son mari à Londres où elle a fait du ballet. Elle avait déjà une passion pour le ballet et voulait le faire dans ce monde. Mais il n'a pas été sélectionné par un grand nombre d'auditeurs. Il joue dans des revues, des films et des clubs de nuit. Elle a également travaillé comme mannequin et a commencé en 1951 à travailler avec des acteurs dans des films d'animation - tout en se contentant de faire des bénéfices. Al gauw sleepte ze haar eerste hoofdrol in de wacht in *Nous irons à Monte Carlo* (1952). Lors d'un tournage dans le sud de la France, il est engagé par l'écrivain Colette, qui lui confie le rôle de femme dans son film *Gigi*.

Filmster à Hollywood (1953-1967)

Après une semaine de succès à Broadway, Hepburn est invitée à participer au film *Vacances romaines*. Le rôle de la jeune femme a été confié à Elizabeth Taylor, mais des problèmes contractuels ont empêché la réalisation du film. L'interprète de Hepburn, Gregory Peck, a dû faire face à des problèmes d'ordre naturel. Il s'en souvient très bien, car Hepburn a reçu pour son dernier Hollywoodrol au moins un Oscar de la meilleure actrice. C'est pour ce prix que la carrière de Hepburn n'a pas connu de répit. Le lied *Moon River, qu'*elle a joué dans le film *Breakfast at Tiffany's*, a valu à Hepburn un Oscar pour le meilleur lied d'origine. De toonsoort was wel aangepast wegens haar beperkte zangkwaliteiten. Le rôle de Hepburn dans *My Fair Lady* a été repris par la soprano américaine Marni Nixon. Le père de Hepburn a joué un rôle dans le film *Funny Face*, en tant que gérant d'un café.

En tant que l'un des plus populaires chanteurs d'Hollywood, Hepburn s'est retrouvée sur le banc des accusés aux côtés de Gregory Peck, Humphrey Bogart, William Holden, Mel Ferrer, Peter Fonda, Fred Astaire, Gary Cooper, Maurice Chevalier, Anthony Perkins, Peter Finch, Burt Lancaster, George Peppard, Cary Grant, Rex Harrison, Peter O'Toole, Albert Finney, Sean Connery, James Mason et Ben Gazzara.

Latere jaren (1967-1993)

A partir de 1967, après une carrière d'actrice couronnée de succès, Hepburn fait le plein d'essence et ne participe plus qu'à un seul film. Son dernier film a été tourné en 1988, après qu'elle ait été nommée
281

ambassadrice spéciale de l'Unicef. Il a été nommé ambassadeur de l'Unicef en reconnaissance de l'aide apportée par les personnes qui ont participé à l'élaboration de la deuxième édition du Journal de la Terre de l'Ambassadeur de cette organisation du Vietnam. Une autre raison est que les nazis se sont opposés à lui. Ze bleef goodwillambassadeur tot aan haar overlijden.

En 1992, Hepburn a reçu du président américain George H.W. Bush la "médaille présidentielle de la liberté" en reconnaissance de son travail pour l'Unicef. Dans sa maison de Tolochenaz, dans le canton de Vaud, elle a été atteinte du Pseudomyxome péritonéal, une maladie causée par un vermifuge dont la présence n'est pas évidente dans le Tweede Wereldoorlog, et elle est également reconnue comme telle. L'Academy of Motion Picture Arts and Sciences décerne à son postuum le Jean Hersholt Humanitarian Award pour son travail dans le domaine humanitaire.

Stijlicoon

Hepburn était, à l'aube du 20e siècle, une femme d'affaires de renommée mondiale, grâce aux créations du couturier français Hubert de Givenchy. Elle s'est fait connaître au Japon, tant au cinéma qu'en privé. Légendaire dans le domaine du cinéma et de la mode, la robe naine que Hubert de Givenchy a fait fabriquer en combinaison avec une parure de Roger Scemama au début du film *Breakfast at Tiffany's est* devenue légendaire. De même, la délicate robe qu'elle a portée lors de sa participation à la fête des enfants dans le film *My Fair Lady* est devenue l'un des plus célèbres personnages de cinéma. Givenchy s'est battu pour promouvoir ses parfums. Hepburn est la première cinéaste du monde entier à avoir joué dans un film, et surtout la dernière à n'avoir jamais été engagée dans un tel projet.

Privé

Hepburn est une jeune femme en pleine ascension. Le 25 septembre 1954, elle rencontre l'acteur américain Mel Ferrer, âgé de deux ans et demi. Il s'agit de sa quatrième année de mariage, et sa première chanson lui a valu d'être déçu. Le 5 décembre 1968, la décision est prise. Le 18 janvier 1969, Hepburn rencontre le psychiatre italien Andrea Dotti, un jeune homme de neuf ans. Le couple s'est uni en 1982. Il a deux fils, Sean Ferrer et Luca Dotti. L'écrivain A.J. Cronin était le compagnon de Sean. Dix ans plus tard, il est le partenaire de Robert Wolders, un jeune acteur
282

néerlandais, et le mari du cinéaste Merle Oberon. En 1952, elle a été mariée à James Baron Hanson. Hepburn a rompu la relation au cours de cette même année. En tant qu'actrice, elle demande à ce qu'une relation avec lui soit mise à mal, car elle n'a pas le droit d'être à l'écart de son travail d'actrice. Hepburn a connu dans sa vie plusieurs fausses notes, dont une à l'occasion de l'inauguration du film *The Unforgiven*.

Eerbewijzen, vernoemingen, tv-film

Hepburn a un pied sur le Hollywood Walk of Fame, au 1652 Vine Street. Un avion de ligne de McDonnell Douglas MD-11 immatriculé PH-KCE a été mis en service par KLM. La ville d'Arnhem a aménagé un espace dans la ville pour l'accueillir, la place Audrey Hepburn. Un buste réalisé par Kees Verkade est exposé depuis 1994 sur la place du Parlement à Arnhem.

Le 14 septembre 2019, Audrey Hepburn a été présentée à Velp en tant que jeune femme. L'exposition se trouve dans le complexe d'appartements Nieuwe Beukenhof, où sa grande maison, la villa Beukenhof, a été construite.

À Almere, il y a une voie vers son vernissage, à Doorn, une voie et à Arnhem, un terrain. Sur la Jansbinnensingel 8 à Arnhem, là où il est allé jusqu'à l'horloge avec son mari, se trouve une plaquette.

In haar geboorteplaats Elsene/Ixelles is aan het geboortehuis door de Cercle d'Histore Locale d'Ixelles een messing plaquette met de tekst *Ici naquit le 4 mai 1929 la comédienne Audrey Hepburn* bevestigd en was daar in 2017 een standbeeld van haar gepland.

Une partie de son œuvre a été filmée en 2000 pour la télévision sous le titre *The Audrey Hepburn Story*. Le rôle d'Audrey Hepburn a été interprété par Jennifer Love Hewitt, qui est également à l'origine du film.

Points forts

- Bien que née en Belgique, Audrey a la nationalité britannique par son père et a fréquenté l'école en Angleterre pendant son enfance.
- Dans les années 1960, Hepburn a dépassé son image d'ingénue et a commencé à jouer des personnages plus sophistiqués et mondains,

bien que souvent encore vulnérables, notamment l'effervescente et mystérieuse Holly Golightly dans Breakfast at Tiffany's (1961), une adaptation de la nouvelle de Truman Capote ; une jeune veuve chic prise dans le suspense de Charade (1963), avec Cary Grant ; et une femme à l'esprit libre engagée dans un mariage difficile dans Two for the Road (1967).

- Le rôle le plus controversé d'Audrey Hepburn est peut-être celui d'Eliza Doolittle dans le film musical My Fair Lady (1964).
- Après avoir joué dans le thriller Wait Until Dark (1967), Hepburn prend une semi-retraite. Elle ne reviendra au cinéma qu'en 1976, lorsqu'elle jouera dans l'histoire d'amour nostalgique Robin et Marianne.

8. Shirin Ebadi (née en 1947)

La première femme musulmane et iranienne à recevoir le prix Nobel.

"Je maintiens que rien d'utile et de durable ne peut émerger de la violence."

Shirin Ebadi (Hamadan (Iran), 21 juin 1947) est un juriste et un avocat irakien bien connu. En 2003, elle a reçu le prix Nobel de la paix pour sa lutte en faveur des droits des femmes et des enfants en Iran.

Nobelprijs

Il était le premier musulman à savoir que ce prix était décerné. Lors de son audition, le 10 décembre 2003, il a demandé aux autorités des États fédérés de lui communiquer son nom et de lui faire une critique sur "les États qui, depuis le 11 septembre, ont pris part à une lutte contre le terrorisme international et qui ont fait preuve d'un esprit de solidarité universelle". Le 26 novembre 2009, on a appris que les autorités irakiennes avaient accordé un prix à Ebadi, ainsi qu'à d'autres personnes, pour des raisons personnelles.

285

Ebadi, qui est elle-même une féministe islamiste, a été réformée en Iran. Après la révolte irakienne de 1979, elle a dû quitter son milieu. Les femmes peuvent se permettre de ne pas être plus réticentes parce que les ayatollahs leur ont donné l'impression d'être plus émotives dans leurs fonctions. Ebadi était professeur de droit à l'université de Téhéran et s'est fait connaître au niveau international comme défenseur des droits des enfants. Elle a été l'avocate officielle des jeunes qui, en 1997, ont pris part à des manifestations lors de la nomination de Mohammad Khatami au poste de président.

En 2000, Ebadi a été attaquée et le 28 juin 2000, elle a été mise en accusation. Plus tard, il a été transféré dans un centre d'hébergement de plusieurs mois.

Shirin Ebadi a présenté une critique sévère sur le fait que le régime irakien a tué deux jeunes gens en raison de leurs comportements homophobes. Deze executie veroorzaakte wereldwijd grote verontwaardiging.

Le Centre pour la défense des droits de l'homme d'Ebadi a été créé en 2008 par la république islamique, à l'occasion de la dernière journée de la révolution islamique. Il s'agit d'une initiative qui s'inscrit dans le droit fil de l'histoire de l'universalité des droits de l'homme. Vlak voor de bijeenkomst vielen veiligheidsagenten in burger het Centrum binnen, dat werd verzegeld wegens 'ontbrekende vergunningen'.

Au début du mois de janvier 2009, la maison d'Ebadi a été attaquée par des trafiquants qui ont dénoncé ses "Américains". L'un d'entre eux s'en prend à une personne qu'il a identifiée comme faisant partie du *Basij*, un groupe paramilitaire qui a fait partie de la Garde révolutionnaire irakienne. De ordediensten lieten de betogers hun gang gaan, ook na een telefonische oproep van Ebadi.

Le dernier acte commis à l'encontre d'Ebadi a été l'arrestation, le 14 janvier 2009, de son assistant Jinous Sobhani, qui est un membre de l'organisation bahá'íe verboden en Iran. Après qu'Ebadi et sa fille aient été victimes d'un attentat à la pudeur de la part de sept militants bahá'ís, ils ont été condamnés à la peine de mort.

Le 2 février 2009, Mme Ebadi a annoncé que le président Barack Obama avait décidé d'établir des relations diplomatiques directes avec l'Iran, après dix ans de conflit. Au cours d'une réunion organisée au *Carnegie*

Endowment for International Peace à Washington, M. Ebadi a participé à un bref dialogue entre les deux pays.

Selon Mme Ebadi, qui est elle-même régulièrement en contact avec la surchauffe irakienne, la communauté internationale ne doit pas s'opposer à ce que la situation des droits de l'homme en Iran s'améliore. "L'administration irakienne a tous les droits sur la *gestion des droits de l'homme dans les régions palestiniennes*", a-t-il déclaré. "Net zoals andere regeringen mogen praten over *mensenrechtenschendingen in Iran*".

Points forts

- Tout en exerçant sa fonction de juge, Shirin Ebadi a également obtenu un doctorat en droit privé à l'université de Tehrān (1971).
- Après la révolution de 1978-1979 et l'instauration d'une république islamique, les femmes ont été jugées inaptes à exercer la fonction de juge, car les nouveaux dirigeants estimaient que l'islam l'interdisait.
- Ebadi a écrit un certain nombre de livres sur le thème des droits de l'homme, dont The Rights of the Child : A Study of Legal Aspects of Children's Rights in Iran (1994), History and Documentation of Human Rights in Iran (2000), et The Rights of Women (2002).
- Shirin Ebadi a réfléchi à ses propres expériences dans Iran Awakening : From Prison to Peace Prize, One Woman's Struggle at the Crossroads (2006 ; avec Azadeh Moaveni ; également publié sous le titre Iran Awakening : A Memoir of Revolution and Hope) et Until We Are Free : Mon combat pour les droits de l'homme en Iran (2016).

9. Vigdís Finnbogadóttir (née en 1930)

La première femme élue démocratiquement à la présidence.

"Nous avons tous, en tant que citoyens du monde, le
devoir de contribuer, dans toute la mesure de nos moyens,
au progrès continu de l'esprit de l'humanité."

Vigdís Finnbogadóttir (Reykjavik, 15 avril 1930) est une femme politique indépendante de l'île de Jersey.

Vigdís Finnbogadóttir est devenue en 1980 la première présidente de l'Irlande. Elle n'était pas seulement la première femme de l'île, mais aussi la première femme à avoir été nommée démocratiquement à la présidence.

Après plusieurs entretiens en 1984, 1988 et 1992, elle a été nommée en 1996 présidente d'Ólafur Ragnar Grímsson.

En 1996, elle a été présidente et première rapporteuse du Council of Women World Leaders à la John F. Kennedy School of Government de l'Université de Harvard. En 1998, elle a été nommée membre de la Commission mondiale d'éthique des connaissances scientifiques et des technologies de l'Organisation des Nations Unies pour l'éducation, la science et la culture. Hetzelfde jaar accepteerde ze ook de functie als UNESCO Goodwill Ambassadeur en hield zich in deze bezig met de bevordering van taalkundige diversiteit, vrouwenrechten, scholing.

Points forts

- Vigdís Finnbogadóttir est née dans une famille aisée et bien informée. Sa mère présidait l'association nationale des infirmières islandaises et son père était ingénieur civil.
- De 1972 à 1980, Vigdís Finnbogadóttir a été directrice de la Compagnie de théâtre de Reykjavík (Leikfélag Reykjavíkur) et a participé à un groupe de théâtre expérimental.
- Vigdís Finnbogadóttir est devenue membre du Comité consultatif des affaires culturelles des pays nordiques en 1976 et a été élue présidente en 1978.
- Bien que la présidence islandaise soit essentiellement un poste protocolaire, Mme Finnbogadóttir a joué un rôle actif dans la promotion du pays en tant qu'ambassadrice culturelle et a bénéficié d'une grande popularité.

10. Sandra Day O'Connor (née en 1930)
Juge de la Cour suprême des États-Unis

"Faites de votre mieux dans chaque tâche, même si elle vous semble sans importance sur le moment. Personne n'en apprend plus sur un problème que la personne au bas de l'échelle."

Sandra Day O'Connor (El Paso (Texas), 26 mars 1930) est une juriste américaine.

Il a été, entre 1981 et 2006, le représentant de la Cour suprême des États-Unis d'Amérique. Le 1er juillet 2005, il est devenu célèbre en raison de la nomination de son avocat - le président George W. Bush a nommé Harriet Miers à ce poste le 3 octobre 2005 et Samuel Alito, dont la nomination a eu lieu le 31 janvier 2006, a été annulée. Le magazine *Forbes* a déclaré que Mme O'Connor était devenue en 2004 l'une des plus grandes avocates du monde.

Sandra Day est née au Texas, mais sa famille a quitté l'Arizona pour s'installer dans un ranch. En 1950, elle a fait des études d'économie à l'université de Stanford, où elle a obtenu sa licence en droit en moins de deux ans ; William Rehnquist était le seul de la même année à avoir un diplôme de droit.

En dépit de ses titres universitaires, aucun avocat en Californie n'a été nommé, alors que son poste était devenu secret. De 1954 à 1957, il a travaillé comme officier de justice dans le district de Francfort. En 1958, il est parti pour les Pays-Bas et a travaillé pour le ministère de la Justice de Phoenix. En 1969, O'Connor a obtenu un siège au Sénat de l'Arizona et, deux ans plus tard, il a été élu député républicain. En 1973, elle est devenue la première femme vrouwelienne à voyager en Amérique.

Au cours des années suivantes, elle a travaillé comme avocate dans plusieurs banques d'affaires, jusqu'à ce que le président Ronald Reagan la nomine en 1981 comme avocate à la Cour fédérale des droits de l'homme à Washington. Sa nomination a été rejetée par le Sénat. Elle est ainsi devenue la première femme à siéger au Conseil fédéral, et la dernière après Ruth Bader-Ginsburg, qui a été nommée par Bill Clinton en 1993. Au cours de sa carrière, O'Connor est devenu le premier membre des conservateurs, mais au cours des dernières années, il est passé à l'étape suivante, celle où sa tige est devenue très vulnérable. En fin de compte, les problèmes de O'Connor sont tels qu'il n'est pas possible de le placer dans un cadre idéologique solide, et que sa tige n'a pas de lien avec l'un des deux partis.

Après ses années de service en tant que greffier au Hooggerechtshof, Mme O'Connor est devenue active. En 2009, elle a rejoint iCivics, une organisation à but non lucratif qui s'efforce de stimuler et d'encourager la jeunesse américaine à l'aide de moyens de communication interactifs, notamment des jeux. En 2016, iCivics a lancé le jeu "Race to the White House" sur les présidents (américains).

Points forts

- Sandra Day O'Connor a été la première femme à siéger à la Cour suprême.
- Dans une série d'arrêts, Mme O'Connor a signalé sa réticence à soutenir toute décision qui priverait les femmes du droit de choisir un avortement sûr et légal.
- Sous sa direction, dans l'affaire Planned Parenthood of Southeastern Pennsylvania v. Casey (1992), la Cour a remanié sa position sur le droit à l'avortement.

11. Yingluck Shinawatra (née en 1967)
Premier ministre de la Thaïlande

---

*" Je suis prêt à me battre selon les règles, et je demande
l'opportunité de faire mes preuves. "*

Yingluck Shinawatra (San Kamphaeng, 21 juin 1967) est une femme
politique thaïlandaise. De 2011 à 2014, elle a été nommée ministre-
présidente de la Thaïlande. Il est le plus ancien président de la société SC
Asset Co. Ltd. de Bangkok et le plus jeune des ministres-présidents
thaïlandais, Thaksin Shinawatra. En mai 2011, le parti d'opposition
thaïlandais, le Pheu Thai, qui est composé d'un groupe de personnes
nues et d'un ancien premier ministre, a nommé Yingluck ministre-
présidente pour les élections du 3 juillet 2011. Il a fait campagne sur les
thèmes de l'assainissement national, de l'utilisation des armures et de
l'indemnisation des entreprises. Cette campagne a permis à ce parti
d'obtenir un pouvoir de décision absolu. Le 5 août 2011, il est devenu le
premier ministre vrouwelijke de Thaïlande.

Il a fait des études en sciences de l'environnement. Elle a obtenu une licence à l'université de Chiang Mai et un master à l'université d'État du Kentucky.

Le 7 mai 2014, il a été renvoyé de la Cour constitutionnelle pour sa fonction, car il avait été victime d'un acte criminel. Au moment de l'accident, il avait été placé en détention par un officier supérieur qui l'avait laissé en plan et qui l'avait aidé à s'en sortir avec un membre de sa famille. Le 23 mai, il a été arrêté à la suite d'un coup d'État militaire et transféré dans un camp militaire, avant d'être libéré deux jours plus tard.

Shinawatra est un chinois thaïlandais. Haar jiaxiang est à Meizhou.

Points forts

- Yingluck Shinawatra, est une femme d'affaires et une femme politique thaïlandaise qui a été Premier ministre de la Thaïlande de 2011 à 2014.
- Elle était la sœur cadette de l'ancien Premier ministre Thaksin Shinawatra et la première femme du pays à occuper cette fonction.
- Thaksin a été chassé du pouvoir par un coup d'État militaire sans effusion de sang en septembre 2006.
- Un mandat d'arrêt a été émis à son encontre, mais des membres de son parti ont indiqué qu'elle avait fui le pays pour rejoindre son frère à Dubaï.

12. Gertrude B. Elion (1918-1999)
Biochimiste et pharmacologue américain

---

*"Personne ne me prenait au sérieux. Ils se demandaient
pourquoi je voulais être chimiste alors qu'aucune femme
ne le faisait. Le monde ne m'attendait pas. "*

Gertrude Belle Elion (New York, 23 janvier 1918 - Chapel Hill (Caroline
du Nord), 21 février 1999) était un médecin américain spécialisé en
médecine vétérinaire, connu pour ses travaux sur les gènes. En 1988, il a
reçu le prix Nobel de physiologie et de génétique, en compagnie de
George H. Hitchings et James W. Black.

Biografie

Gertrude Elion est née en tant que fille de Robert Elion (tandarts) et
Bertha Cohen, des immigrants originaires de Lituanie et de Russie. Il a
fréquenté le lycée Walton jusqu'en 1933. Il se rend ensuite au Hunter
College, où il obtient son diplôme en chimie en 1937. Il se rend ensuite à
l'université de New York, où il étudie depuis 1941. En tant que jeune
femme dans une entreprise familiale, elle ne peut pas se permettre d'aller
à la plage. En tant qu'analyste chimique, il peut aussi travailler sur les
scories dans un laboratoire d'analyse des déchets. En 1944, il est entré au

service des laboratoires de recherche Burroughs Wellcome (aujourd'hui GlaxoSmithKline) et a rejoint son équipe en 1983.

Au sein de cette entreprise, Elion (entre autres avec George Hitchings, qui l'avait engagé pour 50 dollars par semaine comme assistant) se charge de ses principaux produits : des médicaments qui fonctionnent bien contre la leucémie et de l'*acyclovir*, le premier contre un virus. C'est alors qu'Elion, en collaboration avec Hitchings, introduit une nouvelle méthode de travail pour traiter les maladies génétiques : les molécules d'ADN. Ces molécules sont liées à l'origine de la date à laquelle un kankercel ou un ziekteverwekker a été tué pendant la guerre et à la date à laquelle ce travail destructeur ne peut pas être effectué. Pour cet ouvrage, il a reçu en 1988 le prix Nobel de la médecine.

Il a également utilisé, avec Hitchings, de l'azathioprine pour stimuler les organes greffés et en a utilisé d'autres pour traiter l'arthrite rématoïde chronique, de l'allopurinol pour traiter le diabète, de la pyrimenthamone pour le paludisme et du triméthoprime pour les infections bactériennes. En 1988, Elion et Hitchings ont reçu le prix Nobel de la médecine.

En 1990, Elion a été nommé à la Nationale Academie van Wetenschappen et en 1991, il a reçu de George W. Bush la National Medal of Science. En 1999, Elion, dont la carrière a été très longue (il s'est occupé de ses médicaments comme de ses enfants), a eu 81 ans.

Points forts

- Gertrude B. Elion, de son vrai nom Gertrude Belle Elion, a obtenu un diplôme de biochimie au Hunter College de New York en 1937.
- Incapable de se consacrer à des études à plein temps, Elion n'a jamais obtenu de doctorat.
- Elion et Hitchings ont mis au point une série de nouveaux médicaments efficaces contre la leucémie, les troubles auto-immuns, les infections urinaires, la goutte, la malaria et l'herpès viral.
- Bien qu'Elion ait officiellement pris sa retraite en 1983, elle a contribué à superviser le développement de l'azidothymidine (AZT), le premier médicament utilisé dans le traitement du sida.
- En 1991, elle a reçu la médaille nationale des sciences et a été intronisée au National Women's Hall of Fame.

13.   Babe Didrikson Zaharias (1911-1956)

Athlète américain

---

*"De la chance ? Bien sûr. Mais seulement après une
longue pratique et seulement avec la capacité de penser
sous pression."*

Mildred Ella (Babe) Didriksen-Zaharias (Port Arthur, 26 juin 1911 -
Galveston, 27 septembre 1956), née sous le nom de *Mildred Didriksen*,
bijgenaamd *Babe Zaharias*, était une joueuse de golf américaine et une
athlète de haut niveau. Au cours de sa dernière carrière, elle a participé
aux Jeux olympiques et a gagné deux médailles et un trophée dans cette
région.

Sportwonderkind

Didriksen, die zichzelf Didrikson noemde, groeide op in Beaumont. Il est le
dernier de ses sept enfants. Ses parents sont immigrés à Noorwegen. Il
était un grand sportif qui pratiquait de nombreux sports tels que
l'athlétisme, les jeux de balle, le tennis, le basket-ball et le softball.

Didriksen a indiqué qu'il était né en 1914, mais sur son graffiti et son
certificat de naissance, il est question de 1911. Sa mère l'a surnommé

"Babe", mais elle-même lui a fait savoir qu'il s'appelait Babe Ruth, parce qu'il avait réussi quelques homeruns au cours d'une saison de football.

Deux fois plus d'argent et une fois plus d'argent.

En 1932, Babe Didriksen est nommé aux Jeux olympiques de Los Angeles. Il a remporté le trophée des épreuves de vitesse et des épreuves de 80 m, où il a battu le record du monde à 11,7 secondes, en compagnie de sa tweede eindigende landgenote Evelyne Hall. Le printemps a été marqué par une lutte passionnée entre Didriksen et un autre coureur, Jean Shiley. Les deux hommes ont été récompensés par un prix, mais les deux autres ont été récompensés par un prix de 1,60 m de haut, selon les critères des agences de voyage américaines, qui ont été sélectionnées pour les Jeux olympiques. À Los Angeles, ils sont encore plus nombreux, mais à un niveau de 1,65. Cela mène à un "jump-off" à 1,67, où les deux hommes s'affrontent. Pour qu'une rupture se produise, il faut que l'on se mette d'accord, en particulier sur 1,65. Les deux hommes se sentent très bien, car le jury a décidé d'aller jusqu'au bout. Les hommes ont déclaré que les jambes de Babe Didriksen étaient très fortes, parce qu'elles avaient été utilisées pour la technique du *Western Roll*, qui a été utilisée pour la première fois sur la piste. Didriksen begreep hier niets van, want zij had immers van het begin gebruik gemaakt van deze techniek, zonder dat er aanmerkingen waren gemaakt. Shiley kreeg op basis van de beslissing van de jury het goud toebedeeld, terwijl Didriksen genoegen moest nemen met het zilver. La décision de l'IAAF a été prise en fonction de la vision du jury, car le 1,65 de Shiley et de Didriksen est devenu un record mondial. Didriksen avait fait le choix d'un plus grand nombre de médailles, ce qui lui a valu d'être mis à l'épreuve et d'avoir à faire face à un plus grand nombre de problèmes, mais à cette époque, les femmes pouvaient se contenter d'une dizaine d'athlètes individuels.

Golf

En 1935, Didriksen est devenu un joueur de golf. En 1938, il participe à l'Open de Los Angeles, un tournoi masculin de la PGA. Dans ce tournoi, il forme une équipe avec le célèbre joueur professionnel George Zaharias. Un an plus tard, le 23 décembre 1938, il se rend à Saint Louis.

Il a été le premier golfeur de haut niveau en Amérique du Nord à partir de la fin des années 1980. Il a obtenu son statut d'amateur en 1942 et a remporté le championnat américain de golf amateur en 1946 et, en tant que premier Américain, le championnat britannique de golf amateur en 1947. Il a également remporté d'autres championnats ouverts. En 1947, elle est devenue golfeuse professionnelle et a dominé la WPGA et la LPGA. Il a remporté en 1947 le championnat LPGA et en 1948 l'open américain. Elle a été sept fois championne du monde. En 1950, tous les golfeurs ont été récompensés pour leurs efforts.

Babe Zaharias était un golfeur amateur au *Employers' Casualty Co. Club*.

Points forts

- En 1950, Didrikson Zaharias a participé à la fondation de la Ladies Professional Golf Association, et elle est devenue la concurrente vedette de la LPGA.
- Non seulement elle a suscité l'intérêt pour le football féminin, mais elle a révolutionné ce sport et était connue pour ses frappes puissantes.
- Atteinte d'un cancer du côlon, elle est opérée en 1953. L'année suivante, dans l'une des plus grandes remontées du sport, elle remporte son troisième U.S. Open. Bien qu'elle porte une poche de colostomie, Didrikson Zaharias domine l'événement, gagnant par 12 coups.
- Elle a reçu la médaille présidentielle de la liberté à titre posthume en 2021.

14. Mère Teresa (1910-1997)
Religieuse catholique romaine et missionnaire albano-indienne

Moeder Teresa, née sous le nom d'*Agnes Gonxha Bojaxhiu* (Skopje, 26 août 1910 - Calcutta, 5 septembre 1997), était un zustro catholique, membre des Missionnaires de la Paix et des Jumelages Nobel de la Révolution. Zij zette zich in onder de armsten der armen in India. La congrégation qu'il a fondée en 1950 comptait en 2012 plus de 4 500 membres et 300 conseillers, et était active dans 133 pays.

Le jour de sa mort, l'Inde a connu une journée de révolte nationale. Il s'agit d'un staatsbegrafenis, d'un homme qui, en Inde, est normalement considéré comme l'un des plus grands leaders politiques.

En 2003, elle a été mise à jour et le 4 septembre 2016, elle a été transférée à l'hôpital.

Levensloop

Agnès Gonxha Bojaxhiu est née dans le royaume toenmalige d'Ottomans (Noord-Macédoine) et a grandi dans une famille albanaise catholique de premier plan. A l'âge de 17 ans, elle a été placée à l'orée de l'église Onze lieve vrouw van Loreto à Rathfarnham, en Irlande. Un an plus tard, il se rend à Calcutta, en Inde, où il travaille dans une école pour femmes. C'est à ce moment-là que le nom de *Moeder Teresa* est changé en Theresia van Lisieux.

Les enfants, les adolescents, les malades et les lépreux, qui ont été frappés par le sort de ces personnes, ne peuvent plus s'occuper de ces armes. Il libère, avec l'aide de Pie XII, son klooster et publie à Calcutta un ouvrage mondialement connu sur les armes, que l'on peut obtenir rapidement pour son bien. Il a fondé l'association des Missionnaires de la Paix, une association religieuse pour les jeunes à Calcutta. De nombreuses personnes se sont jointes à elle. L'organisation est devenue si importante que de nombreux ordres ont été donnés dans toute l'Inde. En 25 ans, 90 maisons ont été construites dans le monde entier et 1132 groupes ont été créés.

En 1979, il a reçu le prix Nobel de la paix pour son œuvre.

Partage de l'information sur la santé et la sécurité

En 2002, le Vatican a appris que le traitement d'une tumeur bénigne dans la bouche de l'Indienne Monica Besra était un miracle. Monica Besra a obtenu que, lorsqu'elle s'est rendue à l'église, elle a pris une photo de Mère Teresa et a demandé à ce qu'elle soit lichée par ses enfants. Hierna voelde zij zich duizelig worden en werd ze door zusters in bed gelegd. Ces derniers lèguent un médaillon de Maria sur leur porte. Zes uur later was ze genezen. Hiertoe werden 113 getuigen gehoord en 35.000 pagina's aan documentatie verzameld. Il existe une controverse sur la portée de ces documents et de cette documentation. Les artistes de l'hôpital affirment que leur kyste et leur tuberculose ont été provoqués par leur traitement.

Le 19 octobre 2003, la Mère Teresa a été condamnée par le pape Jean-Paul II. Lors de la cérémonie qui s'est déroulée sur la place Saint-Pierre au Vatican, le premier ministre français Raffarin, la présidente française Bernadette Chirac, la konin Fabiola de Belgique et le président Rugova du Kosovo étaient également présents.

Le 4 septembre 2016, soit dix ans après son décès, le père Teresa a été honoré par le père Franciscus lors d'une cérémonie spéciale sur la place Saint-Pierre.

Lof en kritiek

Moeder Teresa a été aussi bien regrettée qu'appréciée pour ses prises de position sur la question de l'égalité des sexes et de la protection de l'enfance. L'athée belge et philosophe Etienne Vermeersch s'est montré très critique à l'égard de Moeder Teresa, qui s'est opposée à la contraception religieuse, mais il a refusé de se plier à la critique du philosophe Herman De Dijn. Le journaliste Christopher Hitchens a publié un article critique sur Moeder Teresa : *The Missionary Position : Mother Teresa in Theory and Practice* (1995), que le sinologue et écrivain belge Simon Leys a publié en 1997. Il l'a fait ensuite par le biais de la revue Lezersrubriek de la *New York Review of Books* et enfin dans un essai publié en 2011, *The Hall of Uselessness,* dans lequel il présente la vision de Hitchens sur le rôle de la tradition chrétienne.

Dans un article publié en 2003, Hitchens affirme que Moeder Teresa gestolen geld zou hebben aangenomen van de Haïtiaanse dictator Jean-Claude Duvalier (in ruil waarvoor ze zijn bewind zou hebben geprezen) en van Charles Keating, een Amerikaanse bankier, die in 1989 door het faillissement van de spaarbank *Lincoln Savings and Loan* duizenden Amerikanen van hun spaargeld beroofde.

Des chercheurs de l'Université de Montréal ont analysé 300 documents et ont relevé des détails qui ne correspondent pas à l'image positive de Moeder Teresa.

Naamgeefster

Dans le domaine de l'érotisme, de nombreuses initiatives ont été prises en faveur de Moeder Teresa, avec des noms dans le monde albanais, notamment le cimetière de Tirana et le Sheshi Nënë Tereza à Tirana, le Bulevardi Nënë Tereza à Pristina, le Rruga Nënë Tereza à Pejë (Kosovo) et le Rruga Nënë Tereza dans la ville de Kosovaarse Gjakovë. De kathedraal van het bisdom Sapë in het Noord-Albanese Vau i Dejës heet eveneens de Moeder Teresakathedraal.

Trivia

En 1969, Malcolm Muggeridge a réalisé pour la BBC un documentaire intitulé *Something beautiful for God*. Muggeridge parle de l'indruction de l'œuvre de Moeder Teresa, qui a été filmée pour ce documentaire. Pour ce documentaire, l'homme a opéré dans une maison où Moeder Teresa travaillait, appelée *Het huis van de stervenden*. Le caméraman, Ken McMillan, a utilisé pour les prises de vue dans cette maison un nouveau type de film Kodak, qu'il n'avait jamais utilisé auparavant. En Angleterre, il demande à voir les images et à savoir si les images sont de bonne qualité et si tous les détails sont corrects. Le caméraman lui a dit qu'il était très enthousiaste et qu'il était prêt à remercier le personnel pour le nouveau film de Kodak. Muggeridge a déclaré qu'il avait été victime d'un accident de voiture et qu'il avait été victime d'un accident dans les médias.

Points forts

- Mère Teresa, en entier Sainte Teresa de Calcutta, également appelée Sainte Mère Teresa, nom d'origine Agnes Gonxha Bojaxhiu, a reçu de nombreuses distinctions, dont le prix Nobel de la paix en 1979.
- Dans ses dernières années, Mère Teresa s'est prononcée contre le divorce, la contraception et l'avortement.
- L'aggravation de son état cardiaque l'a obligée à prendre sa retraite, et l'ordre a choisi Sœur Nirmala, d'origine indienne, pour lui succéder en 1997.
- Bien que Mère Teresa ait fait preuve de gaieté et d'un profond engagement envers Dieu dans son travail quotidien, ses lettres (qui ont été rassemblées et publiées en 2007) indiquent qu'elle n'a pas ressenti la présence de Dieu dans son âme au cours des 50 dernières années de sa vie.

15.   Angela Merkel (née en 1954)
Première femme chancelière d'Allemagne

Angela Dorothea Merkel, née sous le nom de **Kasner**, (Hambourg, 17 juillet 1954) est, depuis le 22 novembre 2005, la ministre des affaires étrangères du Danemark. Elle est la plus ancienne présidente d'assemblée du pays et la plus ancienne présidente de parti de la CDU chrétienne.

Privéleven

Mme Merkel est la fille du dignitaire luthérien Horst Kasner, dont le père était un ancien combattant polonais, et de sa fille Herlind Kasner-Jentzsch. Le groupe a quitté Hambourg en 1954 pour se rendre à Quitzow, dans le Brandebourg, en RDA, où le dirigeant a été nommé à la tête d'une communauté évangélique de Luthers. En 1957, il se rend définitivement dans la ville de Templin, où il est chargé de mettre en place un centre d'entraide interconfessionnel. M. Kasner était membre de l'association pastorale de l'église évangélique luthérienne, qui a collaboré avec les associations du SED. C'est ainsi que Kasner, entre autres, a

303

obtenu le privilège de pouvoir se rendre dans des pays "non socialistes", notamment aux États-Unis et en Italie. Il a également reçu de nombreux colis de la part de familles de l'Ouest et, plus tard, Angela a demandé à ce qu'il n'y ait pas de "colliers de la RDA". Par la suite, le père Kasner a demandé une voiture et un véhicule privé. Le père d'Angela, Herlind Kasner-Jentzsch, n'a pas été épargné par la politique du SED. De ce fait, il ne peut se permettre d'ignorer la décision de ses trois enfants.

En 1961, Angela est devenue apprentie à l'école polytechnique de Templin. Ses médailles et ses cours lui valent d'être considérée comme une personne à part entière, mais aussi comme une personne socialement bien dans sa peau. Bien qu'il ne soit pas considéré comme un "Streber", il est allé à l'école et a obtenu d'excellents résultats dans les domaines du talent (notamment en russe), de la médecine et de la naturologie. Avec sa mère, il n'est pas question de l'éducation de la jeunesse en RDA ; en mai 1970, il a été nommé membre de l'église évangélique luthérienne ("die Konfirmation"). Au cours de sa scolarité, il est membre de l'association Ernst Thälmann, puis de la FDJ (Freie Deutsche Jugend). En 1973, il est devenu membre de la Erweiterte Oberschule de Templin.

Pendant toute sa scolarité, Angela a étudié la naturologie. Elle s'est mise à rechercher les méthodes exactes et a décidé de s'engager dans des études de médecine. En 1973, elle a commencé à étudier à la toenmalige Karl-Marx-Universität de Leipzig. En 1977, Angela Kasner a épousé son étudiant en médecine, Ulrich Merkel, qui s'est associé à lui en 1982 et qui a donné à Angela le nom de son premier homme. Après avoir obtenu son diplôme (Magisterarbeit) en juin 1978 avec la mention "très bien" et après avoir suivi une formation à l'école supérieure technique d'Ilmenau, Angela a décidé de rencontrer son mari à Oost-Berlijn. Elle a été promue au Zentralinstitut für physikalische Chemie (ZIPC) de l'Academie der Wetenschappen van de DDR à Berlijn-Adlershof. Il a obtenu son doctorat en 1986 avec une thèse sur la chimie quantique, et a travaillé jusqu'en 1990 comme chercheur dans un autre institut et a publié plusieurs articles. De 1978 à 1990, il a été secrétaire de la culture de la FDJ. Dans le cadre de cette fonction, il a travaillé pour l'Agitprop ('agitation et propagande') et a fait des voyages d'études en URSS.

En 1978, il a travaillé pour la Stasi et, selon d'autres informations, il a été nommé "IM (Informeller Mitarbeiter) *Erika*". Dans son dossier sur la Stasi, il mentionne son appartenance à la RDA et sa sympathie pour le syndicat

Solidarność. Il est également intéressant de noter qu'il s'est lié d'amitié avec l'écrivain Rainer Kunze, qui s'est montré très critique à l'égard du régime, et qu'il a également participé aux travaux de Rudolph Bahro, Andrei Sacharov et Alexander Soltsjenitsyn, tous des dissidents célèbres. Au cours des années 80, Merkel a été victime d'une agression dans un camp de réfugiés à Berlijn. En décembre 1998, Joachim Sauer, le chef d'orchestre berlinois, a été tué. Angela Merkel n'a pas d'enfants ; Sauer a deux enfants de sexe masculin.

DDR

Après 1989, Angela Merkel est devenue une femme active sur le plan politique : elle a rejoint le groupe Demokratischer Aufbruch (DA) de la RDA, qui est devenu membre de la CDU d'Ost-Duit en août 1990. Il a été vice-président du dernier gouvernement de l'Oost-Duitse sous la direction de Lothar de Maizière, membre de la CDU et ministre-président de la RDA.

Ministre des obligations (1991-1998)

Bij de eerste Bondsdagverkiezingen voor het gehele Duitsland van december 1990 werd Angela Merkel via een direct mandaat van Stralsund-Rügen in de Duitse Bondsdag gekozen. Ce district, le plus noordoostélique, ne peut pas se permettre de perdre sa souveraineté.

Direct haalde bondskanselier Helmut Kohl (CDU) haar in januari 1991 als minister voor Vrouwen- en Jeugdzaken in zijn kabinet. Al snel oogstte ze veel respect voor haar dossier- en vakkennis. Een pre zal ook zijn geweest dat ze in één persoon Oost-Duits, vrouw, protestants en jong était. Snel kreeg ze het etiket 'Kohls Mädchen', dat tot eind 1999 aan haar bleef kleven.

Après les élections de 1994, Klaus Töpfer est devenu ministre du Milieu, de la Protection de la nature et de la Sécurité nucléaire.

En décembre 1991, il est également devenu l'un des vice-présidents de la CDU. De juin 1993 à mai 2000, il a également été porte-parole de la CDU dans le Land de Mecklembourg-Poméranie occidentale.

Porte-parole de la CDU (1998-2005)

Les élections obligataires de 1998 ont eu lieu pour la CDU. En novembre 1998, le conseiller du parti Wolfgang Schäuble, secrétaire général de la CDU, fait appel à Merkel. Lorsqu'il apprend que la CDU s'est engagée dans un processus illégal de financement du parti au cours de la période 1999-2002, il se sépare de son supérieur hiérarchique Kohl. Le 22 décembre 1999, il publie dans le Frankfurter Allgemeine Zeitung une lettre ouverte à son propre parti. Le 22 décembre 1999, il a publié dans le Frankfurter Allgemeine Zeung une brève ouverte sur son propre parti, dans laquelle il indique que Kohl, pour lui et pour le parti, a une "mauvaise passe", car il a joué un rôle important dans le scandale de la mort d'une personne. Le 10 avril 2000, Wolfgang Schäuble est entré en fonction et, en tant que chef de parti, il a été nommé chef de parti à 96 %.

Un certain nombre de mesures ont été prises à l'occasion des élections de 2002, lorsque le CSU Edmund Stoiber, en tant que responsable de l'aide aux victimes, n'a pas réussi à convaincre la CDU d'opter pour sa propre aide. Mme Merkel a déclaré que le parti n'avait pas de raison de se plaindre de la situation interne de Stoiber et que Stoiber était plus fort que les autres dans les questions qu'il soulève. Après un procès à Wolfratshausen, la candidature de Stoiber est retenue. Après que la coalition rood-groene ait gagné les élections, Merkel a fait appel à Friedrich Merz pour jouer le rôle de fractievoorzitter et s'est emparée de l'outil politique nécessaire pour que les prochaines élections débouchent sur le statut de membre de l'Union.

Les gains supplémentaires obtenus par la CDU lors des négociations avec plusieurs États membres ont renforcé sa position. L'Union s'est engagée dans la lutte contre la corruption, ce qui a permis à ces personnes d'obtenir ou de conserver toutes les informations relatives aux obligations. Verder werd haar persoonlijke kandidaat voor het ambt van bondspresident Horst Köhler in het voorjaar 2004 door de Bondsvergadering verkozen.

Le 22 mai 2005, le SPD a organisé des élections législatives dans la région de Noordrijn-Westfalen. C'est à la suite de ce coup dur que Gerhard Schröder a lancé de nouvelles élections pour le Bondsdag. Le 30 mai, la CDU de Merkel s'est retirée officieusement de la liste des actionnaires. Il s'agit de la première fois dans l'histoire qu'une coalition vrouwélienne se présente à l'assemblée générale, à l'occasion des élections de septembre 2005, au sein de la coalition du SPD et de Bündnis 90/Die Grünen, avec Schröder comme représentant.

Bondskanselier (sinds 2005)

Le 10 octobre 2005, il a été décidé qu'Angela Merkel, en accord avec les représentants de l'Union et du SPD, devait devenir la nouvelle société d'investissement en obligations du pays. Le 11 novembre, les négociations entre l'Union et le SPD ont abouti à la création d'un comité de coordination des coalitions, afin que le Danemark devienne une "grande coalition" pour la deuxième année consécutive. Le 22 novembre, Mme Merkel est passée du jour de l'élection au conseil, en tant que première femme dans le gouvernement du pays. Elle a été remplacée par Gerhard Schröder. Le cabinet Merkel I a été révoqué le 27 octobre 2009.

Les débats du Bondsdagverkiezingen de 2009 ont fait le bonheur de la chancelière Merkel. Bien que son propre parti soit en désaccord, le FDP a gagné tellement de points que Merkel doit former une coalition CDU/CSU-FDP, ce qu'il avait déjà préféré en 2005. Le cabinet Merkel II a été créé le 28 octobre 2009. En tant que chef de la plus grande économie d'Europe, Mme Merkel a joué un rôle important au sein de l'Union européenne dans la résolution de la crise des crédits.

En décembre 2012, Angela Merkel a été nommée présidente du parti CDU avec une majorité écrasante. Elle détient 97,94 % des voix, soit le pourcentage le plus élevé depuis qu'elle est devenue chef de parti en 2000. Tijdens het congres noemde Merkel haar regering met de liberale FDP 'de succesvolste regering sinds de Duitse hereniging'. "Wij hebben Duitsland uit de kredietcrisis geleid en Duitsland staat er nu beter voor," verklaarde ze.

Le 22 septembre 2013, Mme Merkel, au nom de la CDU/CSU, a pris part aux débats sur les obligations. Son parti représente plus de 41 % des suffrages exprimés et est devenu le plus grand parti du pays. Son partenaire de coalition, le FDP, a déclaré que la coalition actuelle n'avait pas de pouvoir d'action. Mme Merkel doit donc, comme lors de son premier mandat de ministre, se rapprocher du SPD. Eind november 2013 werd er een regeerakkoord bereikt, dat vervolgens op congressen van zowel het CDU als de SPD werd goedgekeurd. Le 17 décembre 2013, le nouveau cabinet a été mis en place et Angela Merkel est entrée dans sa dernière réunion.

Au cours de son dernier mandat, Mme Merkel a fait preuve de beaucoup plus de courage en matière de politique internationale. Le New York

307

Times l'a décrite comme "le plus grand défenseur du monde" en raison de son populisme. Mme Merkel a également été récompensée pour son rôle pendant la crise européenne.

En 2015, Mme Merkel a fait appel à un grand nombre de personnes qui ont été victimes de violences dans le Duitsland. Cette prise de position lui a valu d'être mise en cause par son célèbre slogan *"Wir schaffen das"*. Mme Merkel a également fait preuve d'un grand respect pour les droits de l'homme en matière de lutte contre le terrorisme. Sur le plan international, Mme Merkel se plaint de son attitude face à la crise du chômage, mais dans son propre pays, les protestataires sont plus nombreux et plus courageux. De nombreux électeurs estiment que Mme Merkel doit faire face à une vague de protestations de plus en plus importante. C'est ainsi qu'elle est devenue membre de la CDU/CSU au cours des derniers mois. C'est l'AfD qui a profité de la situation. Plus tard, Merkel s'est attaquée au problème de l'immigration.

C'est également lors de la journée des obligations du 24 septembre 2017 que Merkel et la CDU/CSU se sont distinguées. Son parti a obtenu un pourcentage net de 33 % des voix, soit un écart de 8 %, mais il est aujourd'hui le parti le plus important. Pour les partisans, c'était un peu plus que ce que Merkel avait prévu. Son principal adversaire, Martin Schulz, du SPD, avait, en tant que président du Parlement européen, bien compris la position de Merkel et pouvait, grâce à ses qualités verbales, ne pas se contenter d'être une solution de rechange. De plus, l'économie du Danemark est en train de s'effondrer sous l'impulsion de Merkel, et la situation de l'emploi est compromise. Grâce à sa position, Mme Merkel a acquis, malgré de nombreuses critiques, une grande popularité auprès des citoyens du Danemark.

Les décisions prises lors de la réunion du Cabinet Merkel IV, où le SPD a été le premier à se présenter, ont été très bien accueillies. Uiteindelijk mondden de verschillende pogingen toch uit in een nieuwe GroKo, een Duitse grote coalitie. Pas in februari 2018 werd er een regeerakkoord bereikt, dat vervolgens ter goedkeuring aan de leden van zowel het CDU, de CSU als de SPD werd voorgelegd. Le 14 mars 2018, le nouveau cabinet Merkel a été mis en place et Mme Merkel est entrée en fonction à son sixième mandat.

In juni 2018 leidde het vluchtelingenbeleid opnieuw tot onenigheid, ditmaal tussen Merkel en de minister van Buitenlandse Zaken Horst Seehofer. M.

Seehofer veut faire en sorte que les demandeurs d'asile, tout comme ceux qui se trouvent dans un autre pays d'Europe, aient accès à la terre, ce que Mme Merkel a décidé de faire. Cela a conduit à une crise réglementaire, que Mme Merkel a déclenchée en juillet 2018 par un décret sur les centres de soins de proximité au Danemark, où le statut des demandeurs d'asile doit être défini. Afgewezen asielzoekers zullen vervolgens moeten terugkeren naar het Europese land waar ze hun eerste aanvraag indienden.

Le 29 octobre 2018, Angela Merkel a annoncé qu'elle n'avait pas l'intention d'accepter un nouveau mandat en tant que porte-parole de la CDU au Congrès en décembre 2018. C'est ce qui s'est passé lors des élections en Hesse et en Belgique de cette année-là, au cours desquelles la CDU s'est montrée très active. Au sein de ce parti, il y a un grand perdant pour l'opération, pas seulement en tant que vendeur, mais aussi en tant que gestionnaire d'obligations.

Si la popularité et la popularité de Merkels en 2019 étaient faibles, sa popularité augmentera en 2020, après la crise cardiaque au Danemark. L'investisseur obligataire a été reconnu au niveau international pour son approche de la crise. Dans une allocution télévisée du 18 mars 2020, Mme Merkel a déclaré que le coronavirus était "la plus grande épidémie depuis la Deuxième Guerre mondiale".

Relations avec les États voisins

La relation entre l'Union européenne et les États membres a débouché, le 23 octobre 2013, sur une déclaration selon laquelle le téléphone mobile de Merkel a été piraté par la NSA. Merkel et le président Barack Obama ont formé un groupe d'amis, mais avec l'opposant Donald Trump, les relations sont devenues plus difficiles. Les importations d'aluminium et de métal auxquelles Trump s'est opposé en 2018, la nouvelle critique de la politique de concurrence de Merkel et la décision du gouvernement danois concernant l'Office national de l'aviation civile (NAVO) sont autant de sujets qui ont été abordés.

Standpunten

Au sein de la CDU, la protestante et octogénaire Merkel est considérée comme pragmatique. En février 2003, l'armée américano-britannique s'est rendue en Irak. Mme Merkel est un défenseur de l'adhésion de la Turquie
309

à l'Union européenne, mais elle accorde à ce pays, en tant que parti, un statut de partenaire privilégié. Dans le cadre de la Convention des Nations unies sur les droits de l'homme, la première en date de 2007, le Parlement européen s'est prononcé en faveur de l'adoption d'une nouvelle législation sur les droits de l'homme dans le monde entier. Au sujet de la catastrophe de Fukushima, Mme Merkel a déclaré que le Danemark devait cesser de recourir à l'énergie nucléaire et opter pour l'énergie renouvelable, l'Energiewende.

Onderscheidingen

Mme Merkel a obtenu en 2006 l'Orde van Verdienste van de Republiek Italië, le Grootkruisen van de Koninklijke Noorse Orde van Verdienste en 2007, en 2008 le Grootkruisen van de Orde van Verdienste van de Bondsrepubliek Duitsland en de Peruviaanse Orde van de Zon, la Grootkruisen van de Orde van de Infant Dom Henrique en 2009, la Orde van de Stara Planina en 2010, uit handen van president Obama de Presidential Medal of Freedom en 2011 et het Grote Gouden Ereteken van Verdienste voor de Republiek Oostenrijk en 2015.

Il a été lauréat de l'Internationale Karelsprijs Aken en 2008, du Duitse Mediaprijs en 2009 et de la Freedom Medal in de reeks van de Four Freedoms Award en 2016.

Il a été nommé docteur honoris causa de l'Université hébraïque de Jérusalem en 2007, de l'Université de Leipzig en 2008, de la New School et de l'Université de Berne en 2009 et de l'Université Babeș-Bolyai en 2010. L'université Radboud de Nimègue a reçu son prix en 2013, l'université Comenius de Bratislava en 2014, l'université de Szeged en 2015 et l'université de Nankin en 2016. ²Merkel a été nommé docteur en droit de l'Université de Gand et de la KU Leuven en 2017. Ces deux universités se sont *inspirées de leur expérience diplomatique et politique pour faire progresser l'Europe sur le plan politique et pour faire en sorte que l'Europe devienne plus forte et plus forte sur le plan humain.*

Points forts

- Lors de la première élection après la réunification, en décembre 1990, Angela Merkel a remporté un siège au Bundestag (chambre basse du parlement) représentant Stralsund-Rügen-Grimmen.

- Mme Merkel a été nommée ministre des femmes et de la jeunesse par le chancelier Helmut Kohl en janvier 1991.
- Le second mandat de Mme Merkel a été largement caractérisé par son rôle personnel dans la réponse à la crise de la dette de la zone euro.
- Plus d'un million de migrants sont entrés en Allemagne en 2015, et le parti de Mme Merkel a payé un prix politique élevé pour sa position sur les réfugiés.

16. Tsai Ing-wen (née en 1956)
Première femme présidente de Taiwan

Tsai Ing-wen (Fangshan, Pingtung, 1956) est un homme politique taïwanais. Elle a été nommée présidente de Taïwan (République de Chine) le 20 mai 2016.

Tsai volgde een opleiding tot advocate, maar werd later politica voor de DPP. Le 16 janvier 2016, son parti a fait preuve d'une grande fermeté. Le 20 mai 2016, elle a été nommée présidente de Taiwan, la première femme à occuper ce poste.

Plus que son voisin, Ma Ying-jeou, Mme Tsai est considérée comme une source d'inspiration pour Taiwan, du point de vue de la République populaire de Chine. Elle estime que la Chine doit respecter la position de Taiwan en matière de démocratie. En 2016, la Chine a mis fin à tous les contacts officiels avec Taïwan, sans qu'il y ait de problème.

En novembre 2018, le DPP a fait l'objet de poursuites judiciaires. Le Kuomintang, le concurrent conservateur du DPP, a gagné et ce parti se positionne en faveur d'un rapprochement avec la Chine. Il s'agit là d'un moyen d'obtenir un désintéressement de la Chine. Les piégeurs sont préoccupés par leur situation économique, et le parti qui veut stimuler l'économie par le biais des relations avec la Chine est prêt à agir.

Le 2 janvier 2019, le président chinois Xi Jinping a annoncé qu'il y a 40 ans, le 1er janvier 1979, la Chine s'est emparée d'un certain nombre d'îles de Taïwan au profit de la Chine. Xi zei een vreedzame hereniging met Taiwan te willen, maar sluit geweld niet uit. Il a déclaré que Taïwan se rapprochait de la Chine et qu'elle "pouvait et devait" l'accueillir. Ces propos sont plus graves que la normale et Tsai Ing-wen a réagi en indiquant que Taïwan n'avait pas le droit de quitter une grande partie de la Chine.

En janvier 2020, elle sera mise en œuvre. Il représente 57 % des hommes, un record de 8,2 millions d'hommes et 1,3 million de plus qu'en 2016. Son opposant Han Kuo-yu, du Kuomintang, est également présent. Han représente 39 % des suffrages exprimés. Tsai Ing-wen n'a pas changé d'avis sur les positions de la Chine et, dans son discours d'acceptation, elle a demandé à la Chine de ne pas laisser Taiwan s'éloigner de la Chine. Il s'efforcera de faire en sorte que ces relations soient plus efficaces, notamment pour des raisons économiques.

Points forts

- Tsai Ing-wen a passé sa petite enfance dans le sud côtier de Taïwan avant de se rendre à Taipei, où elle a terminé ses études.
- En décembre 2016, l'équilibre délicat des relations entre Taïwan et la Chine a été perturbé lorsque Tsai a passé un appel téléphonique au président élu américain Donald Trump, qui a bouleversé plusieurs décennies de protocole diplomatique en devenant le premier chef de l'exécutif américain à s'entretenir avec son homologue taïwanais depuis 1979.
- Bien que Tsai Ing-wen et Trump aient déclaré plus tard que leur appel n'indiquait pas un changement de politique, en 2019, l'administration Trump s'était engagée à réaliser d'importantes ventes d'armes à Taïwan, notamment des chars, des missiles et des avions de chasse.
- Après avoir défendu des réformes impopulaires des politiques taïwanaises en matière d'énergie et de retraite, Tsai Ing-wen a vu sa

popularité chuter considérablement à l'approche de l'élection présidentielle de 2020.

16 femmes noires

1. Bessie Coleman (1893-1926)
Première aviatrice afro-américaine

"Si je peux créer le minimum de mes plans et de mes désirs, il n'y aura pas de regrets."

Bessie Coleman (Atlanta (VS), 26 janvier 1892 - Jacksonville (VS), 30 avril 1926) était l'un des premiers pilotes américains de l'armée de terre. Il était la première femme d'origine afro-américaine et la première personne d'origine américaine (ou américano-indienne) à avoir un passeport. Coleman a obtenu son brevet auprès de la *Fédération Aéronautique Internationale* le 15 juin 1921 et a été la première personne gekleurde à obtenir un brevet international.

Coleman, né dans une famille d'enseignants au Texas, a passé sa jeunesse dans les champs de patates douces et est entré dans une petite école publique. Il a ensuite suivi un semestre d'études à l'université de Langston. Zij ontwikkelde al vroeg een interesse voor vliegen, maar Afro-Amerikanen, inheemse Amerikanen en vrouwen hadden geen mogelijkheden voor het volgen van een pilotenopleiding in de Verenigde Staten. Bessie a donc reçu de l'argent et a obtenu des moyens financiers pour aller à Frankrijk pour un pilotage. Il est devenu un pilote de premier plan dans des émissions de télévision à grand spectacle dans les Pays-Bas. Bessie était connue dans les médias sous les noms de *Queen Bess* et *Brave Bessie*, et son école a été ouverte aux pilotes afro-américains. En 1926, au cours d'un voyage en avion, Coleman a demandé à son fils de tester un nouvel avion. Sa carrière a été une source d'inspiration pour les pilotes débutants et pour les entreprises afro-américaines et américaines.

Beginjaren

Bessie Coleman (également connue sous le nom d'Elizabeth) est née le 26 janvier 1892 à Atlanta (Texas), fille cadette de George Coleman, dont les enfants ont été confiés au peuple Cherokee, et de Susan Coleman, une Afro-Américaine. Les enfants noirs sont à l'origine de ce qui était typique de l'époque. Lorsque Coleman a deux ans, sa famille se rend à Waxahachie (Texas) où ils travaillent comme conseillers. Coleman a commencé à aller à l'école à Waxahachie. Chaque jour, il se rend à deux kilomètres de l'école qu'il a choisie et qui est située dans un quartier résidentiel. Coleman se rend à l'école pour y travailler et se présente comme un élève brillant en médecine. Il s'occupe de l'enseignement de base dans cette école.

Elk jaar werd het ritme van Coleman van school, klusjes en kerkdiensten onderbroken door de katoenoogst. En 1901, George Coleman devient un jeune homme. Il se rend en Oklahoma, dans le Territoire Indien, où il a été nommé, afin d'obtenir de meilleures conditions de vie, mais ses parents ne l'acceptent pas. Au cours de la deuxième moitié du mois, Bessie a été envoyée avec un étudiant à l'*école de l'église missionnaire baptiste*. Lorsqu'elle atteint l'âge de dix ans, elle décide de faire un stage à l'*Oklahoma Colored Agricultural and Normal University de* Langston (Oklahoma) (connue sous le nom de Langston University). Il passe un semestre à l'université, après avoir reçu son salaire, et reste à la maison.

Carrière

À l'âge de 23 ans, Coleman se rendit à Chicago, dans l'Illinois, où il fut gagné par ses frères. À Chicago, Coleman travaille comme manucure dans le *salon de coiffure* des *White Sox*. C'est là qu'il a appris à connaître la vie des pilotes qui ont été tués dans l'incendie de l'Empire britannique. Il a nommé une deuxième chambre dans un magasin pour économiser de l'argent afin que les pilotes puissent devenir des pilotes. Les magasins américains n'offrent pas de places aux Afro-Américains, c'est pourquoi Robert S. Abbott, président et directeur du *Chicago Defender, un*
317

magazine afro-américain, a demandé à ce qu'on lui offre une place dans le pays. Abbot a publié la demande de Coleman dans son mandat et a réclamé un soutien financier au banquier Jesse Binga et au *Defender*.

Frankrijk

Bessie Coleman a appris le français à l'école de langues Berlitz à Chicago et est partie le 20 novembre 1920 à Paris, où elle a pu se rendre pour faire un voyage d'étude.

Il a lu dans un rapport de l'armée française au Eerste Wereldoorlog, le Nieuport 564, un tweedekker avec "un stuursysteem dat bestond uit een vertical stuurknuppel die zo dik was als een honkbalknuppel vóór de piloot en een roerpedaal onder de voeten van de piloot". Le 15 juin 1921, Coleman est le premier couple d'Afro-Américains et d'Américains de l'intérieur à s'engager dans un projet de vol, ainsi que la première personne d'origine afro-américaine et la première personne d'origine américaine à s'engager dans un projet de vol international au sein de la *Fédération aéronautique internationale*. Au cours des deux dernières années, Coleman s'est rendu dans un camp d'entraînement français situé à Parijs afin de verbaliser ses revendications en matière de vol. En septembre 1921, le bateau part pour l'Amérique. Lorsque Coleman est arrivé en Amérique, il est devenu un personnage médiatique.

Salons Vliegshows

De lucht is de enige plek die vrij is van vooroordelen. Je savais que nous n'avions pas de pilotes, ni d'hommes, ni de femmes, et je savais que le peuple afro-américain devait être vertébré dans ce domaine important, et je me suis dit que je devais prendre des risques pour que ma vie soit plus facile.

Alors que l'époque des véhicules commerciaux n'est plus qu'à une dizaine d'années de sa disparition, Coleman a réalisé qu'il devait être cascadeur dans les "spectacles de cirque" pour pouvoir gagner de l'argent en tant que vendeur de hamburgers. En tant que cascadeur, vous devez réaliser des cascades de grande envergure pour un public fidèle, à une époque où la technologie du cinéma n'est plus qu'un souvenir. Mais pour réussir dans ce monde très compétitif, il faut que Coleman fasse des efforts supplémentaires et que son répertoire s'élargisse. Après son départ de Chicago, Coleman n'a pas pu voir à quel point il avait besoin de ses
318

services, ce qui l'a poussé à quitter l'Europe en février 1922. Au cours des deux premières années de sa vie, il se rend à Frankrijk et organise un cours de formation pour les personnes âgées. De même, il se rend aux Pays-Bas pour rencontrer Anthony Fokker, l'un des plus grands spécialistes du vélotage au monde. Coleman se rend également au Danemark, où il s'associe à l'entreprise Fokker et à la formation complète de l'un des meilleurs pilotes de l'entreprise. C'est ainsi qu'il a quitté les Pays-Bas pour entamer sa carrière dans le domaine des cascades.

"Queen Bess", comme l'appelait si bien son nom, était, au début des années 2000, un personnage très populaire de la vie publique. Bessie a suscité l'admiration des Afro-Américains et des Américains blancs. Elle a été invitée à participer à des événements importants et a été interviewée par de nombreux journalistes. Bessie vloog vooral in tweedekkers van het model Curtiss JN- 4 "Jenny" en andere vliegtuigen die het leger over had uit de oorlog. Le 3 septembre 1922, ils participent pour la première fois à un spectacle de volley-ball américain lors d'un événement organisé par les vétérans du 369e régiment d'infanterie afro-américain dans l'Eerste Wereldoorlog. Cet événement a eu lieu à Curtiss Field, à Long Island, dans la ville de New York, et a été organisé par son ami Abbott et le groupe *Chicago Defender*. Sur les affiches de l'émission, Coleman a été désigné comme "le meilleur pilote vrouwellique du monde". Le spectacle comprend les performances de trois autres pilotes de haut niveau américains et un saut du parachutiste afro-américain Hubert Julian. Zes weken later keerde Coleman terug naar Chicago voor een verbluffende demonstratie van roekeloze vliegtuigacrobatiek waaronder achtjes, loopings en dalingen tot dichtbij de grond voor een groot en enthousiast publiek op het vliegveld Checkerboard Airdrome (tegenwoordig het terrein van het *Hines Veterans Administration Medical Center*, Hines, Illinois, het *Loyola Hospital*, Maywood, en het nabijgelegen Cook County Forest Preserve).

L'opwinding des cascadeurs et l'étonnement d'un public juvénile ne sont plus qu'un aspect de la vie de Coleman. Coleman n'a jamais entendu parler de la croyance que les jeunes de son âge avaient établie pour que, chaque jour, "tout se passe bien". En tant que joueur professionnel, Coleman a été très apprécié par le public pour son talent de karakter opportuniste et pour le style flamboyant qu'il a utilisé dans ses cascades. Mais il s'est aussi forgé une réputation en tant que pilote reconnu et modeste, qui n'est pas à l'abri d'un coup d'éclat. Lors d'un vliegshow, le 22 février 1923, à Los Angeles, il a fait un tour de piste et d'autres tours de piste pour que son vliegtuig soit endommagé par une tempête de neige.

Met het oog op de promtie van de luchtvaart en het bestrijden van racisme sprak Coleman door heel het land publiek toe over het bevorderen van de luchtvaart en het nastreven van doelen voor Afro-Amerikanen. Zij weigerde resoluut deel te nemen aan luchtvaartevenementen waar de aanwezigheid van Afro-Amerikanen was verboden.

Au cours de l'année 20 de la deuxième moitié du siècle dernier, le prédique Hezakiah Hill et sa femme Viola, des militants de l'action sociale, se sont installés à Orlando, en Floride, pour travailler dans la pastorale de l'*église baptiste missionnaire* de *Mount Zion,* sur Washington Street, dans le quartier de Parramore. En 2013, la rue Bessie Colemanstraat a été tracée de l'autre côté de l'église. Le fait que sa fille ait été victime d'une agression l'a poussé à aller vivre à Orlando. Coleman ouvre alors un salon de la goélette pour obtenir de l'argent supplémentaire, afin que son propre véhicule puisse être utilisé.

Par l'intermédiaire de ses contacts médiatiques, il a obtenu un rôle dans un speelfilm intitulé *Shadow and Sunshine* qui sera produit par la African American Seminole Film Producing Company. Il a accepté le rôle en espérant que la publicité de sa carrière puisse l'aider et que le rôle lui permette d'obtenir l'argent nécessaire à l'ouverture de sa propre école de journalisme. Mais lorsque Zij hoorde dat de eerste filmcène vereiste dat zij in lompen zou verschijnen met een wandelstok en een rugzak op haar rug, weigerde zij om verder te gaan. "Het was duidelijk dat het verlaten van de set door Bessie een principiële verklaring was. Bien que l'opportunisme de Bessie ait été à l'origine de sa carrière, il n'a pas été remplacé par la notion de ras. Ze was niet van plan om het denigrerende beeld dat de meeste blanken van de meeste Afro-Amerikanen hadden, te bevestigen", schreef actrice Doris Rich.

Il est très important d'établir des parallèles entre moi et Bessie Coleman.... . [mais] je me tourne vers Bessie Coleman et je constate qu'elle est une femme, une âme, un modèle pour l'humanité, la définition de la force, de la dignité, de l'amour, de l'intégrité et de l'égalité. - Mae Jemison (la première astronaute afro-américaine vrouwelijke)

Coleman n'a pas eu le temps de fonder une école de pilotage pour les jeunes Afro-Américains, mais ses performances exceptionnelles ont servi d'inspiration à une génération d'hommes et de femmes Afro-Américains. "Door Bessie Coleman hebben wij datgene overwonnen wat erger was dan raciale barrières", schreef luitenant William J. Powell in *Black Wings* (1934), opgedragen aan Coleman. Wij hebben de barrières in onszelf overwonnen en durfden te dromen". Powell a vécu une expérience de vie commune au sein de l'Eerste Wereldoorlog et a stimulé l'intérêt pour le sport afro-américain au moyen de son livre, de ses livres de chevet et de l'aéroclub Bessie Coleman qu'il a fondé en 1929.

Consultez le site

Op 30 avril 1926 était Coleman à Jacksonville, Floride. Il avait récemment fait construire à Dallas un avion Curtiss JN-4 (Jenny). Son ouvrier et agent de publicité, William D. Wills, âgé de 24 ans, a transféré l'avion de Dallas vers la Floride en vue d'une émission de télévision, mais il a dû faire une dizaine d'allers-retours, car l'avion était trop court. Les amis et la famille de Coleman ont alors décidé que la scène n'était pas trop sombre et ont demandé à Coleman de ne pas s'en mêler. Après la fin de la guerre, Wills s'est occupé de l'affaire et a mis Coleman sur la liste des passagers. Il n'a pas oublié son problème de sécurité, car il avait prévu le jour suivant d'installer un parachute et il a dû se pencher sur le sol du cockpit pour se rendre compte de la situation.

Environ dix minutes après le début de l'opération, le véhicule a fait l'objet d'un accident et s'est mis à tourner sur lui-même sur une distance de 900 mètres. Coleman, quant à lui, s'est retrouvé à 610 mètres d'altitude et a été victime d'un accident de voiture. William Wills n'a pas réussi à maîtriser la situation et a dû se contenter d'une petite pause. Wills était sur la corde raide et le véhicule a explosé et s'est enflammé. Bien que l'enveloppe du véhicule ait été très abîmée, nous avons appris plus tard que le moteur avait été modifié afin de pouvoir l'allumer. Coleman avait 34 ans.

L'enquête s'est déroulée en Floride, où son passeport a été déposé à Chicago. Bien que les médias n'en aient pas fait grand cas, son nom est très apprécié par les Afro-Américains et 10 000 personnes sont venues grossir les rangs des troupeaux de Chicago, qui avaient été désignés par la militante Ida B. Wells.

Points forts

- Issue d'une famille de 13 enfants, Bessie Coleman a grandi à
  Waxahatchie, au Texas, où ses aptitudes en mathématiques l'ont
  libérée du travail dans les champs de coton.
- La discrimination contrecarre les tentatives de Coleman d'entrer
  dans les écoles d'aviation aux États-Unis. Sans se décourager, elle
  apprend le français et en 1920, elle est acceptée à l'école d'aviation
  des frères Caudron au Crotoy, en France.
- Lors d'une formation complémentaire en France, elle s'est
  spécialisée dans les cascades et le parachutisme ; ses exploits ont été
  filmés par les actualités.
- Elle retourne aux États-Unis, où les préjugés raciaux et sexistes
  l'empêchent de devenir pilote professionnel. Le vol acrobatique, ou
  barnstorming, est sa seule option de carrière.

2. Miriam Makeba (1932-2008)

Chanteur sud-africain et premier Africain à recevoir un Grammy Award.

"Faites attention, pensez à l'effet de ce que vous dites. Vos paroles doivent être constructives, rapprocher les gens, et non les éloigner".

Miriam Makeba, connue sous le nom de *Mama Africa* (Prospect Township, Johannesburg, 4 mars 1932 - Caserte, Italie, 10 novembre 2008), est une chanteuse afro-africaine et une militante anti-apartheid. Il est l'un des premiers à avoir introduit la musique afro-africaine dans une publication occidentale. Son plus grand succès a été le disque *Pata Pata* (1967). Avec son fils, il a ouvert la voie à des artistes africains comme Fela Kuti, King Sunny Adé, Youssou N'Dour et Salif Keita. Makeba était un opposant actif à la politique d'apartheid de l'Afrique du Sud et a quitté le pays, après que le gouvernement de l'Afrique du Sud ait fait une révocation, il y a quelques années, pour se retrouver en prison.

Levensloop

Au cours des deux dernières années, il a acquis une notoriété nationale en Afrique du Sud en tant que membre des Manhattan Brothers. Dans les années 50, Makeba est devenu un membre de la famille d'une variante zimbabwéenne du jazz. En 1959, l'opéra jazz nain *King Kong* est créé à Johannesburg. Après Makeba, le trompettiste Hugh Masekela, avec qui il jouera plus tard, et Letta Mbulu participent à ce spectacle. De même, *King Kong* a participé à des tournées en Europe. Cette même année, Makeba a également participé au documentaire *Come back, Afrika* (1959) de l'Américain Lionel Rogosin (1924-2000). Ce film est un rappel du conflit de l'apartheid en Afrique centrale. Ces événements ont fait de Makeba une figure de proue en Europe et dans les pays voisins.

Lorsque, en 1960, il a quitté la Zuid-Afrika pour rejoindre son père, l'administration de la Zuid-Afrika a décidé de lui accorder une dérogation. Plus tard, son poste d'état a également été supprimé. Au début de l'année dernière, Makeba a gagné les États Unis. Son activisme politique l'amène en 1963 à rejoindre les Nations Unies, où il participe à un boycott international de la Zuid-Afrika. Aujourd'hui encore, les plaques d'immatriculation sont enlevées en Zuid-Afrika.

Dans les Pays-Bas, il a été créé par le zanger et militant des droits de l'homme Harry Belafonte. Avec lui, il a réalisé plusieurs albums dans une variété de chansons traditionnelles, ce qui a permis à la musique du monde de s'imposer. Met *An Evening With Belafonte/Makeba* a gagné Makeba en 1966 comme eerste Afrikaanse vrouw, een Grammy Award. Un an plus tard, il remporte un succès mondial avec le titre *Pata Pata*, écrit en xhosa, une chanson avec de nombreux morceaux de musique.

Makeba trad vijf keer in het huwelijk, de eerste keer op 17-jarige leeftijd. Le 22 décembre 1950, son premier et dernier enfant, la fille Bongi, est né. Bongi n'est pas un enfant d'une femme mais un enfant de la famille. D'autres membres du groupe sont le zanger Sonny Pillay, avec qui il a travaillé en 1959, et le trompettiste Hugh Masekela (1964-1966). Avec l'activiste du Black Power, Stokely Carmichael, Makeba a été récompensé de 1968 à 1978. Cet événement historique a suscité une controverse dans les Pays-Bas. De grandes chaînes de télévision comme RCA et Reprise ont renoncé à leur contrat. Des concerts ont été organisés. Quelques voyages en Guinée. C'est en Guinée que Makeba s'est rendu pour la première fois en Guinée, où il a joué avec Bageot Bah, qui travaillait pour une société belge d'art dramatique. C'est également en Guinée que Makeba s'est opposé au régime d'apartheid de l'Afrique australe. Au cours de cette période, il a également été nommé président de la Guinée par les Nations Unies.

En 1985, il se rend à Bruxelles. En 1987, Makeba a participé à la *tournée Graceland* de Paul Simon. Deux ans plus tard, ses platines sont réduites à néant en Afrique du Sud. En décembre 1990, après une période d'inactivité de plusieurs années, il a été renvoyé dans sa patrie d'origine, l'Afrique du Sud, par Nelson Mandela, qui avait été libéré de ses obligations.

En 2005, elle a fait un tour pour poursuivre sa carrière. Le 10 novembre 2008, Miriam Makeba, âgée de 76 ans, s'est rendue à une fête de la nature, à l'occasion d'un concert antimafia à Castel Volturno, sous la direction de l'écrivain antimafia Roberto Saviano.

Après avoir reçu des prix pour sa musique, Makeba s'est vu décerner le prix de la paix Dag Hammerskjøld et la médaille de la paix Otto Hahn.

Points forts

- À la fin des années 1950, le chant et les enregistrements de Miriam Makeba l'ont fait connaître en Afrique du Sud, et son apparition dans le film documentaire Come Back, Africa (1959) a suscité l'intérêt de Harry Belafonte et d'autres artistes américains.
- En 1960, Mme Makeba s'est vu refuser le retour en Afrique du Sud et a vécu en exil pendant trois décennies.
- En 1990, l'activiste noir sud-africain Nelson Mandela, qui venait d'être libéré de son long emprisonnement, a encouragé Makeba à retourner en Afrique du Sud, où elle s'est produite en 1991 pour la première fois depuis son exil.
- Miriam Makeba a réalisé 30 albums originaux, en plus de 19 albums de compilation et d'apparitions sur les enregistrements de plusieurs autres musiciens.

3. Marian Anderson (1897-1993)

Le premier Afro-Américain à se produire avec le Metropolitan Opera de New York.

"La peur est une maladie qui ronge la logique et rend l'homme inhumain."

Marian Anderson (Philadelphie, 27 février 1897 - Portland, 8 avril 1993) était une contralto américaine et l'une des plus grandes chanteuses du XXe siècle. Alan Blyth, critique de musique, a déclaré : "Haar stem était un contralto léger et riant, d'une grande sensibilité". Sa maison virtuelle à Philadelphie est maintenant un musée, la Maison Marian Anderson.

Biografie

Le plus important volet de sa carrière a consisté à organiser des concerts avec des artistes célèbres, dans les plus grandes salles des Pays-Bas et d'Europe entre 1925 et 1965. Bien que ze verschillende rollen kreeg aangeboden in grote Europese opera's, heeft Anderson deze altijd afgewezen omdat ze geen opleiding in acteren had genoten. Il s'occupe de l'organisation des concerts. Il interprète également des airs d'opéra lors de ses concerts. Il a créé de nombreux noms qui s'intègrent à son vaste répertoire : concerts, lieds danois, opéras, chansons traditionnelles américaines et spirituals. Entre 1940 et 1965, le pianiste américain Franz Rupp a été son grand maître à penser.

Anderson était une personne importante dans le combat des artistes donateurs pour faire reculer les violences racistes dans les états-Unis au milieu du XXe siècle. En 1939, les *Filles de la Révolution Américaine (DAR)* ont demandé à Anderson de faire un tour de table pour se faire entendre à l'occasion d'une manifestation publique dans le Constitution Hall de la DAR. Cet incident a permis à Anderson d'être impliquée dans les activités de l'association internationale et de jouer un rôle de premier plan dans la musique classique. Avec l'aide de la première dame Eleanor Roosevelt et de son mari Franklin D. Roosevelt, Anderson a organisé le 9 avril 1939, sur les marches du Lincoln Memorial à Washington D.C., un concert ouvert de qualité. Il a été donné à un public de plus de 75 000 personnes et à une radio de plusieurs millions de personnes, et le concert a été suivi d'un film. Anderson est né de la levée d'obstacles pour les artistes chanteurs dans les états-Unis, et a été le premier artiste chanteur à entrer au Metropolitan Opera de New York, le 7 janvier 1955. Son rôle d'Ulrica dans Un ballo in maschera de Giuseppe Verdi a été la première fois que cet opéra a été joué sur le podium.

Anderson a travaillé pendant plusieurs années comme délégué du Comité des droits de l'homme des Nations unies et comme "ambassadeur itinérant" du Département d'État des États-Unis, et a participé à des concerts dans le monde entier. Il a participé au mouvement de lutte contre la faim au cours des dernières années et à la Marche sur Washington pour l'emploi et la liberté en 1963. Il a reçu de nombreux prix et distinctions, dont la médaille présidentielle de la liberté en 1963, les Kennedy Center Honors en 1978, la National Medal of Arts en 1986 et un Grammy Lifetime Achievement Award en 1991.

Points forts

- Dès son enfance, Anderson fait preuve de talent vocal, mais sa famille n'a pas les moyens de lui payer une formation formelle. Dès l'âge de six ans, elle suit des cours dans la chorale de l'Union Baptist Church, où elle chante des parties écrites pour des voix de basse, alto, ténor et soprano.

- Le 7 janvier 1955, elle devient la première chanteuse afro-américaine à se produire en tant que membre du Metropolitan Opera de New York.
- En 1977, son 75e anniversaire a été marqué par un concert de gala au Carnegie Hall.
- Parmi les innombrables honneurs et récompenses qui lui ont été décernés, citons la National Medal of Arts en 1986 et le Grammy Award for Lifetime Achievement de l'industrie musicale américaine en 1991.

4. Maya Angelou (1928-2014)
Poète, dramaturge et interprète afro-américain

---

*" J'ai appris que les gens oublieront ce que vous avez dit,
les gens oublieront ce que vous avez fait, mais les gens
n'oublieront jamais ce que vous leur avez fait ressentir. "*

Maya Angelou, de son vrai nom Margueritte Johnson (Saint Louis, Missouri, 4 avril 1928 - Winston-Salem, Caroline du Nord, 28 mai 2014), est une écrivaine, dessinatrice, chanteuse, danseuse, militante de la cause de la bière et figure emblématique de l'américanisme américain. Il a joué, écrit et produit des films, des bandes sonores et des enregistrements.

Angelou maakte naam met haar eerste roman *I know why the caged bird sings*, waarin ze her tumultueuze jeugd beschreef in het gesegregeerde zuiden van Amerika en, later, in Californië. Ce best-seller a fait l'objet d'un film. Dans son roman autobiographique, elle décrit une jeune femme afro-américaine énergique, avonturlijke (oproeiende), qui a besoin d'une aide extérieure. Dans sa jeunesse, elle a été victime d'une agression, et cette agression a été reprise dans ses livres. Le livre *Just give me a cool drink of water 'before I die* werd genomineerd voor de Pulitzerprijs. Pour l'album audio *A song flung up to heaven*, il a reçu un Grammy en 2003. Il a également reçu un Grammy en 1993 et 1995.

En 1981, il a été nommé professeur d'histoire de l'Amérique à Winston-Salem. Il est issu du Mouvement pour les droits civiques, où il a travaillé avec Martin Luther King et Malcolm X.

Il se rend souvent dans les lieux officiels du gouvernement des Pays-Bas. Lors de l'investiture du président Clinton, il a publié son livre *On the Pulse of Morning*. En juin 1995, il a publié son livre *A brave and startling truth* voor à l'occasion du jubilé du 50e anniversaire des Pays-Bas. En 2013, dans une vidéo du Département d'État des États-Unis, il a publié, à l'intention du peuple américain, le titre *His day is gone*, sur la vie de Nelson Mandela.

En 2000, il a reçu la Médaille nationale des arts. En 2010, il a reçu la médaille présidentielle de la liberté. Il est professeur au Smith College, à l'université Howard, à l'université de Tufts, à l'université de Californie du Sud, au Lafayette College, au Hope College et à l'université de l'Illinois à Urbana-Champaign.

Points forts

- La poésie de Maya Angelou, rassemblée dans des volumes tels que Just Give Me a Cool Drink of Water 'fore I Diiie (1971), And Still I Rise (1978), Now Sheba Sings the Song (1987) et I Shall Not Be Moved (1990), s'inspire largement de son histoire personnelle mais utilise les points de vue de différents personnages.
- Elle a également écrit un livre de méditations, Wouldn't Take Nothing for My Journey Now (1993), ainsi que des livres pour enfants, dont My Painted House, My Friendly Chicken and Me (1994), Life Doesn't Frighten Me (1998), et la série Maya's World, publiée en 2004-2005, qui présente des histoires d'enfants de diverses régions du monde.
- Elle a célébré le 50e anniversaire des Nations unies dans le poème "A Brave and Startling Truth" (1995) et a fait l'éloge de Nelson Mandela dans le poème "His Day Is Done" (2013), qui a été commandé par le département d'État américain et publié au lendemain de la mort du leader sud-africain.
- En 2011, Angelou a reçu la médaille présidentielle de la liberté.

5. Ellen Johnson Sirleaf (née en 1938)

La première femme élue chef d'État en Afrique

"La taille de vos rêves doit toujours dépasser votre capacité actuelle à les réaliser. Si vos rêves ne vous font pas peur, ils ne sont pas assez grands."

Ellen Johnson Sirleaf (Monrovia, 29 octobre 1938) est une femme politique libérienne qui, entre 2006 et 2018, a été la première femme présidente du Liberia. Il s'agit de la première femme du pays à avoir été nommée au poste de président d'un pays afrikaans. En 2011, elle a reçu le prix Nobel de la paix avec Leymah Gbowee et Tawakkul Karman.

Johnson Sirleaf a été nommée présidente lors des élections présidentielles libériennes de 2005, à la place de son adversaire George Weah. En 1997, Charles Taylor n'a pas été élu président.

Sirleaf a fait des études de comptabilité et d'économie de 1964 à 1971 dans les Pays-Bas. En 1972, il a fait plusieurs choix pour son pays et pour les Nations Unies.

Familieachtergrond

331

Ellen Johnson est née à Monrovia, la capitale du Libéria, dans une famille d'Américains-Libériens (des Afro-Américains qui vivent en Amérique et qui, à la suite d'un conflit au Libéria, deviennent eux-mêmes des hommes ordinaires). Ellen Johnson Sirleaf a également indiqué que les membres de l'élite avaient besoin d'eux : "Si une classe est en train de se former, elle a besoin d'une bonne dose d'huile et d'intégration sociale pour vivre ses dernières années".

Son origine ethnique est ½ Gola van de kant van haar vader en ¼ Duits (grootvader) en ¼ Kru (grootmoeder) van moederskant.

Opleiding

De 1948 à 1955, Ellen Johnson étudie la physique et l'économie au College of West Africa à Monrovia. Elle a rencontré James Sirleaf à l'âge de 17 ans et est retournée en 1961 aux Etats-Unis où elle a obtenu un diplôme de l'Université du Colorado. De 1969 à 1971, il étudie à Harvard, où il obtient une maîtrise en administration publique. Il quitte ensuite le Liberia et commence à travailler pour William Tolberts Overheid.

Démarrer la boucle politique

Sirleaf a été ministre adjoint des Finances (1972-73) sous le règne de William Tolbert et ministre des Finances (1980-85) sous le régime militaire de Samuel Does. Il a eu des échanges avec les deux États : sous le régime de Does, il a été maintenu dans le giron de l'État et a été mis au ban de la société. Lors des élections nationales de 1985, il est devenu membre à part entière du gouvernement et a été condamné à dix ans d'emprisonnement, avant d'être transféré au Kenya. Au cours des deux derniers semestres, il a travaillé au Kenya et dans les Pays-Bas, où il a bénéficié d'une aide financière de la Wereldbank, de la Citibank et d'autres institutions financières. De 1992 à 1997, il a été directeur du département "Afrique" pour le programme VN-Ontwikkelings.

La boucle est bouclée.

Le Liberia a été plongé dans une situation de conflit permanent. Le président Samuel Doe a été renversé et plusieurs groupes rebelles ont tenté de prendre le contrôle du pays. Le plus important est celui de Charles Taylor. Au début, le groupe rebelle de Taylor est aidé par Sirleaf pour obtenir des fonds, mais plus tard, il se retire. En 1996, les milices afro-africaines s'installent sur le pont et Sirleaf se rend au Libéria pour faire campagne contre Taylor pour la présidence. Il est devenu le douzième et le plus grand des deux à se rendre à l'endroit où il a été condamné à la peine de mort.

En 1999, le Libéria a fait l'objet d'un burgeroorlog et des accusations ont été portées à l'encontre de Taylor, qui s'est rendu coupable d'actes de violence et qui a été arrêté lors d'un oorlog en Sierra Leone. Il a été condamné par les Nations Unies pour violation des droits de l'homme et, en 2003, il a été renvoyé au Nigeria par la police. C'est à ce moment-là que Sirleaf a décidé de créer la "Commission sur la bonne gouvernance", dont le rôle est d'encourager les actions démocratiques dans le pays.

En 2005, il a été nommé président avec ses principaux atouts : la résolution des conflits et de la corruption, la création de l'égalité des chances et la mise en place d'infrastructures. Son rival était le célèbre ex-voetballeur George Weah, qui a remporté 59% des suffrages. Le 23 novembre 2005, il a été annoncé qu'il avait gagné les élections et le 16 janvier, il a été nommé président du Liberia, le premier État vrouillé d'Afrique.

Les efforts de Mme Sirleaf ont été immenses. Les services publics du Libéria étaient minimaux, les services de santé, les écoles et les services médicaux ne fonctionnaient pas bien, et il y avait beaucoup de problèmes liés à l'approvisionnement en eau, notamment à cause du burgeroorlogen. Ellen Johnson Sirleaf s'est beaucoup investie dans le domaine de l'éducation, notamment en s'efforçant de faire respecter les normes et les règles. Sur le fait qu'il n'était pas possible que tous les ouvriers soient des vroumistes, il a déclaré : "Non, le monde doit être meilleur, plus transparent et plus productif. Une femme peut apporter une dimension supplémentaire à la vie, et notamment un sentiment d'appartenance à l'humanité. Dat komt vanwege het moeder zijn". En mars 2012, Ellen Johnson Sirleaf, par l'intermédiaire d'un journaliste du Guardian, a été accusée d'être à l'origine de la violence à l'égard des homosexuels. Au Libéria, les homicides actifs peuvent être corrigés après une période d'enquête d'un an, mais selon Sirleaf, cette situation n'est pas récente. Dat in Liberia homoseksuelen vervolgd kunnen worden is volgens de Nobelprijswinnares een traditionele opvatting die het verdient om in stand te worden gehouden.

Après un mandat présidentiel de deux ans et demi, il a été remplacé par George Weah en janvier 2018.

Onderscheidingen

1988 : Four Freedoms Award voor de vrijheid van meningsuiting (prix des quatre libertés)

2012 : eredoctoraat van de Universiteit van Tilburg.

Points forts

- Avec plus de 15 000 soldats de la paix des Nations unies dans le pays et un taux de chômage de 80 %, Johnson Sirleaf a dû relever de sérieux défis.
- Fin 2010, la totalité de la dette du Liberia avait été effacée, et Johnson Sirleaf avait obtenu des millions de dollars d'investissements étrangers dans le pays.
- Bien que Johnson Sirleaf ait été réélue avec un peu plus de 90 % des voix, sa victoire a été assombrie par le retrait de Tubman et la faible participation des électeurs, qui était inférieure de moitié à celle du premier tour.
- Johnson Sirleaf était l'un des trois lauréats, avec Leymah Gbowee et Tawakkul Karmān, du prix Nobel de la paix 2011 pour leurs efforts en faveur des droits des femmes.

6. Coretta Scott King (1927-2006)
Auteur américain et leader du mouvement des droits civiques

"Peu importe la force de vos opinions. Si vous n'utilisez pas votre pouvoir pour un changement positif, vous faites, en effet, partie du problème."

Coretta Scott King (Marion (Alabama), 27 avril 1927 - Rosarito (Mexique), 30 janvier 2006) était une activiste américaine. Tout comme son mari et plusieurs autres personnes, dont Mahalia Jackson et Rosa Parks, elle s'est battue pendant toute sa vie pour les droits de la communauté noire contemporaine. Bien qu'ils aient participé à la lutte contre le racisme, ils se sont engagés dans la lutte contre le racisme dans le monde entier. Il a protesté contre le régime d'apartheid américain en Afrique du Sud et s'est opposé au blocus de l'Irak. Il était l'époux du célèbre prédicateur américain Martin Luther King et le leader du

335

mouvement américain de lutte contre le racisme. Son travail a été réalisé sous l'égide du *Martin Luther King Jr. Center for Social Change* à Atlanta.

En août 2005, elle a obtenu un certificat d'aptitude à la vie quotidienne et un certificat d'aptitude à la vie professionnelle. Coretta Scott King est morte au début de l'année 2006 à l'âge de 78 ans et a été enterrée le 7 février. Le 15 mai 2007, l'un de ses quatre enfants, Yolanda King, a quitté l'hôpital de Santa Monica après 51 ans de mariage.

Coretta Scott King était depuis 1995 une véganiste convaincue.

Onderscheidingen

En 1983, il a reçu le Four Freedoms Award voor godsdienstvrijheid.

Points forts

- Après l'assassinat du mari de Coretta Scott King en 1968 et la condamnation de James Earl Ray pour ce meurtre, elle a continué à être active dans le mouvement des droits civiques.
- Elle a fondé à Atlanta le Martin Luther King, Jr, Center for Nonviolent Social Change (communément appelé le King Center), qui a été dirigé au début du 21e siècle par son fils Dexter.
- Coretta Scott King a écrit un mémoire, My Life with Martin Luther King, Jr (1969), et a édité, avec son fils Dexter, The Martin Luther King, Jr, Companion : Quotations from the Speeches, Essays, and Books of Martin Luther King, Jr. (1998).
- En 1969, Coretta Scott King a créé un prix annuel Coretta Scott King pour honorer un auteur afro-américain d'un texte exceptionnel pour enfants, et en 1979, un prix similaire a été ajouté pour honorer un illustrateur afro-américain exceptionnel.

7. Hattie McDaniel (1895-1952)
La première actrice afro-américaine à remporter un Oscar

"À vous, jeunes gens qui aspirez à réussir dans quelque domaine d'activité, en dépit des difficultés que beaucoup d'entre nous ont connues, laissez-moi vous dire ceci : Il y a encore de la place au sommet."

Hattie McDaniel (Wichita, 10 juin 1895 - Los Angeles, 26 octobre 1952) était une actrice américaine. Elle est la première Afro-Américaine à avoir remporté un Oscar.

Jeugdjaren

McDaniel est né à Wichita et est le fils de Henry McDaniel et Susan Holbert. Son père était un prédikant et sa mère chantait des chansons à la gloire de Dieu. Son grand-père était un esclave, qui travaillait comme ouvrier en Virginie. Hierdoor werd McDaniels vader als slaaf geboren. Il a participé à la création du Burgeroorlog américain.

McDaniel était le plus jeune de ses deux enfants. En 1910, il reçoit une médaille pour un livre qu'il a écrit. Après cela, il a compris qu'il voulait devenir un animateur. Il quitte l'école et rencontre un groupe d'artistes, composé de son père et de deux de ses frères, Otis et Sam. En 1916, Otis est dépassé par la situation et il cesse de jouer. Jusqu'en 1920, il ne travaillait plus comme artiste.

Carrière

McDaniel est l'un des premiers jeunes à avoir choisi la radio. En 1925, il a été embauché par une radio de Denver : KOA. Bien qu'il ait écrit des chansons, il s'est mis à en écrire aussi. Il est devenu célèbre et peut être joué dans des théâtres à grande échelle.

En 1931, il se rend à Los Angeles, où il rencontre plusieurs de ses frères et sœurs. Il n'a pas trouvé de travail dans l'industrie cinématographique et a donc travaillé de nombreuses fois dans le domaine du cinéma et de l'art. Son frère Sam a travaillé pour un programme radiophonique intitulé *The Optimistic Do-Nut Hour (L'heure de l'optimisme)* et a regelé la création de son propre programme.

À partir de 1932, McDaniel joue de petits rôles dans des films. Hierin speelde ze vaak een dienstmeid of een zangeres in een koor. Il a été impressionné par le fait qu'il a joué plusieurs fois un rôle dans un film, mais il a refusé de le faire : "Je n'ai jamais parlé d'une maladie, sauf pour dire qu'elle est une maladie."

Son premier grand rôle dans un film date de 1934. Il joue alors dans *Judge Priest*, un film de John Ford. Il s'est également lié d'amitié avec les plus grandes stars, notamment Joan Crawford, Bette Davis, Shirley Temple, Henry Fonda, Ronald Reagan, Olivia de Havilland et Clark Gable.

Autant en emporte le vent

McDaniel était très populaire en tant qu'actrice, même si la critique de son rôle était plus sévère et qu'elle était également victime d'un scandale raciste. En 1939, elle reçoit l'Oscar de la meilleure actrice pour son rôle dans l'un des films les plus populaires de l'époque : *Autant en emporte le vent*. Il est le premier Afro-Américain à avoir remporté un Oscar. Beaucoup d'hommes ont réagi. Nous pensons que McDaniel n'a pas été choisie pour jouer un rôle dans un film aussi important. Nous pensons qu'il n'a pas été bien reçu.

Lors de la première d'*Autant en emporte le vent*, Mme McDaniel n'était pas très enthousiaste. Elle s'en prend au régisseur du film, Victor Fleming, qui lui dit qu'elle est une femme, mais elle n'est pas du tout d'accord avec le fait qu'elle s'en prend aux racistes. Lorsque Clark Gable l'a entendu, il s'est mis à travailler sur son personnage, qui a connu un grand succès.

En raison de toutes les accusations de racisme auxquelles McDaniel a été confronté, sa carrière s'est arrêtée là. Son premier film a été tourné en 1949. Il n'a jamais cessé d'être actif à la radio et à la télévision.

Mme McDaniel a obtenu deux étoiles sur le Hollywood Walk of Fame : une pour son travail à la radio et une pour ses films. Le 29 janvier 2006, il a également reçu une affiche avec son portrait.

Une vie tranquille

McDaniel est mort quatre ans plus tôt. En 1922, il a rencontré George Langford, qui l'a aidé à s'installer sur le toit de la maison avec un pistolet pour le travail. En 1938, il rencontre Howard Hickman. De 1941 à 1945, James Lloyd Crawford est son fils adoptif. De 1949 à 1950, elle est la fille de Larry Williams.

En 1945, la chroniqueuse Hedda Hopper lui a fait savoir qu'elle était en pleine mutation. Elle était très gelée et a dû faire face à des problèmes d'emploi pour ses semblables. La situation est devenue très difficile et elle est devenue dépressive.

Dood

McDaniel est décédé le 26 octobre 1952 à Woodland Hills, à l'âge de 57 ans, d'un cancer. C'était sa dernière chance d'être graciée par ses collègues au cimetière d'Hollywood, mais son corps a été détruit par son infirmière. C'est au cimetière d'Angelus-Rosedale, son deuxième emplacement, qu'elle a été récompensée.

Lorsqu'en 1999, le cimetière d'Hollywood (inmiddels Hollywood Forever Cemetery geheten) a accueilli un nouveau gardien, il s'est rendu à la lichaam de McDaniels pour y faire de l'herbe. Alors que sa famille n'est pas encore prête à l'accueillir, il s'en va. En plaats daarvan richtte de begraafplaats een cenotaaf voor haar op. C'est un endroit très agréable.

Points forts

- Hattie McDaniel a quitté l'école en 1910 pour devenir une interprète dans plusieurs groupes de ménestrels itinérants et est devenue par la suite l'une des premières femmes noires à être diffusée à la radio américaine.
- Elle se produit dans un club pendant plus d'un an jusqu'à son départ pour Los Angeles, où son frère lui trouve un petit rôle dans une émission de radio locale, The Optimistic Do-Nuts ; connue sous le nom de Hi-Hat Hattie, Hattie McDaniel devient rapidement l'attraction principale de l'émission.
- Deux ans après ses débuts au cinéma en 1932, Hattie McDaniel décroche son premier grand rôle dans le film Judge Priest (1934) de John Ford, dans lequel elle a l'occasion de chanter en duo avec l'humoriste Will Rogers.
- Le rôle de Hattie McDaniel, qui incarne une heureuse servante du Sud dans Le Petit Colonel (1935), a fait d'elle une figure controversée au sein de la communauté noire libérale, qui cherchait à mettre fin aux stéréotypes d'Hollywood.

8. Fannie Lou Hamer (1917-1977)
Militant américain des droits civiques

"Quand je me libère, je libère les autres. Si tu ne parles pas, personne ne parlera pour toi. "

Fannie Lou Hamer, née **Fannie Lou Townsend**, (Montgomery County (Mississippi), 6 octobre 1917 - Mound Bayou, 14 mars 1977) était une militante américaine pour les droits des Noirs et des femmes. Il est très connu pour sa participation à la Convention nationale démocratique de 1964, où il a dénoncé le racisme et la discrimination dont il a été victime alors qu'il n'avait pas pu s'inscrire sur les listes électorales. Grâce à sa lutte pour des droits égaux pour les hommes et les femmes, elle est également associée au *féminisme noir* (zwart feminisme).

Jeunes gens

Hamer est né dans le comté de Montgomery, dans l'État du Mississippi, en tant que fils d'une famille de deux enfants. En 1919, la famille s'installe dans le comté de Sunflower, où le père James Lee Townsend et la mère

Lou Ella Bramlett Townsend travaillent comme métayers dans une plantation de pommes de terre. Le père de James Townsend travaillait alors comme préposé à l'enseignement dans une église baptiste, et sa mère comme infirmière. Le père de Hamers a été victime d'un attentat à la pudeur, ce qui l'a amené à se faire passer pour un membre de la famille. L'enfant était placé dans un coffre à l'arrière de la maison, avec un lit en tôle d'acier, sur lequel il était posé sur un lit de graisse de porc et de maïs. Il n'y avait pas de toilettes fonctionnelles ou d'eau stagnante. Fannie Lou memoreerde dat ze pas op hoge leeftijd haar eerste schoenen kreeg en veel honger had geleden. En général, elle avait fait ses adieux à ses enfants. Il a également été confronté à la polio, dont il a été victime pendant toute sa vie. Plus tard, Hamer a qualifié sa jeunesse de "pire que dure".

Le jour suivant, Hamer a commencé à travailler à la plantation. De slinkse manier waarop ze hiertoe werd aangezet, beschouwde ze achteraf als haar lot alsook als verraad. Lorsque le jeune homme s'est présenté à la table, le chef d'équipe l'a rejoint. Hij sprak de jonge, hongerige Hamer aan en bood een beloning van onder meer sardientjes en kaas, als ze dertig pond katoen zou plukken. Une semaine plus tard, il était en pleine forme et il a trouvé son abri. Il s'est rendu compte qu'il était très difficile de mettre en place un tel travail pour que les chevaux sur le terrain de l'usine puissent travailler et que les chevaux ne soient pas plus loin que les autres, en raison de l'absence de fièvre et de douleurs.

Après avoir travaillé dans les plantations, Hamer est allé à l'école, de décembre à mars. Il avait une bonne scolarité et apprenait bien. Il était très doué pour l'orthographe et s'intéressait à la poésie. Au cours de la deuxième moitié de l'année, il faut que l'école soit influencée par la situation économique.

Il avait un parent pauvre, qui, tous les jours, n'était pas d'accord avec le fait que ses enfants avaient besoin d'une aide financière. De même, il a versé des sommes considérables pour économiser de l'argent sur le matériel nécessaire à la fabrication des vêtements de ses enfants. Fannie Lou s'est souvenue de la façon dont son mari vivait dans le pays. Alors qu'elle ne savait pas dans quelles circonstances les femmes vivaient leur vie, que ce soit par le travail, la faim ou d'autres facteurs, Fannie Lou a vu son mari mourir un jour où il n'était pas encore prêt. Il a demandé à Fannie Lou de lui accorder le respect pour lui-même en tant que femme noire, et a demandé à ses compagnons respectés de lui accorder également le respect pour lui. Plus tard, Hamer a voulu que la combinaison de l'offre de soi et du respect de soi soit une source d'inspiration pour la position et le développement de la communauté afro-américaine.

Développement et formation professionnelle

Hamer était un jeune homme gelé, et son nom de famille à Bijbelstudies indiquait que son activité professionnelle était liée à ses études. Lorsque W.D. Marlow, le directeur d'une exploitation agricole à Ruleville, a confirmé qu'Hamer, à son niveau, pouvait apprendre et écrire, il lui a donné en 1944 la possibilité de travailler sur son exploitation agricole en tant que métayer et ouvrier agricole. La date à laquelle il a travaillé dans cette plantation n'est pas tout à fait la même, et c'est là que son homme le plus important, Perry Hamer, est apparu. Perry, surnommé "Pap" par Hamer, a travaillé en 1932 dans cette plantation sur les scories en tant que métayer, tractoriste et monteur. Il a également créé un juke-joint où les métayers noirs se réunissent pour danser, boire et écouter de la musique. C'est à ce moment-là que Fannie Lou a commencé à s'occuper de Perry. Alors que Fannie Lou, elle-même, n'a pas de mot à dire sur le sujet, il y a des signes qui montrent que Fannie Lou a été malmenée et que sa relation avec Perry est devenue une relation positive. Il est évident que Fannie Lou et Perry ont été troublés en 1945. Fannie Lou, en tant qu'employée de maison, est devenue très vulnérable, et les propriétaires terriens et les métayers l'ont respectée. En 1951, la mère d'Hamers, Lou Ella, rejoint Fannie Lou et Perry, et c'est là qu'elle devient sa fille en 1961.

Comme les enfants de Fannie Lou et de Perry ne sont pas assez nombreux pour être élevés, ils adoptent en 1954 deux petites filles, Dorothy Jean, âgée de 9 ans, et Virgie Ree, âgée de 6 mois. Leurs familles respectives s'occupent de leurs enfants, Virgie Ree se chargeant des gros achats de produits de marque. En 1961, Hamer subit une petite intervention chirurgicale pour corriger son état de santé et sa maladie. Cette "procédure", qui a été décrite par beaucoup comme une "opération d'armement aveugle au Mississippi", a été appliquée par Hamer sur environ 6 des 10 jeunes nains qui ont été tués à l'hôpital du comté de North Sunflower. C'était pour Hamer une aide précieuse pour que le public se mobilise en faveur des droits de l'homme des Afro-Américains.

L'aîné des enfants adoptés a appris qu'ils avaient eux-mêmes deux enfants dans le monde, et son mari est resté très longtemps à l'écart du

Vietnam. C'est en 1969 que Fannie Lou et Perry ont adopté ces deux enfants.

Dernière étape de l'enregistrement de l'arbre

En août 1962, Hamer a participé à une manifestation sur les soulèvements qui ont eu lieu dans une église de Ruleville, organisée par le Student Nonviolent Coordinating Committee (SNCC), avec notamment James Forman. À ce moment-là, le vierenveertigjarige Hamer n'avait pas encore compris que la communauté des Noirs avait également le droit de se battre. Sur la question de savoir si le prochain jour de la semaine doit être enregistré, il a décidé d'ouvrir sa main. Il avait bien compris que cela pouvait avoir des conséquences et que, dans le meilleur des cas, il n'y avait pas de lien entre le corps et le comportement, mais il avait compris que le corps de son fils était devenu un corps à part entière. Il était déjà très conscient de l'importance de l'armure et de l'obligation de respecter le droit à l'alimentation, et il était très préoccupé par le fait que les personnes qui n'ont rien à voir avec la situation ne peuvent pas s'en sortir.

Le jour suivant, le 31 août 1962, ils sont montés avec dix-sept autres personnes dans un bus à Indianola, le chef-lieu du comté, pour s'inscrire au test d'alphabétisation. Le groupe s'inscrit également au test d'alphabétisation. Sur le chemin de fer, le chauffeur de bus a été contraint d'attendre que la couleur de l'autobus, à la demande de l'agent, se rapproche de celle de l'école. Dit had echter bij het veelvuldig gebruik voor het transport van katoenplukkers nooit een probleem opgeleverd. De chauffeur kreeg een boete van 100 dollar, maar kon dat niet betalen. L'agence de voyages n'a pas apprécié ce qu'elle a reçu en main, mais elle a eu des difficultés à s'en sortir. Omdat de agenten er niet op zaten te wachten de hele groep te arresteren werd de boete verlaagd naar 30 dollar, dat de reizigers betaalden.

En cas d'urgence, Hamer demande à Marlow de lui remettre son inscription, car Mississippi n'est pas du tout d'accord avec lui sur le fait que la communauté des Noirs doit s'organiser. Ze reageerde met : "*Je ne suis pas allé là-bas pour m'inscrire pour toi. J'y suis allé pour m'inscrire moi-même. "(Ik ben daar niet voor jou heen gegaan om te registreren. Ik ging er voor mijzelf heen om te registreren.)* Deze zinnen zou ze in haar speeches nog vaak herhalen. Marlow a fait appel à Hamer directement, alors qu'il avait été embauché il y a dix ans dans une usine. Comme il était bien connu pour les représailles des hommes de la région, il a fait appel à

344

ses amis pour l'emmener en voyage. Dix jours plus tard, il y a eu un regain de kogels sur les bancs d'école, et une autre maison à Ruleville a été occupée. In de tijd hierna zocht ze op diverse andere adressen onderdak.

Secrétaire d'État et secrétaire d'État aux affaires étrangères

En janvier 1963, Hamer a été soumis à un test d'alphabétisation qui lui a valu d'être nommé rapporteur. Il a ensuite travaillé comme *secrétaire de terrain* pour le SNCC. Il a ensuite suivi un cours sur les enregistrements de souches, dispensé par Annell Ponder, *superviseur de terrain* de la Southern Christian Leadership Conference (SCLC). Le 3 juin de cette année-là, il a pris le bus pour se rendre à Charleston afin d'assister à une formation pour les personnes chargées de l'enregistrement des souches. Dans le cadre de ce processus, des critères spécifiques ont été définis, notamment le test d'alphabétisation.

Le 9 juin, lors de la fermeture de l'usine, le poste de travail n'était plus aussi visible. Il s'agit d'un nom qui signifie que le chauffeur de bus s'est installé dans une petite place pour faire fonctionner un téléphone. De groep stopte voor een pauze bij een eetgelegenheid. En raison de l'heure limite de l'arrêt du bus, certaines personnes, dont Hamer, ne peuvent pas monter dans le bus. Les groupes qui s'installent à l'intérieur sont conscients de la nécessité de faire face à la confrontation sociale et de la nécessité de la contrôler ; dans le deuxième cas, ils veulent contrôler le verdict de la Commission du commerce interétatique sur les terminaux de bus. Ponder était à l'avant-garde de la lutte contre le racisme dans le cadre de la loi Jim Crow, et n'était pas le seul à vouloir servir le groupe de personnes qui avaient des problèmes de vocabulaire. Een getipte politieagent en *highway patrol-beambte* grepen hierop in. Omdat ook zij in hun handelen niet de nieuw ingestelde regels volgden, begonnen de groepsleden identiteiten en kentekennummers te noteen. Si les personnes concernées le font, elles seront maltraitées. De hele groep die mee naar binnen was gegaan, werd hierop gearresteerd. Hamer s'est fait passer pour un gros client, et il est resté dans le bus au moment de son arrestation. Alors que les membres du groupe avaient demandé à ce que l'on se mette d'accord avec lui, Hamer est sorti du bus et a demandé à son groupe de faire le nécessaire pour que les autres personnes présentes dans le bus puissent se rendre à Greenwood. Hierop werd zij echter ook gearresteerd.

345

Le groupe s'est déplacé jusqu'à la ville de Winona. C'est là qu'est apparu ce que Hamer a appelé le moment le plus difficile de sa vie. Gedurende uren werden de groepsleden één voor één in afzondering zwaar mishandeld. Les agents ont fait en sorte que d'autres personnes de couleur nègre puissent tuer Hamer avec une arme à feu et mettre la main sur le corps. Après l'incident, la toile et le tapis sont devenus si sales et encombrés qu'ils ne pouvaient plus être attachés. De plus, les mains de l'enfant ont été déplacées vers des endroits où il n'y avait pas de problème et l'enfant s'est enfui.

Le 11 juin, tous les membres de la communauté de Winona ont été licenciés. Le 13 juin, le groupe de personnes présentes sur le lieu de l'événement a été libéré grâce à des médiateurs du SNCC et du SCLC, dont Andrew Young. Saillant was dat de groep gevangen zat tijdens drie belangrijke gebeurtenissen in de burgerrechtengeschiedenis van de Verenigde Staten : de Stand in the Schoolhouse Door-actie op 11 juni op 200 mijl ten oosten van Winona, de op radio en televisie uitgezonden toespraak op dezelfde dag van de Amerikaanse president John F. Kennedy, qui lui a donné un coup de foudre pour les activistes burgerrechten, et la mort de l'activiste étudiant Medgar Evers, le 12 juin, à environ 100 mètres de distance de Winona.

Hamer se rend directement à la maison de retraite de Greenwood. Ses inquiétudes étaient si grandes qu'il a été envoyé (aux frais du SCLC) dans une maison de retraite à Atlanta. Il y reste quatre semaines. Plusieurs fois par semaine, il n'a plus de contact avec ses proches et son mari, car les personnes qui n'ont pas de problème avec lui à cause des mauvais traitements veulent s'y confronter. L'épouse de Laura l'aide à se ressaisir dans cette période et lui fait comprendre plus tard que Fannie Lou est un être humain. Hamer n'est pas le seul à se sentir concerné par ces questions.

Dans le champ de tir des agents, on retrouve les sept grands déménageurs, les agents du FBI et les deux personnes qui, à la suite d'un accident, ont été arrêtées. Un enquêteur raconte une anecdote sur l'enquête menée sur les traces de Hamer et Ponder. Les agents mandatés sont condamnés. Le jury est composé en majorité d'hommes politiques du Mississippi.

Convocation nationale démocratique (1964)

En 1964, Hamer, accompagné d'Ella Baker et de Bob Moses, a adhéré au
Mississippi Freedom Democratic Party (MFDP). En mars, il est devenu,
après plusieurs manifestations, la première femme afro-américaine du
Mississippi à siéger au Congrès américain. En tant que chef de file du
parti, il s'est rendu en août de cette année-là au congrès national des
démocrates à Atlantic City (New Jersey), un congrès qui s'est déroulé en
direct à la télévision et où Martin Luther King était également présent.
L'objectif de cette action était de plaider en faveur d'une délégation du
Mississippi, en se basant sur le fait que la délégation la plus importante et
la plus diverse n'était pas représentative du peuple du Mississippi en
raison de la discrimination continue. Lorsque Hamer a commencé à
exprimer son opinion, les médias ont demandé au président Lyndon B.
Johnson de tenir une conférence de presse à ce moment-là. Lorsque les
médias ont appris que le nouveau vice-président devait être reconnu, ils
l'ont envoyé directement au Witte Huis à Washington D.C. Au cours de la
conférence, Johnson a fait une déclaration sur le fait que les hommes
d'affaires qui ont tué le président Kennedy l'ont fait. Une autre demande a
été adressée au gouverneur John Connally, qui, à l'occasion d'un débat,
avait été mis en cause, mais ce dernier a été supprimé et le gouverneur a
été révoqué. Lorsque la conférence de presse a eu lieu, Hamer s'est
également battu pour sa cause. Grâce à ce cercle vicieux et à une aide
supplémentaire pour une conférence de presse, la décision a été prise par
le président de la République, qui a demandé à ce que la loi sur la
protection de la vie privée de Hamer soit respectée. Hierop zonden de
media Hamers getuigenis echter alsnog primetime en meerdere malen uit,
waardoor er des te meer aandacht voor haar verhaal kwam.

Na het delen van de gruwelijkheden die haar en anderen die zich wilden
registreren waren aangedaan, besloot Hamer emotioneel :

Tout cela est dû au fait que nous voulons nous inscrire, devenir des
citoyens de première classe. Et si le parti démocratique de la liberté ne
siège pas maintenant, je remets en question l'Amérique. Est-ce
l'Amérique, le pays de la liberté et la patrie des braves, où nous devons
dormir avec nos téléphones décrochés parce que nos vies sont menacées
quotidiennement, parce que nous voulons vivre comme des êtres humains
décents, en Amérique ?
Merci.

(Vertaling : Dit komt allemaal omdat we ons willen laten inschrijven op de
kiezerslijst, om een eersteklas burger te worden. Als de Vrijheidspartij voor

Democratie nu geen zetel krijgt, twijfel ik aan Amerika. Est-ce l'Amérique, le pays des jeunes et des moins jeunes, où nous devons nous battre avec le téléphone sur le chemin de la maison pour que notre vie devienne de plus en plus difficile et que nous, les jeunes obèses, voulions vivre en Amérique ?
 Dank u.)

Latere jaren

En 1965, Hamer, en tant qu'avocat dans un procès, a demandé à l'Amerikaanse Hof van Beroep, pour le 5e circuit, d'autoriser la mise en œuvre des mesures prises par les autorités locales de Moorhead et de Sunflower, pour la troisième année consécutive, afin de permettre la mise en œuvre d'une mesure substantielle en faveur de la consommation de produits noirs.

De 1968 à 1971, Hamer est membre du Democratisch Nationaal Comité. En 1969, il décide de créer la Freedom Farms Corporation. Hamer a toujours été convaincu que le versement des taxes, de l'argent ou de l'argent liquide était une perte de valeur pour que les armes bovines continuent d'exister en permanence. Lors d'un voyage en Afrique, Hamer a été recruté par les nombreux hommes (noirs) qui ont soutenu leurs propres activités. La *ferme de la liberté* fait en sorte que les personnes qui ont besoin d'aide puissent s'occuper d'elles-mêmes. L'entreprise compte plus de 650 personnes.

En 1971, Hamer était medeoprichter van het National Women's Political Caucus (NWPC). Dans le cadre d'une conférence de presse, elle a été sponsorisée pour sa campagne pour le poste de sénateur du Mississippi ; le NWPC a été associé à une activiste naine et vrouwelijke. De nombreuses femmes naines ont demandé à Hamer de lui donner une chance avec le NWPC, parce qu'elles voulaient que l'organisation des femmes féministes ait plus d'influence que Hamer elle-même.

Hamer s'est jointe au National Council of Negro Women et à diverses organisations gouvernementales afin de renforcer la position des personnes défavorisées. Cette organisation a ouvert en 1970 le *centre de soins de jour Fannie Lou Hamer*, dont Hamer était la directrice. Elle a proposé diverses activités, dans lesquelles elle s'est occupée de la plus grande partie de la population. Elle s'est également rendue, même si elle n'était pas satisfaite de son sort, à la banque pour faire en sorte que le centre soit ouvert aux personnes âgées de tous âges, qui, en tant que personnes âgées, n'ont pas le droit d'entrer dans une école ouverte.

Hamer a souffert d'obésité et a eu un gros problème d'obésité. Il a été victime d'un accident de voiture, qui l'a conduit à l'hôpital le 14 mars 1977.

Eerbetoon en nagedachtenis

Ce n'est qu'au cours de sa vie qu'elle a obtenu un doctorat dans de nombreux collèges et universités. En 1993, elle a été admise au National Women's Hall of Fame des États-Unis. À Ruleville, où se trouvait autrefois son lieu de résidence, se trouve un monument qui témoigne de son succès. Sa gravure indique "*Je suis malade et fatiguée d'être malade et fatiguée*", une phrase que Hamer avait déjà prononcée pendant sa jeunesse.

Points forts

- Fannie Lou Hamer, née Townsend, était la plus jeune de 20 enfants, Fannie Lou travaillait dans les champs avec ses parents métayers à l'âge de six ans.
- Au milieu de la pauvreté et de l'exploitation raciale, elle n'a reçu qu'une éducation de sixième année.
- Licenciée pour avoir tenté de s'inscrire sur les listes électorales (Fannie Lou Hamer a échoué à un test d'alphabétisation), elle est devenue secrétaire de terrain pour le SNCC ; Fannie Lou Hamer s'est finalement inscrite sur les listes électorales en 1963.
- En 1964, Hamer a cofondé et est devenu vice-président du Mississippi Freedom Democratic Party (MFDP), créé après les tentatives infructueuses des Afro-Américains de travailler avec le Mississippi Democratic Party, un parti entièrement blanc et favorable à la ségrégation.
- En tant que membre du Comité national démocrate du Mississippi (1968-71) et du Conseil politique du National Women's Political Caucus (1971-77), Hamer s'est activement opposée à la guerre du Vietnam et a œuvré pour améliorer les conditions économiques du Mississippi.

9. Wangari Maathai (1940-2011)
Politicien kenyan et militant écologiste

*"La génération qui détruit l'environnement n'est pas celle
qui en paie le prix. C'est là le problème."*

Le Dr **Wangari Muta Maathai** (Ihithe (Nyeri), 1er avril 1940 - Nairobi, 25
septembre 2011) est un activiste kenyan du milieu et de la politique. Il est
à l'origine de l'organisation Green Belt Movement, a été parlementslid de
2003 à 2005 et a été nommé ministre des affaires sociales et des
ressources naturelles. En 2004, il a reçu le prix Nobel de la liberté pour
son engagement en faveur de la démocratie et de la liberté d'expression,
en tant que première femme afrikaanse.

Jeugd

Maathai est née dans le district de Nyeri et a été élevée par les Kikuyus,
l'un des plus grands groupes d'Afro-Américains : *A Memoir* beschrijft ze
uitgebreid hoe het leven voor de Kikuyu's was voordat de Britten kwamen
en hoe het leven veranderde na hun komst. Il faut savoir que les Kikuyus,
pour le salut des Occidentaux chrétiens, ont gelé la présence de Dieu sur
le mont Kirinyaga, qui sera plus tard transformé en mont Kenya par les
Britten. La présence de Dieu sur l'un des plus hauts sommets de l'Afrique

était également un lieu très saint pour les différentes communautés qui le désirent. En réponse à tout ce que les Kikuyu ont fait, ils ont voulu s'en remettre à la tour d'ivoire : " Dès que la tour d'ivoire s'est dressée, ils ont compris que Dieu était avec eux et qu'ils pouvaient briser leur colère ". Sous l'impulsion de Britten, un grand nombre de rituels et d'instruments ont été modifiés, et le christianisme est devenu un élément essentiel de la vie des Kikuyus. Mais il n'y a pas que le gel qui a changé grâce à l'invasion des occidentaux ; le geld a également été utilisé comme moyen de transport standard par les Kikuyu, dans le cadre de leur culture, le mburi, où ils sont normalement en contact avec le geld.

Au cours des dernières années de la vie de Maathai, les Kikuyus ont fait l'objet d'un grand nombre d'actions. Le père de Maathai s'est adressé aux *hommes de la dernière génération au Kenya qui ont quitté leur maison et leur jardin pour aller chercher du pain et de l'argent*. Hij vertrok naar het boerenbedrijf van een blanke pionier. C'est là qu'il a trouvé une parcelle de terre où il pouvait gagner avec sa famille. Le père de Maathai avait au total six enfants et dix petits-enfants. Il avait sa propre maison dans le quartier de Stuk Grond, où se trouvait la *maison des hommes, des jeunes et des hommes d'affaires*. De même, les quatre femmes, dont la mère de Maathai, avaient toutes leur propre maison, où se trouvait la maison de la femme et de ses enfants.

Dans son autobiographie, Maathai décrit également sa relation avec son père et sa mère. Elle comprend que son père était la figure dominante de son entourage et que, tout comme ses frères et ses sœurs, il avait une grande influence sur lui. Il n'a pas non plus de sentiments personnels à l'égard de son père. Avec sa mère, il a créé un groupe de musique classique à l'époque. Dans son autobiographie, son mari est décrit comme un travailleur acharné, lichéliques et festif, et "très gentil". Quand Maathai a eu quatre ans, il est allé avec son mari à Nyeri, où il est allé pour la première fois à l'école. Maathai était, à l'époque de sa jeunesse, une jeune fille très courageuse. Elle trouvait fantastique que l'on apprenne à lire et à écrire. De plus, elle était très impliquée dans la nature ; elle avait son propre jardin dans lequel elle pouvait se promener entre les arbres et les plantes, et elle avait beaucoup de choses à voir dans la nature.

Onderwijs

Il y a quelques années, sa mère a décidé de l'envoyer à Sainte-Cécile, un internat de la Mission catholique de Mathilde. L'objectif de Sainte-Cécile

352

était de promouvoir le christianisme et d'amener les jeunes à l'abstinence, mais Maathai n'avait jamais eu l'occasion de le faire. Il s'est rendu compte que son travail n'était pas à la hauteur de ses attentes et qu'il n'y avait pas d'obstacles à surmonter sur la scène internationale en raison de ses "spartiates". Il n'était pas du tout un homme de loi et il lui a fallu trouver des solutions pour sa vie.

Il n'y avait pas non plus de problèmes plus simples à l'intérieur de l'Union européenne ; les lecteurs ne pouvaient parler que l'anglais, et s'ils le faisaient dans leur langue maternelle, ils devenaient des prostitués. Cela ne signifie pas seulement que leur langue et leur culture sont moins importantes, mais aussi qu'il y a un grand fossé entre les apprenants et leurs enfants. Pour Maathai lui-même, ce problème n'est pas encore résolu ; il n'a pas encore été résolu le problème de l'enseignement des Kikuyus.
 Après que Maathai se soit rendue à l'intérieur du pays, le mouvement des Mau Mau s'est opposé à la surchauffe des Britanniques : il s'agit d'un mouvement qui s'appuie sur des chefs de file de la communauté des Kikuyus, des Merus et des Embus, qui ont été renversés par les Britanniques. Maathai ne s'est pas impliquée dans le conflit, mais à l'intérieur de l'organisation, les personnes interrogées étaient tellement convaincues que les Mau Mau étaient un mouvement de terreur. C'est ainsi que Maathai a compris que lorsqu'il se trouvait sur une terrasse dans le bâtiment de l'État, il devait être interdit d'entrer et qu'il était impossible à iedereen de savoir si les Mau Mau-leden étaient dirigés : "Je ne crois pas que le mouvement des Mau Mau-weging puisse servir notre cause".

En 1956, Maathai, qui était la meilleure de sa famille, a passé son examen à Sainte-Cécile. C'est à ce moment-là qu'elle a été nommée à la Loreto Girls' High School de Limuru, dans la banlieue de Nairobi. C'est dans cette école qu'elle a pu se faire une idée précise de ce qu'elle voulait faire. En 1959, l'école a été fermée pour permettre à l'élève de poursuivre ses études. Ce n'était pas du tout le cas à l'époque, car les parents ont décidé d'interrompre l'enseignement et de laisser les élèves étudier à l'extérieur.

Université

Lorsque le Kenya s'est enrichi d'un sentiment d'insécurité, de nombreux hommes et femmes ont accepté de remplir des fonctions importantes au sein de l'administration et de l'école maternelle. Daardoor kregen veelbelovende studenten een beurs waarmee ze hoger onderwijs in de

353

Verenigde Staten zouden kunnen volgen. Maathai, elle aussi, s'est engagée dans cette voie. Elle est allée au Mount St.-Scholastica College à Atchison (Kansas). Elle a suivi de nombreuses formations, mais son domaine de prédilection était la biologie. Maathai s'est fait un nom au Mount St.-Scholastica College et s'est fait de nombreux amis.

En 1964, Maathai est devenu étudiant en biologie à l'université de Pittsburgh, après avoir suivi un cours de kandidaatsexamen en 1964. Le professeur Charles Ralph lui a demandé de s'intéresser à l'enfant de l'école japonaise, ce qui lui a permis de devenir docteur en biologie. Dans son autobiographie, Maathai indique qu'elle a beaucoup appris de l'Amérique : "Je *suis la personne que je connais. Het land heeft mij geleerd geen kans onbenut te laten en te doen wat in je vermogen ligt, en er valt veel te doen. Het gevoel van vrijheid en onbegrensde mogelijkheden dat Amerika in mij wakker had gemaakt, zorgde ervoor dat ik hetzelfde wilde voor Kenia, en met dit gevoel was ik van huis gegaan'.*

Lorsque Maathai a lancé son projet en 1965, le Kenya a connu deux ans d'insuccès et la population kenyane était à la recherche de personnes pour prendre des vacances. Maathai a été nommée par l'Université de Nairobi, où elle a été nommée assistante auprès d'un professeur de zoologie.
 En 1966, il quitte le Kenya et sa famille pour la première fois depuis six mois et demi. C'est alors qu'il s'aperçoit que le professeur s'est adressé à quelqu'un d'autre, une personne de sa propre ethnie et de sa propre culture. C'est ainsi qu'à Nairobi, Rheinhold Hofmann, professeur à l'université de Giessen, dans le Delaware, est entré en fonction. Il avait opté pour un groupe de travail sur l'anatomie vétérinaire au sein de la faculté de médecine de l'Université de Nairobi et avait également désigné un assistant dans le domaine de la microanatomie. Maathai a également travaillé à l'Université de Nairobi.
 Elle a également participé à un programme de promotion au Pays-Bas. En outre, elle s'est également engagée dans des actions de sensibilisation.

Maathai a travaillé de 1966 à 1981 à l'université de Nairobi.

En 2001, James Gustave Speth, le responsable officiel du PNUD, l'a invité à se rendre à la School voor Bosbeheer en Milieukunde de l'université de Yale. Elle l'a fait en même temps qu'un autre programme de formation sur le développement durable, qui s'appuie sur le travail du Green Belt

Movement. Il a également participé à de nombreux groupes de discussion sur le milieu, l'Afrique et les conflits armés.
 En 2004, il a obtenu un doctorat en sciences humaines à Yale.

Huwelijk

En 1966, Maathai a rencontré l'homme qui l'a troublée : Mwangi Mathai. Ce dernier doit être mis au courant du fait que Maathai a travaillé pendant deux mois à Duitsland dans le cadre de son programme de recherche, mais il a eu un problème en mai 1969. À cette époque, Mwangi Mathai avait été désigné comme mandataire d'un groupe parlementaire, et Maathai avait été désigné comme mandataire de sa campagne.

Dans son autobiographie, Maathai constate que son homme a pris des risques pour se débarrasser de ses ennemis, alors que sa femme était trop grosse. Plusieurs personnes ont déclaré qu'elles n'étaient pas afrikaans. Mwangi et Maathai se sont retrouvés dans un total de dix enfants : Mwangi et Maathai ont trois enfants : Waweru, Wanjira et Muta, qui n'ont pas de position commune, même si Maathai n'était pas une femme à succès. Mwangi voelde zich waarschijnlijk geïntimideerd door een vrouw die het zo ver schopte in een door mannen gedomineerde wereld. La décision a abouti à un grand désaccord, que Maathai a résolu. C'est ainsi qu'elle a été condamnée à une peine de prison pendant quelques jours, alors qu'elle n'avait pas été condamnée pour corruption. Il n'est pas non plus obligé d'obéir à l'ordre de Mwangi, ce qui l'a poussé à protester pour obtenir un supplément d'*argent* et à se faire passer pour Wangari Muta Maathai.

Dans son autobiographie, elle constate que ses enfants ont formé un bon groupe avec leurs parents, ce qui lui a valu une grande joie de vivre. Beaucoup d'hommes n'ont pas compris que leurs compagnons se tournaient vers elle en raison de son statut de bête de somme.

Mouvement de la ceinture verte

Le Green Belt Movement est une organisation du milieu dont les membres plantent des arbres afin d'éviter que la situation ne se détériore. Maathai beschrijft het idee hierachter als volgt : '*The planting of trees is the planting of ideas. En commençant par le simple geste de planter un arbre, nous donnons de l'espoir à nous-mêmes et aux générations futures"*. Het is bovendien een vrouwenorganisatie die vecht voor mensenrechten, goed
355

bestuur en een vredevol democratische verandering door de bescherming
van het milieu. Het is hun missie om gemeenschappen over de hele
wereld in staat te stellen om het milieu te beschermen. Il s'agit également
de déterminer, dans le cadre de la gestion du milieu, les avantages d'une
gestion efficace des eaux usées, notamment de l'eau, d'un
développement économique, d'une bonne santé et d'un environnement
sain.

Ontstaan

C'est à Maathai que l'on doit le soutien du Green Belt Movement pour de
nombreuses raisons. Dans son autobiographie, il déclare : "*En nous, il est
impossible de savoir si j'ai réagi à un problème récurrent qui aurait pu être
résolu par la suite*". Een groot aandeel is haar gevecht voor
vrouwenrechten geweest. Il s'agit là d'un événement majeur lorsque ze a
travaillé à l'université de Nairobi. Alors qu'elle travaillait en tant
qu'assistante du professeur de zoologie, elle a été confrontée à la
discrimination envers les femmes : le professeur lui a fait savoir qu'elle
n'était jamais une assistante masculine. De même, au cours des dernières
années, Maathai a affirmé que les hommes et les femmes n'avaient pas
tous les mêmes droits. Les quelques femmes qui travaillent à l'université
sont moins nombreuses que leurs collègues masculins et bénéficient de
bien plus de primes et de privilèges. Maathai a fait en sorte qu'il n'y ait
aucun doute sur le fait qu'il n'y a pas de problème et qu'il n'y a pas de
problème de direction, mais Maathai et Verstistine Mbaya, l'une de ses
collègues vrouwelijke, ont décidé de se séparer de deux personnes.
Maathai n'est pas du tout déçue, car elle veut que d'autres femmes et
d'autres groupes de femmes fassent de même. Elle est membre de
plusieurs organisations, dont l'Association des femmes universitaires du
Kenya.

Maathai n'était pas seulement un défenseur des droits des femmes, mais
aussi un défenseur de la nature. Elle a été nommée à la tête du Centre de
liaison pour l'environnement, une organisation du milieu qui se consacre
aux questions environnementales, et a fait savoir à Maathai que la nature
était en danger et que cela avait des conséquences graves. Il y a
beaucoup de nourriture et d'alimentation dans des endroits qui étaient
auparavant très dangereux. C'est ainsi, entre autres, que les citoyens
peuvent, par le biais d'un système de vote pour leur propre usage, se
livrer à la vente de produits et de services sur le marché international. De
même, il n'y a pas eu non plus d'augmentation de la valeur de la marque à

356

cause de la pression exercée.
 Maathai kwam erachter dat de ontbossing een heel groot problem aan het
worden was and dat deze veel gevolgen had. Zo hoort ze veel vrouwen
klagen over het ontbreken van hout om te stoken of omheiningen mee te
maken. Maathai a déclaré que *"tout ce qu'il fallait pour que la poule s'en
sorte, c'était l'amour du milieu"*. Langzamerhand a eu l'idée de planter des
arbres. De cette manière, les hommes ne se contentaient pas d'être à
l'écart de l'eau et de l'air pour se nourrir, ils devaient aussi s'occuper de la
gestion de l'eau, *"ils leur donnaient du corps et leur donnaient de l'eau
comme s'il s'agissait d'une maladie"*. Al met al kon op deze manier de
vitaliteit van de aarde hersteld worden.

Après avoir participé au Green Belt Movement, il a mis en place un certain
nombre d'autres projets qui n'ont pas connu le succès escompté. C'est
ainsi qu'il a décidé de faire appel à la société Envirocare Ltd., une société
que les hommes d'armes du district de Mwangi ont nommée pour aider les
hommes les plus vulnérables de ce secteur à s'en sortir. Ze kreeg hier
echter niet veel steun in, waardoor het project mislukte.
 Mais il n'a pas réussi à s'en sortir et a commencé une nouvelle aventure :
Save the Land Harambee, une initiative de la Vrouwenraad. Hiermee
wilde ze samen met arme en rijke Kenianen bomen planten om het land
tegen woestijnvorming te beschermen. L'initiative a débuté lors du Kenia
Wereldmilieudag en 1977 avec la plantation de sept arbres, le début du
groene gordel (ceinture verte).
 Uiteindelijk verandert Save the Land Harambee in de Green Belt
Movement. Ce nom a été choisi parce que la ceinture verte est un élément
important du corps, de l'environnement et de l'économie, et qu'elle rend le
paysage plus attrayant.

Doel

De Green Belt Movement heeft verscheidene doelen. Ten eerste probeert
het door het planten van bomen de ontbossing en de problemen die
hierdoor worden veroorzaakt te gaan. Verder betrekt de organisatie hier
dus arme vrouwen bij, die er op deze manier zelf voor kunnen zorgen dat
het land niet meer wordt aangetast door de ontbossing. En outre, le Green
Belt Movement souhaite que ses membres puissent créer leurs propres
identités par le biais de la réduction des émissions de gaz à effet de serre.
De même, la mobilisation des citoyens vrouverains en faveur de
l'interdiction des boissons a été renforcée et plus de 3 000 personnes ont

été bannies à temps partiel. L'organisation a ainsi promu la bonne santé et la démocratie.

Prestaties

Pour l'instant, le Green Belt Movement compte plus d'un million de personnes dans toute l'Afrique. Hierdoor is gronderosie verminderd in de kritieke waterscheidingen, zijn duizenden akers bos hersteld en beschermd. De même, les personnes âgées et leur famille sont protégées par leurs droits et ceux de leur communauté. Vous pourrez ainsi profiter d'un séjour agréable et productif.

Mais elle n'est pas du tout découragée et elle fait preuve de vigilance à l'égard du milieu et des hommes. L'objectif de l'association est de planter un million de plantes dans le monde entier, et de nombreux autres pays sont concernés par l'initiative de Maathai et d'autres organisations.

Vrouwenraad

Après avoir été active pendant quelques années au sein du Conseil national du Kenya, Mme Maathai a décidé en 1979 de se faire élire au sein de l'Assemblée nationale. Elle s'en est sortie après avoir pris connaissance d'une stratégie ethnique du président Danial Arap Moi, qui visait à lutter contre l'invasion des Kikuyus. Le président Moi se tient à la disposition du peuple Kalenjin et veut, entre autres, renforcer l'influence du peuple Kikuyu. Elle a été nommée vice-présidente de la commission des droits de l'homme à la suite d'une décision prise par la commission des droits de l'homme de l'ONU, qui a fait d'elle le premier médiateur du président.
 Lorsque Maathai, en 1980, s'est fait tuer, la lutte contre la violence à l'égard des femmes a pris fin. De nombreuses actions ont été entreprises contre Maathai, et son plan d'action a été modifié en conséquence. Toch lukte het haar om de verkiezingen te winnen. C'est ainsi qu'il a été renvoyé de l'hôpital à l'hôpital en 1987, après avoir été renvoyé de l'hôpital.

Politiek

En 1982, Maathai s'est engagée dans la politique en se faisant passer pour un membre de l'Union nationale africaine du Kenya (KANU), l'un des principaux partis politiques. En outre, il ne doit pas quitter son bureau à l'université. Les autorités ont décidé d'entreprendre une action qui n'a rien à voir avec ce qu'il faut faire, et de ce fait, il n'y a pas de raison de se plaindre. Il n'a jamais été membre du conseil national du Kenya et n'a jamais travaillé pour le Green Belt Movement.

 Cette année-là, Maathai a été très impliquée dans le développement du Green Belt Movement, mais à la suite des élections de 1997, elle a été obligée de se retirer du parlement et de la présidence. Maathai avait dix eerste een partij nodig die haar zou uitvaardigen. En 2002, Maathai s'est fait élire dans le district de Tetu, dans le comté de Nyeri. A cette époque, elle a gagné le plus grand nombre d'heures de travail et elle a été obligée d'accepter un mandat pour la NARC dans le district de Tetu. Ditmaal lukte het haar om de verkiezingen te winnen.

En janvier 2003, il a été nommé ministre des affaires sociales et de la protection de l'environnement.

Nobelprijs

En 2004, Maathai a reçu le Prix Nobel de la Paix pour sa contribution au développement durable, à la démocratie et à la paix, et le Commissariat au Prix Nobel a estimé que l'amélioration de la situation dans ce domaine était particulièrement importante lorsque nous nous déplacions de la paix vers la paix. Maathai a promu son action sur le plan social, économique et culturel. Elle a également fait preuve de démocratie, de respect des droits des hommes et des femmes, et a fait valoir son action contre le régime onderdrukende voormalige au Kenya : *"Ses formes d'action uniques ont contribué à attirer l'attention sur l'oppression politique - au niveau national et international"*. En outre, elle était et est toujours une source d'inspiration pour d'autres femmes et son engagement pour un meilleur environnement n'est pas non plus négligeable. Nous pensons que Maathai n'est pas seulement le milieu à améliorer, mais aussi la base d'une énergie durable à développer et à renforcer.

Maathai est la première femme afrikaanse à avoir reçu un prix Nobel. Elle est également la première Afrikaanaise de la région située entre l'Afrique du Sud et l'Egypte à savoir que ce prix est reconnu. Il s'agit également d'un point de vue pour tous ceux qui, en Afrique, aspirent à un développement durable, à la démocratie et à la paix.

Points forts

- L'œuvre de Wangari Maathai a souvent été considérée comme indésirable et subversive dans son propre pays, où son franc-parler constituait un dépassement des rôles traditionnels des hommes et des femmes.
- En 1971, Maathai a obtenu un doctorat à l'université de Nairobi, devenant ainsi la première femme d'Afrique centrale ou orientale à obtenir un doctorat.
- Alors qu'elle travaillait avec le Conseil national des femmes du Kenya, Wangari Maathai a développé l'idée que les villageoises pouvaient améliorer l'environnement en plantant des arbres pour fournir une source de combustible et ralentir les processus de déforestation et de désertification.
- Le Green Belt Movement, une organisation fondée par Wangari Maathai en 1977, avait, au début du XXIe siècle, planté quelque 30 millions d'arbres.
- Lorsque Wangari Maathai a reçu le prix Nobel en 2004, le comité a salué son "approche holistique du développement durable qui englobe la démocratie, les droits de l'homme et les droits des femmes en particulier".

10.   Shirley Chisholm (1924-2005)
La première femme afro-américaine élue au Congrès des États-Unis

"Vous ne faites pas de progrès en restant sur la touche, en pleurnichant et en vous plaignant. On progresse en mettant les idées en pratique."

Shirley Anita St. Hill Chisholm (New York, 30 novembre 1924 - Ormond Beach, 1er janvier 2005) était dans les Etats-Vertes la première parlementslid fédérale vrouwelijke d'origine afro-américaine. De 1969 à 1982, il a été élu à Brooklyn en tant que démocrate au sein de la Maison des Afro-Américains.

Le 23 janvier 1972, il est devenu le premier Afro-Américain à être élu président d'un parti politique. Il s'est séparé de 152 personnes. Il rejette notamment la candidature du sénateur George McGovern. Il est membre de divers groupes ethniques et de l'Organisation nationale des femmes (NOW). En mai 1972, il a mené une campagne d'information sur le politicien George Wallace, un homme politique raciste, mais qui n'a pas été épargné.

Chisholm s'est engagée en faveur de la lutte contre la violence à l'égard des femmes, des hommes et des femmes et du mouvement afro-américain de lutte contre la violence. Elle s'est battue pour le système politico-juridique et pour un meilleur contrôle de l'eau.

Elle a été mariée de 1949 à 1977 à Conrad Chisholm. Il a ensuite rencontré Arthur Hardwick junior, qui a démissionné en 1986.

Points forts

- Shirley Anita St. Hill était la fille d'immigrants ; son père était originaire de la Guyane britannique (aujourd'hui Guyana) et sa mère de la Barbade. Elle a grandi à la Barbade et dans sa ville natale de Brooklyn, New York, et a obtenu un diplôme du Brooklyn College (B.A., 1946).
- Consultante en éducation pour la division des crèches de la ville de New York, Shirley Chisholm était également active au sein de groupes communautaires et politiques, notamment la National Association for the Advancement of Colored People (NAACP) et le Unity Democratic Club de son district.
- En 1968, Chisholm est élue à la Chambre des représentants des États-Unis. Au Congrès, elle se fait rapidement connaître comme une libérale convaincue, opposée au développement des armements et à la guerre au Vietnam et favorable aux propositions de plein emploi.
- Fondatrice du National Women's Political Caucus, Mme Chisholm a soutenu l'amendement sur l'égalité des droits et légalisé les avortements tout au long de sa carrière au Congrès, qui a duré de 1969 à 1983.

11.   Mary McLeod Bethune (1875-1955)

Éducateur qui a ouvert l'une des premières écoles pour les filles afro-américaines.

"Sans la foi, rien n'est possible. Avec elle, rien n'est impossible."

Mary McLeod Bethune (10 juillet 1875 - 18 mai 1955) est une femme américaine, écrivain et activiste. Elle est connue comme directrice d'une école pour étudiants afro-américains à Daytona Beach (Floride), comme présidente de l'Université Bethune-Cookman et comme conseillère du président Franklin Delano Roosevelt.

Bethune est née en Caroline du Sud en tant que fille d'un esclave anormal. Dès sa plus tendre enfance, elle s'est engagée dans son propre projet. Bethune a rejoint, grâce à l'aide de plusieurs de ses sponsors, une école chrétienne pour ses enfants, dans l'espoir de devenir missionnaire en Afrique. Lorsque cela n'a pas marché, elle a créé sa propre école pour les enfants afro-américains à Daytona Beach. L'école grandit rapidement et fusionne avec une école pour jeunes filles de l'école Bethune-

Cookman. La qualité de l'enseignement de l'école a dépassé le niveau des autres écoles afro-américaines et a augmenté le nombre d'élèves blancs. Mary McLeod Bethune a tout fait pour que les fonds soient utilisés. Avec son école comme point de référence, Bethune s'est rendue dans les pays où les Afro-Américains scolarisés étaient présents. De 1923 à 1942 et de 1946 à 1947, elle a été présidente de l'école, ce qui lui a valu d'être l'une des plus jeunes vrouwelijke hoofden d'un institut destiné à l'enseignement supérieur.

Mary McLeod Bethune était également active dans des clubs de jeunes. Grâce à sa participation à de nombreux clubs, Bethune est devenue célèbre dans son pays. En 1932, elle travaille pour le champagne de Franklin D. Roosevelt et devient un membre du *cabinet noir de* Roosevelt. En 1932, il travaille pour Franklin D. Roosevelt dans le domaine du champagne et, à cette occasion, il devient membre du cabinet noir de Roosevelt. En 1932, il travaille pour Franklin D. Roosevelt dans le domaine du champagne et, à cette occasion, il devient membre du cabinet noir de Roosevelt.

Points forts

- En 1904, Bethune s'installe sur la côte est de la Floride, où une importante population afro-américaine s'est développée à l'époque de la construction du chemin de fer Florida East Coast Railway. En octobre, à Daytona Beach, elle ouvre sa propre école, le Daytona Normal and Industrial Institute for Negro Girls.
- En 1923, l'école a fusionné avec le Cookman Institute for Men, qui se trouvait alors à Jacksonville, en Floride, pour former ce qui était connu depuis 1929 sous le nom de Bethune-Cookman College à Daytona Beach.
- En 1935, elle a fondé le National Council of Negro Women, dont elle est restée présidente jusqu'en 1949, et elle a été vice-présidente de la National Association for the Advancement of Colored People de 1940 à 1955.
- Elle a été conseillère de Roosevelt sur les questions relatives aux minorités et a aidé le secrétaire de la guerre à sélectionner des candidats officiers pour le Women's Army Corps (WAC) des États-Unis.

12.   Toni Morrison (1931-2019)
Auteur afro-américain

---

*"Se libérer était une chose, revendiquer la propriété de ce
soi libéré en était une autre."*

Toni Morrison (Lorain (Ohio), 18 février 1931 - New York, 5 août 2019)
est un écrivain américain.

En 1993, il a reçu le prix Nobel de littérature pour son œuvre. En 2012, il a
reçu la plus haute distinction civile américaine : la médaille présidentielle
de la liberté. Plusieurs de ses livres ont été classés parmi les chefs-
d'œuvre de la littérature américaine, notamment *The Bluest Eye*, *Beloved*
(qui lui a valu un prix Pulitzer) et *Song of Solomon*. Son style est marqué
par des thèmes tels que les proportions épiques, les dialogues légers et
des personnages afro-américains qui ont été créés en détail.

Vroegege jaren

Il est né à Lorain, dans l'Ohio, sous le nom de Chloe Anthony Wofford,
alors qu'il n'avait que deux ans dans une famille de quatre enfants. Elle
était une apprentie à part entière, et son père lui a fait découvrir de
nombreuses cultures.

Il a étudié les lettres à l'université Howard de Washington et c'est à cette occasion que son nom a été changé en "Toni", puis en "Anthony", son nom d'emprunt, ce qui a permis aux hommes de se rendre compte que *Chloe n'était* pas à la hauteur. Elle a obtenu une licence en anglais en 1953 et a poursuivi ses études pour obtenir une maîtrise à l'université de Cornell.

Docentschappen

Après ses études, il a obtenu un diplôme d'anglais à la Texas Southern University de Houston et a ensuite quitté Howard pour se rendre à l'université. En 1958, elle fait la connaissance de Harold Morrison. Ils ont deux enfants, mais se séparent en 1964. Après son départ, il se rend à Syracuse (New York), où il travaille comme rédacteur. En tant que rédacteur pour Random House, il a joué un rôle important dans l'élaboration de la littérature afro-américaine.

Il a également travaillé à l'Université d'État de New York. En 1984, il a obtenu une bourse Albert Schweitzer à l'Université d'Albany (New York). En 1989, il est devenu professeur de lettres Robert F. Goheen à l'université de Princeton. En mai 2006, il a été licencié. En 2005, il a été nommé docteur à l'Université d'Oxford.

En avril 2006, elle a été invitée à participer au festival PEN *World Voices* à New York, un festival qui a été organisé il y a quelques années par le président de PEN America, Salman Rushdie. Les auteurs David Grossman, Jeanette Winterson, Margaret Atwood, Anne Provoost et Orhan Pamuk ont également participé à l'événement.

Boeken

The Bluest Eye (1970)

Le personnage principal de ce livre est Pecola Breedlove, une jeune femme naine qui, selon les dires d'une amie, doit avoir un enfant de couleur blanche, comme Shirley Temple. Sa famille a des problèmes variés, et elle pense que tout est en ordre, car elle n'a pas d'enfants blonds. Ce livre est controversé, niet alleen om het onderwerp, maar ook om de structuur. Morrison utilise une structure niet-chronologique et de plus en plus de verbeux, ce qui permet d'obtenir une distribution plus large et plus variée.

366

Sula (1973)

Sula parle de deux amies naines, Sula et Nel, et de leur vie à Medallion, dans l'Ohio. L'un de ses parents met sa cuillère de junkie dans du kérosène. Ce livre a été sélectionné pour le National Book Award.

Le Chant de Salomon (1977)

Son dernier livre, *Le Cantique des cantiques*, l'a placé dans une situation délicate. Ce livre était l'une des pièces maîtresses du club américain "Boek-van-de-maand" - c'était la première fois qu'un écrivain afro-américain était récompensé par *Native Son* de Richard Wrights en 1940. Ce livre raconte l'histoire de Macon "Milkman" Dead III, de sa naissance à sa mort, dans une ville du Michigan. Ce livre a remporté le National Book Critics Circle Award.

Tar Baby (1981)

Tar Baby se déroule dans la grande maison caribéenne d'un millionnaire blanc. Les thèmes abordés dans ce livre sont la sécurité, la sexualité, la classe et les relations familiales.

Beloved (1987)

Beloved est basé sur l'histoire et le destin de Margaret Garner. Sethe est une esclave anormale, qui, lors de son enlèvement par *Beloved*, sa fille cadette, s'efface pour que sa vie ne soit pas réduite à l'esclavage. La fille n'est pas la seule à jouer un rôle dans cette histoire. Ce livre traite de la tradition des esclavagistes, mais aussi des produits artisanaux et des produits à base de tabouret, comme le pain noir et d'autres produits.

Ce livre a reçu le prix Pulitzer de la littérature et a été tourné en 1998, avec Oprah Winfrey et Danny Glover. Morrison a utilisé le personnage de Margaret Garner pour l'opéra *Margaret Garner*. En mai 2006, le *New York Times a classé l'*ouvrage comme le meilleur roman américain des 25 dernières années.

Jazz (1992)

Ce livre met en avant une approche particulière de l'improvisation, qui est de plus en plus présente dans la musique de jazz. L'histoire se déroule autour d'un point de vue différent, qui est le reflet de la vie de l'homme. L'homme se fait passer pour sa maîtresse. Tijdens de begrafenis bewerkt zijn echtgenote het lijk met een mes.

Paradis (1998)

Il s'agit du premier ouvrage que l'auteur a publié avant que le prix Nobel ne lui soit décerné. Il traite de l'histoire et de l'évolution sociale d'une petite ville de banlieue, depuis le moment où elle est devenue stable jusqu'à la révolte sociale au milieu du 20e siècle. Les thèmes abordés dans ce livre sont liés à des personnes vivant dans la rue. Ce livre a été conçu à partir de l'utilisation d'un karakter opaque dans les pays d'Amérique.

Amour (2003)

Love est le récit de Bill Cosey, un hôtelier fascinant et surdoué. Il s'intéresse en particulier aux hommes qu'il rencontre et qui, même s'ils ne sont pas encore nés, ne lui sont pas accessibles. Les personnages principaux sont Christine, une petite fille, et Heed, un homme marié. Les deux sont de sexe différent et sont de grands amis, mais 40 ans après la mort de Cosey, ils sont séparés, même s'ils sont restés dans leur propre maison. Morrison se sert de l'image fragmentaire de la vie, et la réalité n'est pas seulement le fruit de l'imagination de l'auteur.

A Mercy (2008)

Dans *A Mercy*, un colon américain du XVIIe siècle se retrouve dans une maison en ruine, qui sert souvent de décor à l'histoire du roman de Toni Morrison, dans laquelle les *"oerzonden"* de la culture américaine sont bloqués : l'esclavage et la bijna-uitroei des *indigènes américains* (*"indianen"*).

Points forts

- Toni Morrison, de son nom d'origine Chloe Anthony Wofford, a grandi dans le Midwest américain au sein d'une famille qui aimait et appréciait énormément la culture noire. Elle a reçu le prix Nobel de littérature en 1993.

- De nombreux essais et discours de Morrison ont été rassemblés dans What Moves at the Margin : Selected Nonfiction (2008 ; édité par Carolyn C. Denard) et The Source of Self-Regard : Selected Essays, Speeches, and Meditations (2019).
- Avec son fils, Slade Morrison, elle a coécrit un certain nombre de livres pour enfants, notamment la série Who's Got Game ?, The Book About Mean People (2002) et Please, Louise (2014).
- Toni Morrison a écrit Remember (2004), qui relate les difficultés des étudiants noirs pendant l'intégration du système scolaire public américain ; destiné aux enfants, il utilise des photographies d'archives juxtaposées à des légendes spéculant sur les pensées de leurs sujets.

13.   Ida B. Wells-Barnett (1862-1931)
Journaliste afro-américain et défenseur des droits civiques

---

*"Il est extrêmement difficile d'aller jusqu'au bout de mes
objectifs, mais je me suis sentie responsable de montrer
au monde ce à quoi les Afro-Américains sont confrontés
dans cette période difficile."*

Ida Wells (Holly Springs, 16 juillet 1862 - Chicago, 25 mars 1931) était
une activiste afro-américaine de la lutte contre le racisme, qui s'est battue
pour que les lynchages de femmes - nommées dans les États fédérés -
soient sanctionnés.

Wells werd geboren in Mississippi. En 1884, il se rend à Memphis pour y
faire un treincoupé. Après que l'entreprise de fabrication de tricots ait
perdu son savoir-faire, il se rend à l'entreprise. Il gagne, mais en 1887, le
tribunal de l'État du Tennessee est condamné.

En 1889, il a été rédacteur d'une loi anti-ségrégation à Memphis. Son livre sur les lynchages, *A Red Record*, a été publié en 1895. En 1909, Wells est nommé président de la National Association for the Advancement of Colored People (NAACP) à New York. En 1930, il a été nommé au parlement de l'Illinois en tant que l'un des premiers Noirs de couleur.

Wells stierf en 1931 à Chicago. Dans cette ville, un nouveau magasin a été créé et une école intermédiaire a été ouverte à San Francisco.

Points forts

- Née en esclavage, Ida Wells a fait ses études à l'université de Rust, une école d'affranchis dans sa ville natale de Holly Springs, dans le Mississippi, et a commencé à enseigner à l'âge de 14 ans dans une école de campagne.
- En 1887, la Cour suprême du Tennessee, renversant une décision de la Cour de circuit, a statué contre Wells dans un procès qu'elle avait intenté à la Chesapeake & Ohio Railroad pour avoir été retirée de force de son siège après avoir refusé de le céder pour un autre dans un wagon "réservé aux personnes de couleur".
- Sous le nom de plume de Iola, Wells a également écrit en 1891 des articles de journaux critiquant l'éducation offerte aux enfants afro-américains.
- En 1892, après que trois de ses amis aient été lynchés par une foule, Wells a lancé une campagne éditoriale contre le lynchage qui a rapidement conduit à la mise à sac du bureau de son journal.

14. Venus Williams (née en 1980)

Joueur de tennis afro-américain

Venus Ebony Starr Williams (Lynwood, 17 juin 1980) est une joueuse de tennis professionnelle des Pays-Bas. Elle est la fille aînée de Serena Williams. Venus a remporté deux fois Wimbledon et deux fois l'US Open, et est aujourd'hui championne olympique (en 2000, elle a remporté le tournoi de tennis et le tournoi de tennis en double, et en 2008 et 2012, le tournoi de tennis en double). Dans le tournoi de tennis (en collaboration avec son club), il a remporté les plus grands tournois du monde, notamment l'Open d'Australie (quatre fois), Roland Garros (deux fois), Wimbledon (deux fois) et l'US Open (deux fois). En 1998, il a remporté l'Open d'Australie et Roland Garros avec son compatriote Justin Gimelstob. Au cours de la période 1999-2016 et 2018, Williams a fait partie de l'équipe américaine de Fed Cup, avec un bilan de 25 victoires et 4 défaites. En 1999, Williams et sa famille se sont installés dans leur maison. Après une blessure et d'autres problèmes médicaux, il a été reconnu comme l'un des meilleurs joueurs de tennis au monde.

Loopbaan

Venus Williams a fait ses débuts le 1er novembre 1994 à l'occasion du tournoi WTA d'Oakland. Elle s'est imposée dans la première ronde en deux sets (6-3 et 6-4) face à son compatriote Shaun Stafford, âgé de 26 ans. En 1997, Williams a participé pour la première fois à une finale : à l'US Open, où elle a battu la Zwitserse Martina Hingis. En 1998, Williams a obtenu son premier titre WTA, au tournoi d'Oklahoma, devant la Zuid-Africaine Joannette Kruger.

En 2000, Venus a remporté le tournoi olympique de Sydney : elle a gagné en finale contre la Russe Jelena Dementjeva (6-2 et 6-4). A Sydney, Venus et sa compagne Serena ont également remporté le dubelspel : elles ont gagné en finale (6-1, 6-1) contre le duo néerlandais Miriam Oremans et Kristie Boogert. Lors de l'US Open 2007, Venus Williams a établi un record de vitesse pour les deux femmes : 207,6 kilomètres par heure. Les joueurs ont également remporté en 2008 la médaille d'or aux Jeux Olympiques de Pékin : ils ont gagné lors d'une finale très serrée (6-2, 6-0) contre le duo espagnol Anabel Medina Garrigues et Virginia Ruano Pascual. En 2008, Venus a remporté les championnats WTA à Doha, où elle a été nommée officiellement championne du monde du tennis de table il y a un an.

Au début de l'année 2011, la société Syndroom de Sjögren a été créée. Zij lag hierdoor maanden uit de roulatie. Il n'était pas du tout certain que son niveau de référence ne lui permette pas d'obtenir un résultat satisfaisant, mais au cours de la période de revalidation, le patient a eu de la difficulté à obtenir un résultat supérieur à son niveau de référence.

Lors des Jeux Olympiques de 2012 à Londres, Venus et Serena Williams ont été récompensées pour la dernière fois : en finale, elles ont remporté le duel entre Andrea Hlaváčková et Lucie Hradecká avec un score de 6-4.

Au cours de cette période, Venus a remporté un grand nombre de médailles olympiques, sept titres de championne du monde, un grand nombre de titres de championne d'Europe et 40 titres de championne du monde. Sa plus haute position sur le circuit WTA est le premier poste, qu'elle a obtenu en février 2002 et qu'elle a quitté en quelques semaines, après avoir été rejointe par sa coéquipière Serena.

Venus a remporté plusieurs médailles olympiques, plusieurs tournois de tennis, ainsi que plusieurs titres WTA, notamment celui de Serena. Sa plus haute position sur le circuit WTA est également la première place, qu'elle a gagnée en juin 2010 et qu'elle a perdue pendant une dizaine de jours, après avoir été rejointe par sa compagne Liezel Huber.

Dans le cadre de cette compétition, Venus a remporté deux grands tournois, ainsi qu'une médaille de bronze aux Jeux olympiques de Rio de Janeiro.

Points forts

- Comme sa sœur Serena, Venus a été initiée au tennis sur les courts publics de Los Angeles par son père, qui a très tôt reconnu son talent et supervisé son développement.
- Venus Williams est passée professionnelle en 1994 et a rapidement attiré l'attention par la puissance de ses services et de ses frappes au sol.
- En 2000, Williams a remporté Wimbledon et l'U.S. Open, et elle a défendu ses titres avec succès en 2001.
- Aux Jeux olympiques de 2000 à Sydney, elle a remporté la médaille d'or dans la compétition en simple et a remporté une médaille d'or avec sa sœur dans l'épreuve en double.
- En 2008, Venus Williams a battu Serena pour remporter le cinquième titre de Wimbledon de sa carrière, ce qui la place au cinquième rang de tous les temps dans les championnats féminins de Wimbledon en simple.

15.   Zora Neale Hurston (1891-1960)
Écrivain, folkloriste et anthropologue afro-américain

Zora Neale Hurston (Notasulga, 7 janvier 1891 - Fort Pierce, Floride, 28 janvier 1960) est une écrivaine, anthropologue et folkloriste américaine. Elle a été l'une des principales figures de proue de la Renaissance de Harlem.

Vivre et travailler

Neale Hurston est née dans une communauté traditionnelle afro-américaine. Son père a dit qu'elle était noire, qu'elle était véreuse et qu'elle l'a laissée vivre dans sa maison. Plus tard, entre 1918 et 1927, elle est devenue étudiante, d'abord à l'université Howard de Washington DC, puis en anthropologie au Barnard College de New York, où elle était la première étudiante afro-américaine.

À New York, il est entré en contact avec des écrivains de la *Renaissance de Harlem*, notamment Langston Hughes, et a publié ses premières œuvres et une pièce de théâtre. C'est ainsi qu'il a commencé à s'intéresser au matériel folklorique (chansons, chants, musique de fond, etc.), d'abord en Floride et en Alabama, puis en 1930 également aux Bahamas et à la Nouvelle-Orléans. Après la publication de son œuvre anthropologique *Mules and Men*, il a créé un poste officiel à la Jamaïque et à Haïti. Un an plus tard, il travaille pour la WPA en Floride.

Neale Hurston est une jeune femme qui, en tant que professeur de l'université de Columbia, s'est lancée dans une recherche sur le vaudou en Haïti et sur les revendications des Américains noirs sur le plat pays. Mais il n'est pas seulement un écrivain littéraire, il est aussi un acteur de la société. A l'âge adulte, il est devenu l'un des personnages les plus importants de la littérature afro-américaine. Dans ses romans et ses récits, il décrit ses observations et ses impressions sur la vie des jeunes sur le continent américain, au début de la deuxième guerre mondiale. Ainsi, il s'écarte de la stéréotypie très répandue de "la naine respectable", un type de stéréotype utilisé par les écrivains de la *Renaissance de Harlem*. Ses œuvres ont pour cadre la ville de Zuiden ; *Jonah's Gourd Vine* (1934) est suivi de son œuvre phare, *Their Eyes Were Watching God* (1937). Dans ce roman, le langage est plus fort et plus lyrique, avec un nom qui vient du dialogue en streektaal. Au centre se trouve une jeune femme qui, après avoir été victime d'une agression, fait évoluer sa propre vie, et qui, de ce fait, ne peut plus se défendre.

Au début de l'année, Neale Hurston a été victime d'une agression et n'a pas publié d'ouvrage. En revanche, elle a été victime d'un manque d'attention de la part de son entourage. En 1959, elle a été condamnée à une peine de prison et a dû faire face à des difficultés sociales. Zora Neale Hurston stierf uiteindelijk in 1960 aan hartfalen.

En 2018 verscheen postuum *Barracoon : The Story of the Last 'Black Cargo'*, son livre sur le commerce transatlantique de l'esclave avec, comme point de départ, l'histoire de l'overlever Cudjoe Lewis, que ce dernier avait ouvert en 1927.

Points forts

- En 1930, Zora Neale Hurston a collaboré avec Hughes sur une pièce intitulée Mule Bone : A Comedy of Negro Life in Three Acts (publiée à titre posthume en 1991).
- Pendant plusieurs années, Zora Neale Hurston a fait partie du corps enseignant du North Carolina College for Negroes (aujourd'hui North Carolina Central University) à Durham.
- Malgré les promesses initiales de Zora Neale Hurston, à sa mort, le grand public ne se souvenait guère d'elle, mais son œuvre a connu un regain d'intérêt à la fin du XXe siècle.
- Outre Mule Bone, plusieurs autres recueils ont également été publiés à titre posthume, notamment Spunk : The Selected Stories (1985), The Complete Stories (1995) et Every Tongue Got to Confess (2001), un recueil de contes populaires du Sud.

16. Mahalia Jackson (1911-1972)
Chanteur de gospel afro-américain

Mahalia Jackson (Nouvelle-Orléans, 26 octobre 1911 - Chicago, 27 janvier 1972) est une chanteuse américaine qui a été nommée "la reine du gospel". Sa première chanson en 1934, *God Gonna Separate the Wheat from the Tares (Dieu va séparer le blé de l'ivraie)*, a connu un grand succès dans la région des Pays-Bas. Le 28 août 1963, un rassemblement de masse contre la discrimination raciale a eu lieu au Lincoln Memorial, à Washington, à la suite d'un coup d'éclat dans sa voiture. Ten overstaan van een menigte van meer dan 250.000 mensen zong zij *I've been buked and I've been scorned* op verzoek van Martin Luther King en *How I got over*. Door geldelijke steun en door haar medewerking aan de demonstraties, georganiseerd door Martin Luther King heeft zij zeker een grote bijdrage geleverd in de strijd voor de emancipatie van de Afro-

Amerikanen, hand in hand met grootheden en voorvechters tegen de apartheid als dominee Martin Luther King, lid van dezelfde baptistenkerk, diens vrouw Coretta Scott King en Rosa Parks. Les grandes réalisations de Mahalia Jackson dans le domaine de l'émancipation des Afro-Américains n'ont rien à voir avec la réalité ; elle est aussi connue comme une femme.

Levensloop

Jackson est né à la Nouvelle-Orléans, berceau du jazz. Il était baptiste et chantait le gospel dans l'église où il avait été nommé. En 1927, il se rendit à Chicago et devint ouvrier et chanteur dans l'église baptiste Greater Salem. Un peu plus tard, il forme un groupe avec les Johnson Singers. Plus tard, il a travaillé avec Thomas Dorsey, qui a composé le gospel *Precious Lord, take my hand*, le mensonge de Martin Luther King, qu'il a également chanté lors de la cérémonie de remise des diplômes en avril 1968. Grâce à l'argent gagné, il a obtenu une bourse d'études et un salon de l'égalité des chances. En 1945, il s'est fait connaître du grand public sous le nom de "*Je vais monter un peu plus haut*", ce qui lui a valu 2 millions d'exemplaires sur les tablettes. Pas in de loop van de jaren '50 werd zij in Europa bekend, waar zij in 1952, 1961, 1964, 1968 en 1971 optrad. En 1971, il inaugure son nouveau territoire en donnant son dernier concert à Munich. Il avait déjà donné un concert au Witte Huis et a été invité par Paus Johannes XXIII en 1961 en audioconférence privée. Il est décédé le 27 janvier 1972 à Chicago des suites d'un diabète sucré. Diverses biographies ont été rédigées au cours de sa vie.

Gospelmuziek

Les gospelsongs de Jackson et de bien d'autres forment, dans le cadre de l'évangélisation, une musique religieuse de premier plan. Ils reprennent le même rituel que celui de la musique afro-africaine et de la musique slaven en Amérique. Jackson zong nooit blues of jazz. En 1958, il a joué *Come Sunday* dans la suite Black Brown and Beige de Duke Ellington, qui n'a pas été interprétée de façon uniforme, même si le thème était religieux. Sous l'égide de CBS, il a enregistré des chansons chrétiennes qui n'étaient pas de son cru et qui n'avaient rien à voir avec le kitsch. Il n'a pas non plus oublié les chansons de blues et de jazz. En 1978, il a été nommé au Gospel Music Hall of Fame.

Points forts
379

- Mahalia Jackson s'est fait connaître du grand public dans les années 1930, lorsqu'elle a participé à une tournée gospel à travers le pays en chantant des chansons telles que "He's Got the Whole World in His Hands" et "I Can Put My Trust in Jesus".
- Mahalia Jackson a chanté à la radio et à la télévision et, à partir de 1950, s'est produite devant un public débordant lors de concerts annuels au Carnegie Hall de New York.
- Huit des disques de Jackson se sont vendus à plus d'un million d'exemplaires chacun.
- Dans les années 1950 et 1960, Mahalia Jackson a été active dans le mouvement des droits civiques.

www.ingramcontent.com/pod-product-compliance
Lightning Source LLC
Chambersburg PA
CBHW071727150726
47998CB00005B/1535